ISBN 978-0-666-77423-1
PIBN 11049294

Offenbarungen

der

Schwester Mechthild

von Magdeburg,

oder das

fliessende Licht der Gottheit,

aus der einzigen Handschrift

des Stiftes Einsiedeln

herausgegeben

von

P. Gall Morel.

Regensburg.

Druck und Verlag von Georg Joseph Manz.

1869.

52412477

Vorrede und Einleitung.

Es möchte gewagt scheinen, diese Visionen, mystischen Ergüsse oder „Offenbarungen" einer mittelalterlichen Nonne in ihrem ganzen Umfange und ursprünglichen Gewande dem Publikum mitzutheilen, hätte nicht der gelehrte Herr Dr. Carl Greith, derzeit Bischof in St. Gallen, hiezu in seinem vortrefflichen Buche „die deutsche Mystik im Predigerorden"[1]) den Weg gebahnt, indem er nicht nur auf das Werk und die Verfasserin desselben aufmerksam machte, sondern auch eine beträchtliche Anzahl poetischer Bruchstücke dieser Visionen in erneuerter Sprache mittheilte. Auch über die, meines Wissens einzige Handschrift, welche die Visionen der Schwester Mechthild enthält, so wie über diese selbst ist in dem erwähnten Buche schon das Wichtigste gesagt, was hier theilweise wiederholt und jedenfalls ergänzt werden muss.

Die Handschrift, Nro. 277, der Stiftsbibliothek von Einsiedeln gehörend, ist ein wohlerhaltener, mit ursprünglichem weissen

[1]) Freiburg im Br. (Herder) 1861. 8.

festen Lederbande versehener Codex in Oktavform, 221 Blätter enthaltend, und sehr deutlich und kräftig in der bekannten gothischen Minuskel des 13. bis 14. Jahrhunderts, und zwar bis Blatt 15 in einer, von da an aber in zwei Columnen geschrieben. Der erste Theil, Mechthildens Visionen, endet mit Blatt 166 a., worauf von gleicher Hand noch einige fromme Gedanken über die sieben Tagzeiten, und ein Bruchstück aus der unbekannten Schrift eines „Gottesfreundes“ folgt, auf das wir später noch zurückkommen.

Der zweite Theil der Handschrift, von Blatt 169 an, ist von anderer Hand, eben so schön und klar aber kleiner geschrieben, und wie der erste Theil, ziemlich reich mit leicht aufzulösenden Abkürzungen versehen. Er enthält Aufsätze und Predigten deutscher Mystiker, vorzüglich des Meisters Ekhart. Dieser zweite Theil ist beinahe ganz von Dr. Franz Pfeiffer im zweiten Bande seiner „deutschen Mystiker“[1]) herausgegeben worden.

Die Sprache der Handschrift ist die oberdeutsche, wie sie um den Oberrhein her zu Ende des 13. und im Anfang des 14. Jahrhunderts gesprochen und geschrieben wurde und wie sie bei uns Schweizern im Dialekte noch grossentheils sich erhalten hat, jedenfalls leicht verstanden wird, obschon gar viele bekannte Worte jetzt einen andern Sinn erhalten haben.[2]) Der Styl ist kräftig und ziemlich gedrungen, die Orthographie aber nicht eine durchweg folgerechte. Sie konnte auch in diesem Abdrucke nicht folgerecht durchgeführt werden, und ich hielt mich daher,

---

[1]) Die deutschen Mystiker des 14. Jahrh. Lpz. 1845. (2 B.)

[2]) Z. B. in diesem Buche: Můtwillen statt Muth, bekañtniss statt Erkenntniss, erlich statt herrlich, leichtfertig statt leicht, wunderlich statt wunderbar, unmenschlich statt übermenschlich, aber statt wieder, in statt ihnen, vernehmen statt erkeñen, wan statt deñ, allein statt obschon, durch statt für, verklagen statt beklagen, diemütig statt niederträchtig, der sůssliche gott, u. s. w.

wo nicht offenbare Verstösse vorkommen, genau an die Schreibweise der Urschrift, was ich mir um so leichter erlauben zu dürfen glaubte, da es sich hier um die einzige und zwar gute Handschrift eines mittelalterlichen Werkes handelt. Ich berufe mich dabei auf Franz Pfeiffer, der zur Herausgabe von Herrmann's Heiligen-Leben bemerkt: Bei einem Werke, das nur in einer Handschrift vorhanden ist, war eine streng kritische Behandlung des Textes, wie man sie bei Werken des 13. Jahrhunderts anzuwenden pflegt, nicht wohl thunlich, ja ich hätte sogar volle Berechtigung gehabt einen buchstäblichen Abdruck zu geben.. ich mochte mich aber den Anforderungen, die an Herausgeber altdeutscher Schriften mit Recht gestellt werden nicht entziehen, selbst auf die Gefahr hin, dass ich hie und da etwas unriehtig aufgefasst habe.“ Meine geringen Aenderungen betreffen in dem vorliegenden Buche grösstentheils die Interpunktion, die zum Verständniss desselben nothwendig berichtigt werden musste. Auch die so oft wiederkehrenden Reime, Assonanzen und Alliterationen, die offenbar ursprünglich besser zusammenklangen, erlaubte ich mir, doch nur in seltenen Fällen, herzustellen.

Eine eigenthümliche Schwierigkeit ergab sich aus der Bestimmung was vom Texte in Versen auszusetzen sei, da in der Handschrift Alles als Prosa fortläuft, obschon viele Abschnitte entschieden auf Verse hindeuten, während anderseits nur schwache Anklänge an solche bemerkbar sind. Entscheidend war hiebei für mich, nebst dem Reim, der höhere Schwung der Rede oder des Gefühles, der in den meisten Fällen auch die Sprache poetischer macht. Das ist bei dieser Schrift oft der Fall, wo Personen redend eingeführt werden, oder wo die Betrachtung oder die Vision dem Schlusse zueilt.

Die Geschichte der Handschrift ist nicht ohne Interesse und

knüpft sich auch an die Geschichte des religiösen Lebens im Hoch-Thale von Einsiedeln während dem Mittelalter. Es lebten nämlich schon sehr frühe, die Zeit ist nicht genau zu bestimmen, daselbst fromme Einsiedlerinnen, zuerst einzeln, dann in vier Häusern vertheilt, die später in einem einzigen Kloster vereinigt wurden. Man hiess sie Waldschwestern. In eines dieser vier Häuser, die vorder Au genannt, schrieb noch im 14. Jahrhundert, Heinrich von Rumerschein von Basel zu S. Peter folgendes, der Handschrift später beigefügtes Blatt: Den swesteren in der vorderen ŏwe: Ir sônt wissen, dz das bůch, dz ùch wart von der zem Guldin Ringe, dz do heist, das liecht der Gotheit, des sônt ir wol warnemen, also, das es soll dienen in alle hûser des waldes und sol us dem walde niemer komen und sol ie ein monat in eim huse sin, also dz es vmb sol gân von eim in dz ander wenne man sin bedarf, vnd sônt ir sin sunderlich behůt sin, wand si sunderlich trûwe zů ùch hatte. Bitent ŏch für mich der ir bichter was, leider vnwirdig. Von mir Herr Heinrich von Rumerschein von Basel ze sant Peter. — *a tergo:* der vordren owe. Ein ähnliches Blatt von Rumerschein ist dem Codex 268 beigefügt, welcher, ebenfalls mystischen Inhalts, von derselben Geberin den Schwestern in Alleg (Albegg, eines der vier Schwesterhäuser in Einsiedeln), geschenkt wurde. Diesen Schwestern schreibt Rumerschein: Ir sônt wissen, dz das bůch, dz ùch wart von jungfrow Greten zem güldin Ring, dz kûngunt... Hier ist eine Zeile ausgelöscht, der übrige Inhalt stimmt mit dem obigen Briefchen an die Schwestern in der vordern Au überein, nur ist noch beigefügt: Ir sônt wissen dz irs nût usser den wald nût sônt leng (leihen).

Nun ist merkwürdiger Weise diese Grete zum goldenen Ringe in Basel höchst wahrscheinlich keine andere als Margaretha, die Tochter des bekannten Schwärmers Nikolaus von

Basel, dessen mystische Schriften Dr. Karl Schmidt[1]) herausgegeben und mit einem sehr gediegenen Lebensabriss des Verfassers begleitet hat, wovon schon ein Theil in dem Buche: Basel im 14. Jahrhundert und in andern Schriften mitgetheilt war. „Margaretha, so erzählt K. Schmidt (S. 71), ward Begine, Conversa, erwarb ein Stück Holz vom Kreuz Christi, das aus dem Münster gestohlen worden war und gab es diesem zurück; 1376 vermachte sie ihr ganzes Vermögen den Dominikanern und wählte bei ihnen ihr Grab. Sie ist ohne Zweifel die Margaretha zum goldenen Ring, der in den Briefen Heinrichs von Nördlingen als einer besondern Freundin Gottes gedacht wird. Das Beginen-Haus zum schwarzen Bären stiess an das Haus zum goldenen Ring, in letzterm selber scheint eine zeitlang eine Sammung bestanden zu haben. Aus allem diesem lässt sich schliessen, dass in der Familie zum goldenen Ring der Hang zum geistlichen mystischen Leben heimisch war.“ So weit Dr. Schmidt. Es ergibt sich nun aus dem obigen Briefchen, wer Beichtvater der mildthätigen Geberin zum goldenen Ringe war, und ergibt sich, dass zwischen den Gottesfreunden in Basel und deren Gönnern und Gönnerinnen Verbindungen mit den Beginen in der innern Schweiz bestanden. Dafür sprechen ohnehin noch andere Thatsachen, wie die Beziehungen der Gottesfreunde zu Engelberg, die Niederlassung derselben im Herrgottswald am Fusse des Pilatus u. s. w., wovon C. Schmidt (a. a. O.) erzählt.

In Einsiedeln selbst hat man keine weitere Spur von dieser Verbindung als eben diese Handschrift nebst der zweiten vorhin erwähnten, die aber nur Schriften eigentlicher deutscher Mystiker

---

[1]) Wien, 1866. 8.

[2]) Basel 1856, S. 283: Nikol. v. Basel und die Gottesfreunde und besonders S. 92 in der „Topographie des alten Basels“ von Dr. Fechter.

enthält und woraus von Franz Pfeiffer in „Haupt's Zeitschrift für deutsches Alterthum" (Bd. 8, S. 209), und in Band 2 der „deutschen Mystiker" sehr Vieles mitgetheilt wurde. Zu welcher Zeit diese zwei vortrefflich geschriebene und erhaltene Handschriften in die Stiftsbibliothek von Einsiedeln kamen, ist ungewiss. Eine Hand des 15. Jahrhunderts bemerkt noch: „Dis bůch hőret in die vier hûser in dem walde", eine spätere des 16. Jahrhunderts: „Dem Gotshuss S. peter vff dem Bach in Schwitz gehőrig."

Ueber Inhalt und Verfasser vorliegender Schrift gibt diese selbst gleich Anfangs, zuerst in lateinischer, dann in deutscher Sprache Auskunft. Sie ward im Jahr 1250 und darnach während fünfzehn Jahren einer frommen Schwester geoffenbart in deutscher Sprache. Diese Schwester lebte über vierzig Jahre lang gottselig, der Regel des Predigerordens gemäss. Ihre „Offenbarungen" aber sammelte und schrieb ein Bruder desselben Ordens. Der Name dieses Bruders war nicht zu ermitteln; die begnadigte Schwester aber wird einigemal, sowohl im Texte als in den Kapitel-Ueberschriften genannt. So z. B. S. 168: „Wie Swester Mehthild danket etc." und S. 215: „Dise schrift die in disem bůche stat, ist gevlossen vs von der lebenden gotheit in Swester Mehtilden herze und ist also getrúwelich hie gesetzet, alse si vs von irme herzen gegeben ist von gotte und geschriben von iren henden." Der scheinbare Widerspruch der eben angeführten Stelle, mit obiger Bemerkung, es sei das Buch von einem Dominikanerbruder gesammelt und geschrieben, findet seine natürliche Lösung in dem Worte gesammelt, so dass mit Greith (S. 207) anzunehmen ist, dieser Bruder habe die von Mechthild geschriebenen einzelnen Blätter gesammelt und abgeschrieben. Dass sie selbst diese „Offenbarungen" schrieb, beweist auch das, was sie (S. 140) sagt: „Meister Heinrich, mich iamert... das ich sündig wip schriben můs, das ich die ware bekantnisse und die heligen herlichen anschǒwunge nieman mag geschriben, sunder dise wort alleine, si dunken mich gegen die ewigen warheit allzekleine." Meister Heinrich war ihr leiblicher Bruder und ebenfalls im Prediger-Orden.

Dass Schwester Mechthild diesem angehörte, unterliegt wohl keinem Zweifel, denn bei jedem Anlass ist auf diesen damals so frisch blühenden und fruchtbaren Orden und dessen Stifter hingewiesen, welchen Mechthild ausdrücklich ihren Vater nennt. Auch ist das Zeugniss zu Anfang des Buches: „Sequens perfecte vestigia fratrum ordinis praedicatorum", deutlich genug. Wenn sie daneben eine Begine genannt wird, und sich einigemal selbst so nennt, so wird das durch die eben angeführte Stelle berichtigt und zudem war damals der Begriff Begine noch von der allgemeinern Bedeutung einer in besonderer Weise Gott suchenden Seele, wie etwa Schwester zu verstehen.

So wird denn Dominikus vor allen andern Ordensstiftern genannt und gepriesen und sein Bild wird höchst lieblich geschildert. Für die Gegenwart wie für das Ende der Zeiten wird seinem Orden eine hochwichtige Aufgabe zugedacht. Im besondern werden noch genannt Br. Heinrich, vielleicht der Jugendfreund des berühmten Br. Jordans, ferner ein Br. Balduin und Br. Albrecht, wahrscheinlich Albrecht oder Albert der Grosse. Es handelt sich nun hier nicht um Mechthild von Spanheim, die Zeitgenossin des heiligen Bernard und der heiligen Hildegard von Bingen, nicht von Mechthild von Diessen und Edelstetten, die schon 1160 starb, noch von Mechthild von Helfeda, die dem Benediktinerorden angehört, sondern von einer ganz andern Persönlichkeit.

„Ueber die Heimath und das Predigerkloster [1]), wo unsere

---

[1]) Greith a. a. O. S. 207. Unten S. 243.

Schwester Mechthild über vierzig Jahre gelebt, scheinen einige Stellen nach Thüringen oder Sachsen hinzuweisen. Wir lesen: „Von der not eines vrluges.„ Mir wart bevolhen mit eime heligen ernste, dc ich bete vúr die not, die nu ist in Sahsenlanden und in Dúringenlanden", in welchem Kriege, nach der Schilderung Mechthildens, furchtbare Gräuelthaten, an Gotteshäusern und durch Strassenraub verübt wurden. In einer andern Betrachtung[1]) spricht sie von den Boten, die Gott zur Rettung der gesunkenen Christenheit gesandt habe und nennt unter diesen Sanct Elisabeth und die heiligen Dominikus, Franziskus, Petrus Martyr, den ersten Martyrer aus den Predigerorden, endlich die Schwester Jutte von Sangershausen, über die ihr offenbart wurde: die han ich den heideñe gesant ze botten mit irme heligen gebete und mit irme gůten bilde. „Wahrscheinlich geschah dieses gegen das Jahr 1260, als der deutsche Orden unter dem Hochmeister Anno von Sangerhausen einen neuen Kreuzzug gegen die Preussen unternahm."

Diese Jutte von Sangerhausen und die Erwähnung der verweltlichten Domherrn von Magdeburg, gegen welche sich Mechthild mit scharfer Rüge ausspricht, veranlasst Mone[2]), diese Schwester in das Kloster S. Agnes bei Magdeburg zu versetzen. Er schreibt in einer Anmerkung: „Das Kloster S. Agnes liegt an der Ostseite der Neustadt Magdeburg und hatte ursprünglich die Regel des Cistercienser-Ordens. H. Beyer hat im 17. Bd. S. 59, 156, 260 und 330 des allgemeinen Archivs für die Geschichtskunde des Preussischen Staates von L. v. Ledebur eine Geschichte des Nonnenklosters S. Agnes veröffentlicht, in welcher gerade der wichtigste Punkt fehlt, nämlich, dass

[1]) S. 166.
[2]) Quellensammlung z. Bad. Geschichte. Bd. 4. S. 31.

die Dichterin Mechthilde, deren Werke Greith herausgab, dort Abtissin 1273 war. Die in den Gedichten der Mechthild genannte Vorsteherin Jutte von Sangershausen ist die Abtissin Jutte von S. Agnes von 1270.“ Mone behauptet dann, Mechthild sei keine Dominikanerin gewesen, sie war aber doch wahrscheinlich wie gesagt, eine solche, das zeigt das ganze Werk. Gar viele Klöster Cistercienser-Ordens nahmen die Regel Dominiks an. — Nur ergibt sich dann wieder eine grosse Schwierigkeit aus dem urkundlichen Nachweis, dass in der Zeit von 1250 und den folgenden Jahrzehenden S. Agnes wirklich von Cistercienserinnen bewohnt war. Durch gütige Vermittlung meines hochverehrten Freundes, des Grafen R. von Stillfried, Graf von Alcantara, zog ich von den bewährtesten Forschern und Kennern der Geschichte Preussens, Erkundigungen hierüber ein. Was darüber, nebst dem Grafen Stillfried selbst, die Herren Riedel, Ledebur und Mülverstädt, Archivrath in Magdeburg mittheilten, geht dahin, dass „die Nonnen von S. Agnes in Neustadt bei Magdeburg noch im Jahre 1260, laut einer Urkunde dieses Hauses „Cistercienser-Nonnen“ genannt werden. Später nahm das Kloster, wie es scheint, den Benediktiner-Orden an, schon 1270 heisst es, de regula S. Benedicti und 1311 noch bestimmter, ordinis S. Benedicti. — (Beyer a. a. O. S. 276). „Die in Rede stehende Mechtildis, bemerkt Herr Ledebur, wird allerdings am Schlusse der Abhandlung S. 370 in der Reihe der Abtissinnen und zwar mit den Jahreszahlen 1271 und 1281 aufgeführt, das Jahr 1271 ist daselbst urkundlich belegt; von dem interessanten Umstande aber, dass Mechtildis deutsche Lieder gedichtet, hat Beyer keine Kunde gehabt. Herr von Mülverstädt verweist einfach auf die „Magdeburgischen Geschichtsblätter“ (herausg. v. dortigen Geschichtsverein) Jahrg. II (1867) p. 339 ff. und auf das obengenannte „Allgemeine Archiv“ von Ledebur.

Wer nun die folgenden Blätter aufmerksam liest, wird sich kaum vorstellen können, wie unsere Schwester Mechthild später Abtissin eines Bernardiner-Klosters wurde. Dass übrigens damals, und namentlich in Magdeburg geistliche Verbindung zwischen beiden Orden und den betreffenden Klöstern bestand, ergibt sich auch aus einem Wunder, das bei Mone (a. a. O. S. 30) erzählt wird, wie nämlich in Theutonia (Magdeburg) eine Cistercienser Abtissin nebst ihren Schwestern für einen verstorbenen Predigerbruder Namens Albert viele Gebete verrichtete, worauf ihnen dieser Bruder erschien. Wenn Mone hier, wohl mit Recht, an die Abtissin Jutte und jenen Albert, den Bruder unserer Mechthild denkt, so ist doch damit das Räthsel noch nicht gelöst. Die nun im Druck vorliegende Schrift wird tüchtigern Kennern und Kritikern Anhaltspunkte zu neuen Forschungen geben. Einstweilen mag deren Verfasserin zum Unterschied der genannten und anderer Namensverwandten immerhin Mechthild von Magdeburg genannt werden.

Vergessen wir indessen über der Dichterin und dem Aeussern der Handschrift nicht die Hauptsache, den Inhalt des merkwürdigen und seltenen Buches. In Bezug auf diesen verweise ich vor allem auf das was Greith in seinem oftgenannten Buche darüber sagt. Es würde auch zu weit führen, wollte ich mich hier in dem, wenn auch wundervollen und oft anmuthigen Irrgarten mittelalterlicher deutscher Mystik ergehen.

Eines vor allem bitte ich zu bemerken, dass die Gattung Mystik in diesem Buche bedeutend verschieden ist von den spekulativen Schriften der etwas spätern Meister, besonders eines Meisters Ekhart und der sogenannten Gottesfreunde. Wohl wird dieses Wort auch einigemal von Mechthild genannt, wo es aber in einem allgemeinern Sinne zu nehmen ist, denn sie steht durchweg weit mehr auf dem Boden der Klosterregel, und ihre

Visionen tragen fast ausschliesslich das Gepräge nicht von Vernunft-Spekulation, sondern von Gefühls- und Phantasie-Ergüssen. Der Unterschied von Auffassung und Sprache zeigt sich schon auffallend in einem kleinen, der Handschrift angehängten Fragment der Schrift eines Gottesfreundes (unten S. 283) das jedenfalls nicht von Mechtild herrührt.

Um indessen doch vom Inhalt Einiges anzuführen, lasse ich hier Greith reden:

„Den Stoff für ihre Lieder, Betrachtungen und moralischen Lehren zog Mechthild aus dem Christenglauben und den selbsteigenen Erfahrungen ihrer mystischen Zustände. Sie feiert darin die innigen Bezüge Gottes und der Seele, welche die Minne vermittelt und nach unten das Wechselverhältniss zwischen Seele und Leib (Sinnlichkeit, Leichnam), welches durch die Begierlichkeit der Sünde zu einem gegenseitig feindseligen sich ausgebildet. Ihre didaktischen Sinnsprüche verbreiten sich über die Tugenden und Laster, die Vollkommenheiten und Mängel der Seele auf ihrem Pilgerzuge nach oben, und mit besonderer Vorliebe wählt sie zuweilen die Form des Zweigespräches, das sie zwischen Gott und der Seele, der Minne und der Seele, der Minne und der Erkenntniss und zwischen der Erkenntniss und dem Gewissen mit Gewandtheit zu führen weiss... Allein die „Offenbarungen", die sie in den Stunden ihrer Beschaulichkeit empfangen, verbreiten sich auch noch über die jenseitigen Regionen der Hölle, des Fegfeuers und des Himmels mit eigenthümlicher Zeichnung. Sie beklagt wiederholt und nicht ohne eine gewisse Schärfe in der Weise der seligen Hildegardis den gesunkenen Zustand der Christenheit in Kirche und Reich, bei der Geistlichkeit und bei der Laienschaft, was, verbunden mit einigen gewagten Lehren, ihr auch die Misskennung von Seite ihrer Mitschwestern mag zugezogen haben, über die sie zum öftern Klage führt. Die Erleuchtung, die ihr zu Theil geworden, will sie keiner Schule menschlicher Weisheit verdanken, „mit der man, wie sie irgendwo so schön sagt, viel gewinnen und auch viel verlieren könne;“ sie bezeugt gegentheils, selbe von oben herab erhalten zu haben.“

Die Ansichten und Ausdrücke in diesem Buche sind allerdings oft gewagt, und wer den streng dogmatischen Massstab anlegen wollte, könnte leicht Häretisches herausfinden. So sagt Mechtild von Maria: „Ir sun ist got und si gôttine“ und an einer andern Stelle heisst die Seele „aller creaturen gôttine.“ Buch 2, Cap. 19 heisst es: So siht sie (die sele) werlich vnd bekeñet, wie got ist allů ding in allen dingen. Nebst den Erläuterungen, die Greith (a. a. O.) über den Sinn solcher Aussprüche giebt, erwähne ich eine Stelle eines Mystikers aus derselben Handschrift, welche Mechthild's Visionen enthält. Es heisst f. 169: Die heiligen sprechen: alle ding sint got, indeme alse si ewiklich in gotte gewesen sint. Nit also, dc wir in gotte wêren in der gropheit als wir nu sint; wir waren in gotte ewiklich als die kunst in dem meister. Gott sach sich selben an und sach alle ding.

Auffallend ist in dogmatischer Hinsicht die Vision, worin die entzückte Schwester sah, wie der heilige Johann Baptist „der armen Dirne Messe las“, obschon er ein Laie war.[1]) Es macht den Eindruck, als ob damit die Lehre von einem allgemeinen Priesterthume angedeutet werden wolle. Sie sagt aber zu ihrer Rechtfertigung später[2]): „Dc Johañes Baptista der armen dirne messe sang, dc wc nit fleischlich, es wc also geistlich, dc die sele alleine beschôwete und gebruchte; aber der licham hatte nit davon, deñe er von der sele edelkeit in sinen menschlichen

[1]) S. 30.

[2]) S. 210.

siñen mohte begriffen, darum můssen die wort menschlichen luten.“

Diese richtigen schönen Worte mögen auch zur rechten Auffassung sehr vieler anderer gewagter, ungewohnter Bilder und Worte einen Fingerzeig geben. Ich denke besonders hiebei an die, nach jetzigen Ansichten oft allzufreien Schilderungen geistlicher Minne, wobei man unwillkürlich an die unbefangene Naivetät frommer mittelalterlicher Künstler, germanischen sowohl als romanischen Stammes, in Darstellung des Sinnlich-Natürlichen, namentlich des Geschlechtlichen erinnert wird. Die heilige Schrift, zumal das Hohelied Salomons in seiner symbolischen Anwendung auf geistliche Minne, gab solchen Darstellungen eine höhere Weihe. Gleich zu Anfang von Mechtildens Visionen sind sechszehn Arten von Minne kurz beschrieben, die auffallendste derselben wohl:

> Die tůtesche miñe von Gots lére,
> Die bůget sich noch zů einem kinde vil gerne.

Was ist diese deutsche Minne? Ist etwa mit dem zweiten Verse deren heilige Einfalt bezeichnet? Greith (S. 212) sagt: Die Wissenschaft und insbesondere die Poesie der christlichen Mystik hat zu aller Zeit in dem hohen Liede ein analoges Ideal für das gefunden was sie über den übersinnlichen Verkehr, der zwischen Gott und der Seele in der Minne waltet, auszusprechen versuchte... Wie die Reinen in der Anschauung des ewigen Geheimnisses, das in jenem Liede der Lieder seinen rein menschlichen Ausdruck gefunden, an den üppigen Bildern desselben keinen Anstoss nehmen, weil, wie der Apostel lehrt, den Reinen alles rein, den Unreinen aber alles unrein erscheint, so erregte es auch in der tiefsinnigen Zeit des Mittelalters selten ernsteres Bedenken, wenn die Mystiker in ihren Darstellungen eine Freiheit übten, wie solche in unserer Zeit schwer verletzen müsste.“

Alles das rechtfertigt die Schilderungen unserer Dichterin um so mehr, weil eben dieselben mehr in's Gebiet der Poesie als der Wissenschaft gehören. Poesie sind diese Ergüsse einer entzückten Seele und entbehren desswegen aller jener Formen der Wissenschaft, welche so oft nur zu sehr von dem Schönen sich entfernen. Es finden sich daher auch keine Citate, nicht einmal solche aus der heiligen Schrift, denn da ist Alles nur unmittelbare Schilderung innerer Seelenzustände, Wie diese wechseln, so wechseln, steigen oder fallen auch der Styl und die Sprache, die sich nicht selten in selbst auffallender Kraft und Schönheit erhebt. Mechthild spricht mit Recht zuweilen von einer Hofsprache: Ihren Gott grüsst sie „in der hovesprache, die man in diser kuchin nit vernimet.“ Diese Hofsprache ist keine andere als die dichterische und sie hat ihre äussern wie innern Schönheiten.

Mehr Wohlklang liegt schon überhaupt in diesem alten Hoch- oder Oberdeutschen und bei Mechthild wird es oft wahre Musik, und die Fülle von Reimen, Assonanzen, Alliterationen macht, eben weil sie ganz ungesucht, ganz Natur und kunstlos erscheint, desto mehr Wirkung. „Din wunder hat mich verwundet“ sagt z. B. Mechthild, und das ist kein Wortspiel, es kam ganz ungesucht im Zustand der Begeisterung, des Enthusiasmus, des Aussersichseins.

Mechthild selbst schildert gleich im zweiten Kapitel des Werkes, wie die Seele den Körper verlässt und zu Gott, ihrem Wirth, ihrem Bräutigam kommt und was sie da sieht und hört; kehrt sie dann in den Leib zurück, so fragt dieser: „Wa bist du nu gewesen? Du kumest so miñeklich wider, schône und creftig, frie und sinenrich?.. So sprichet si: Swig, morder, la din clagen sin“. Und wenn sie beifügt: „Das ist ein grůs, der hat manige adern, der dringet usser dem vliessenden gotte in die armen, dürren selen ze allen ziten mit nuwer bekantnüsse und an nüwer beschowunge und in sunderliche gebruchunge (genuss) und nüwer gegenwürtekeit", so sind damit vier der wichtigsten Eigenschaften jeglicher ächten Begeisterung gezeichnet, das Erkennen der Vernunft, das Schauen der Phantasie, das Geniessen des Gefühles und das Unmittelbare eines höheren Zustandes, das Conzentriren von Vergangenem und Künftigen in der Gegenwart, von Himmel und Erde, Hölle, Fegfeuer und Paradies im Auge der Seele. Diese vier Eigenschaften finden sich an Mechtildens Poesie. Der Denker wird in dieser Schrift, die dem nüchternen Verstand als Phantasterei erscheinen möchte Goldkörner tiefer Spekulation finden. Aus dem geistigen Schauen erklärt sich die Wahrheit und Lebendigkeit der Schilderungen so wie der einzelnen Bilder und der wirklich epische Gehalt vieler Visionen, vor allen derjenigen, die das Geheimniss der Menschwerdung des Sohnes Gottes schaut; (B. 5, Kap. 23) in welcher Lucifer und sein Diener Satanas als das feindliche Princip so trefflich geschildert ist, und die ausführliche Beschreibung der typischen Bilder des Hungertuches sogar an den Schild des Achilles oder des Aeneas bei Homer und Virgil erinnert.

Derlei Schilderungen gehen oft in sinnreiche Allegorien über, von denen einige, vielfältig im Mittelalter in ähnlicher Weise behandelt wurden. So z. B. das Leiden Christi mit Anwendung auf das geistige Leben, Leiden und Sterben der Seele (B. 7, K. 53) oder „das geistliche Kloster", unter welchem Titel nur in München allein vier alte deutsche Handschriften sich finden.[1])

[1]) Nach dem Catalog der deutschen Handschriften die Nummern 509, 519, 831, 835.

Eine solche, welche diese
schreibt, besitzt auch Einsi

Ausführlich und vort
Pfennig der Messe, die K
analog der goldenen Schm
Wohnung der Seele, die
lieblich das Paradies, wo j
Ferner das geistliche Ho
Ruhelager der Gnade, d
ung u. s. w.

Dabei gebricht der Di
weiss sie nicht mehr zu sa

> Als ein bini honige
> Vs einem vollen st

Dagegen fliessen die
und schrecklichen Dingen,
Kampfes der Dämonen um
lich, und es ist als ob solc
geführt seien. Auch das ist
lichen Kunst, vorzüglich de
und Giovanni da Fiesole z
tete. (Vgl. z. B. S. 83.)
schiedenen Abtheilungen je
dieses (B. 7, K. 57) und der Hölle (B. 3 K. 21), und der verschiedenen Strafen je nach Verschiedenheit der Sünde, erinnern an Dante, von welchem übrigens natürlich Mechtild keine Kenntniss haben konnte.

Solche entsetzliche Schilderungen finden sich auch in der Vision der letzten Zeit, der Zeit des Antichrists, in welcher dem Predigerorden eine grosse, schwere Aufgabe zugedacht ist.

Neben diesen an's Rohe streifenden Ausmalungen finden sich wieder die zartesten, reizendsten Bilder, wie etwa in der Beschreibung des Grabes des heiligen Apostels Johannes (B. 4, K. 23), bei welchem je zu sieben Stunden die Engel singen: „Zwischent sinem lichamen und der schôpfnisse des himelriches ist nit me deñe ein dúne want als eines eies hût, und ist doch als ewig veste, das dar kein lichame me dur mag untz an den jungesten tag.“ In reicher Fülle sprudelt der Quell der kleinsten poetischen Figuren, durch das ganze Werk, besonders im ersten Buche. Viele dieser Bilder kommen auch in der heiligen Schrift oder bei ältern Dichtern vor. So nennt schon Ottfried die heilige Jungfrau: Taube ohne Galle; die meisten aber sind neu und um so lebendiger.

Poesie spricht auch aus einzelnen kurzen Sprüchen wie z. B.: „Wer von miñe stirbet, den sol man in Gott begraben.“ Oder, wo vom Leben in Gott die Rede ist: „der visch mag im Wasser nit ertrinken etc.“ (S. 21). Gnade kommt von oben: „Das der adeler also hohe vlûget, dc darf er nit der v́welen danken.“ Die Seele soll sich vor der Sünde hüten: „reht als ein mûs, die in der vallen sitzet und wartet ires todes“. Einmal wird die Dichterin entzückt in Gott, „dc si sich rehte vfhûp ane arbeit ir selbes und bewant *(wand)* sich rehte in die helige drivaltekeit, als ein kint sich bewindet in den mantel siner mûter und leit sich rehte an ir brust.“

Bei solcher Poesie klingt etwas prosaisch das vielfache Zerstückeln der Gedanken nach Zahlen, wie das ebenfalls in der Prosa des Mittelalters Manier war, und wie wir es fast durchweg bei Mystikern und Predigern z. B. bei Bruder Berchthold finden. Hievon finden sich in dieser Schrift Beispiele zur Genüge schon in den Kapitelaufschriften.

Angenehm sind die Anklänge an Culturzustände und Sitten des Mittelalters. Das „Kaiserreich" wird hochgehalten „es sol ǒch an der cronen (der Herrlichkeit Gottes) stan gebildet, gewiret und geblůmet untz an den jungesten geburen (*Bauer*) jemer danach wirdig dc si gotte gedienet hant. Der Hof, das Hofleben, das Höfische wird oft als Bild benützt, wie schon aus der oben genannten Hofsprache erhellt, „die man nit in der kuche hört. Es begiñt ein spil das der lichame nůt weis, noch die dǒrper (Arbeiter) bi dem pflůge noch die ritter in dem turnei." Die Seele wird zu ihrer Hofreise gekleidet „mit den kleidern so man ze palaste tragen sol." Von dieser Hofreise spricht das Kap. 4 des ersten Buches und B. 4, Kap. 17: Von einer Frau die zu Hofe gern war. Merkwürdig ist in dieser Hinsicht auch das Kapitel (B. 3, 18) „von des ritters strite mit vollen waffenen wider die begerunge." Wollte, heisst es da z. B. ein im Streit ungeübter Mann

in fürsten turneien komen,
dem were schiere sin lip benomen.
Darumbe můs ich (sagt Gott) der lůte schonen,
die so lihte ze valle komen:
Die lan ich striten mit den kinden,
vf dc si ein blůmenschappel ze lone gewiñen.

Auch der Kreuzzüge wird an einigen Stellen Erwähnung gethan. Die Unsitte des Strassenraubes ergibt sich aus der oben angeführten Schilderung des Krieges in Sachsen und Thüringen, da es heisst: „Die die strasse rǒbent ze fůsse, were kein urlůg, so weren sie diebe und valsche lůte."

Doch genug und vielleicht schon zu viel hievon. Ich übergebe nun die Schrift der Beurtheilung des Publikums, und hoffe, mit derselben einen schönen Beitrag zur Kenntniss älterer deutscher Litteratur geleistet zu haben. Wenn Mone (a. a. O.) bemerkt, Herr Greith habe die Werke der Mechtilde herausgegeben, so wird schon ein Blick in Greith's, übrigens höchst werthvolles Buch über deutsche Mystik zeigen, dass nur ein geringer Theil des vorliegenden Werkes daselbst mitgetheilt ist. Dieser ist zudem, wie es des Buches Zweck und Leserkreis verlangte, in die neue Sprachweise übersetzt und endlich ist als Poesie grösstentheils nur das lyrische Minnelied und einiges didaktische und allegorische mitgetheilt, während gerade das poetisch Schönste und Erhabenste, wie z. B. das schon genannte Kapitel von der Menschwerdung Christi übergangen ist. Ueberhaupt möchte ich den epischen Gehalt des Werkes, als Dichtung betrachtet, als höher und auch für die Litteraturgeschichte bedeutender ansehen, als den lyrischen, den Minnesang und ich hoffe darum, unsere Litterarhistoriker, werden das Buch, so wenig Geschmack viele derselben in anderer Beziehung an ihm finden mögen, nicht ganz übersehen.

Bei preussischen Gelehrten, die so Vieles für deutsche Sprache und deren Geschichte gethan, wird dieses Uebersehen um so weniger zu befürchten sein, da die Dichterin ihre Landsmännin ist. Nach einer Mittheilung des Herrn v. Ledebur hat um die gleiche Zeit eine andere Mathilde, nämlich eine Gräfin Mathilde von Sayn durch ihre in deutscher Sprache abgefassten Urkunden um die deutsche Sprache sich Verdienste erworben.[1]) So bieten sich frühe schon im Norden auf zwei der verschiedensten geistigen Gebieten zwei ebenfalls sehr verschiedene Frauen die Hand zur Ausbildung unserer deutschen Sprache, beide wahrscheinlich ohne ein solches Verdienst auch nur zu ahnen. Dem Predigerbruder, der diese Visionen niederschrieb, fällt ebenfalls ein Theil jenes Verdienstes zu, und ich wünsche, es möchte

---

[1]) Höfer, Auswahl der ältesten Urkunden deutscher Sprache. Vorred. VII.

auch der Benediktinerbruder, der so spät diese Schrift der Lesewelt mittheilt, nicht ganz leer ausgehen.

Vorläufig wird diese Ausgabe in der Ursprache einen kleinern Kreis von Lesern finden, es ist aber bereits dafür gesorgt, dass das Buch in Uebersetzung auch einem grössern Lesekreis zugänglich werde.

Inhalts-Verzeichniss.

Dis ist das ander teil dis bûches.

Dis ist das dritte bûch.

Dis ist das vierde bûch.

Seite

Dis ist der fünfte teil des bûches.

Dis ist der sehste teil dis bůches.

Dis ist dc sibende teil.

Von Offenbarungen einer liebhabenden Seel.

Año domini MCCL fere per años XV liber iste fuit teutonice cuidam begine, quæ fuit virgo sancta Corpore et spiritu per gratiam a domino inspirata,[1]) quæ in humili simplicitate, in exulari paupertate, in oppresso conceptu, in coelesti contemplatione ut in scriptura ista patet, plus quam XL años domino devotissime servivit, sequens perfecte vestigia fratrum ordinis praedicatorum, de die in diem semper proficiens, semper melior se fiebat. Conscriptus autem a fratre quodam predicti ordinis et continet multa bona, prout in titulis praenotatur.

De trinitate II. lib. 3. Cap., III. lib. 9. C., IIII. l. 12. et 14. C., V. lib. 26. C.

De Christo II. l. 3. C., IV. l. 24. C., V. l. 23. Cap.

De domina nostra I. l. 4. C., II. l. 3. C., V. l. 23. C. de IX ordinibus angelorū I. l. 6. C., III. l. 1. C., V. l. 1. Cap.

De prerogativa quorundam Sanctorū IIII. l. 20. et 21. et 23. Capitulo.

De malitia demonum IV. lib. 17. C., II. l. 24. C., V. lib. 29. C., V. lib. 9. Cap.

De hominis dignitate I. l. 44. C., IV. l. 14. Cap.

De raptu et separatione animæ a carne I. l. 2. C.

De descriptione coeli III. l. 1. C.

De descript. inferni III. l. 21. C.

---

[1]) Handschrift inspiratus.

De multiplici purgatorio II. l. 7. Cap., III. l. 15., 16. Cap., l. XIV., 15. C.

De multis virtutibus et vitiis I. l. 22., 25. C., III. l. 7. et 14. C., IV. l. 4. Cap. et de caritate maxime III. l. 13. Cap.

De praedicatoribus in fine mundi tempore antichristi IV. l. 27. Cap. et de multis inauditis quae intelliges, si cum credulitate, humilitate et devotione novies perlegeris librū istū. Hic est prophetia de preterito presenti et futuro. Hic est etiā distinctio trium personarū V. l. 26. Cap.

In dem jare von Gottes geburte drizehendhalphundert jar, bi darnach fûnfzehen jaren wart dis bůch geoffent in tûsche von Gotte einer swester, was ein helig maget beide an lip und an geiste. Si dienete Gotte andehtekliche in demůtiger einvaltekeit, in ellender armůt in himelschem contemplierende, in verdrukter versmehte, mê dene vierzig jar, und nachvolgete vesteklich und vollkommenlich dem lichte und lere des predier orden; und nam für von tage zů tage und besserte sich tegelich. Aber das bůch samente und schreib ein brůder des selben ordens und vil gůtes stat in disem bůche von vil sachen, als in den tavelen ist vorgezeichent das solt du gelôblich, diemůteklich und andehteklich nůnstunt vberlesen.

Dis ist das erste teil dis bûches.

Dis bůch sol man gerne enpfan, wañ got sprichet selber die wort.

Dis bůch das sende ich nun ze botten allen geistlichen lúten, beidv́ bősen und gůten, wand weñ die súle vallent, so mag das werk nút gestan, und ez bezeichent alleine mich, und meldet loblich mine heimlichkeit. Alle die dis bůch wellen vernemen die sőllent es ze núu malen lesen.

Dis bůch heisset ein vliessendes lieht der gotheit.

Eia, herre got, wer hat dis bůch gemachet. Ich han es gemachet an miner vnmaht, wan ich mich an miner gabe nút enthalten mag. Eya herre, wie sol dis bůch heissen, alleine ze diner eren? Es sol heissen: ein vliessende lieht miner gotheit, in allú die herzen die da lebent ane valscheit.

I. Wie die miñe und die kúnegiñe zesamene sprachen.[1]

Die sele kam zu der miñe
Und grůste si mit tieffen sinnen
Und sprach: Got grůsse v́ch vro miñe.
Got lone v́ch, liebe vro kúnegiñe.
Vrő miñe ir sint sere vollekomen.
Vro kúnigiñe, des bin ich allen dingen oben.
Vro miñe, ir hand manig jar gerungen,
Ê ir babint die hohen drivaltekeit darzů betwungen,
Das sú sich hat alzemale gegossen
In Marien demůtigen magetům.

---

[1]) Greith deutsche Mystik S. 222.

Frowe kůniginē, das ist vwer ere und vrome.
Fro minē, ir hant mir benomē
Alles das ich in ertrich je gewan.
Frowe kůnegin, ir hant einen seligen wehsel getan.
Frowe minē, ir hant mir benomēn mine kintheit.
Frowe kůnegine, dawider han ich vch gegeben himelische vrīheit.
Frowe minē, ir hant mir benomēn alle mine jugent.
Frowe kůnigin, dawider han ich vch gegeben manig helige tugent.
Frowe minē, ir hant mir benomēn gůt frúnde und mage.
Eia frowe kůnigin, das ist ein snődů klage.
Frowe minē ir hant mir benomēn die welt, weltlich ere und allen weltlichen richtům.
Fro. kůnig., das wil ich vch in einer stunde mit dem heiligen geiste nach allem vweren willen in ertrich gelten.
Frowe minē, ir hant mich also sere betwungen, das min licham ist komen in sunderlich krankheit.[1])
Frowe kůn., dawider han ich vch gegeben manig hohe bekantheit.
Frowe minē, ir hant verzert min fleisch und min blůt.
Frowe kůn., damit sint ir gelůtert und gezogen in got.
Frowe minē, vr sint ein rőberinē, deñoch sont ir mir gelten.
Frowe kůn., do nement reht mich selben.
Frowe minē, nu hant ir mir vergolten hundert valt in ertriche.
Frowe kůn., noch hant ir ze vordernde got und alle sine riche.

II. Von drien personen und von drien gaben.

Der ware gottes grůs, der da kumet von dem himelschen flůt vs dem bruñen der vliessenden drivaltekeit, der hat so grosse kraft, das er dem lichamen benimet alle sine maht, und machet die sele ir selben offenbar, das si sihet dich selben den heligen gelich und emphahet deñe an sich gotlichen schin, so scheidet die sele von dem lichamen mit aller ir macht, wisheite, liebin und gerunge; sunder das minste teil irs lebendes belibet mit dem lichame als in eime sůssen schlaffe. So sihet sů einen ganzen got in driů personen und bekenet die drie personen in eime gotte vngeteilet. So grůsset er si mit der hove sprache die man in dirre kuchin nit vernimet, und kleidet sů mit den kleidern, die man ze den palaste tragen sol und git sich in ir gewalt. So mag sů bitten und vragen was si wil, des wirt si beriht. Warvmbe si nůt beriht wirt, das ist dů erste sache von drien. So zůhet er si fůrbas an ein heimliche stat. Da můs si

[1]) Handschrift krakheit.

für nieman bitten noch fragen, wan er wil alleine mit ir spilen ein spil das der lichame nút weis, noch die dörper bi dem phlüge noch die Ritter in dem turnei, noch sin miñeklich müter Maria, der mag si nút gepflegen da.. So swebent si fúrbas an ein wuñenriche stat, da ich nút vil von sprechen mag noch wil. Es ist ze notlich; ich engetar, wan ich bin ein vil súndig mönsche. Mer weñe der endelose got die grundelose sele bringet in die höhin, so verlúret si das ertrich von dem wunder, und bevindet nút, das si je in ertrich kam. Weñe das spil allerbest ist, so müs man es lassen. So sprichet der blüiende Got: Junefrö, ir müssent vch neigen, so erschriket si: Herre, nu hast du mir hie so sere verzogen, das ich dich in minem lichamen mit keinem orden mag geloben, sunder das ich ellende lide und gegen dem lichame strite: So sprichet er: Eya, du liebú tube, din stimme ist ein seitenspil minen oren; dine wort sint wurtzen minem munde, dine gerunge sint die miltekeit miner gabe. So sprichet sú: Lieber herre, es müs sin als der wirt gebútet. So ersúfzet si mit aller maht, das der lip erweget wirt. So sprichet der licham: Eya frowe, wa bist du nu gewesen? Du kumest so miñeklich wider, schöne und creftig, frie und siñenrich. Din wandelen hat mir benomen minen smak, rüwe, farwe und alle min maht. So sprichet si: Swig, morder, la din klagen sin; ich wil mich iemer hütten vor dir, das min vient verwundet sie, das wirret vns nút, ich fröwe mich sin.

Dis ist ein grüs, der hat manige adern, der dringet usser dem vliessenden gotte in die armen, dúrren selen ze allen ziten mit núwer bekantnússe, und an núwer beschöwunge, und in sunderliche gebruchunge der núwer gegenwúrtekeit. Eya süslicher got, fúrig inwendig, blügende vswendig; nu du dis den miñesten hast gegeben, mohte ich noch ervarn das leben, das du dinen meisten hast gegeben, darvmbe wolt ich dest langer qweln. Disen grüs mag noch müs nieman empfan, er si deñe vberkomen und ze nihte worden.

In disem grüsse wil ich lebendig sterben;
Das mögen mir die blinden heligen niemer verderben.
Das sint die da miñent vnd nit bekennent.

III. Von den megden der sele und von der miñe schlage.[1])

Alle heilige cristanliche tugende sint der selen megede. Der selen sússer verdrutz claget der miñe ir not:

Die sele: Eya allerliebeste jungfrowe,
Nu hast du lange min kamerin gewesen;
Nu sage mir, wie sol ich darane wesen.
Du hast mich gejagt, gevangen, gebunden,
Und so tief gewundt,
Das ich niemer werde gesunt.
Du hast mir manigen kulenschlag geben;
Sage mir, sol ich ze jungest vor dir genesen?
Wirde ich nút getödet von diner hant?
So were mir bas, das ich dich nie hette bekañt.

Die miñe: Das ich dich jagete, das luste mich;
Das ich dich vieng, des gerte ich;
Das ich dich bant, des fröwete ich mich,
Do ich dich wundete, do wurde du mit mir vereinet,
So ich dir kuline schlege gibe, so wirde ich din gewaltig.
Ich han den almehtigen got von dem himelrich getriben
Und han ime benomen sin mönschlich leben
Und han in mit eren sinem vatter widergegeben.
Wie mögest du, snöder wurm, vor mir genesen.

Die sele: Sprich, min keiseriñe, ich vörhte ein kleine heimeliche arzenie,
Die mir got dikke hat gegeben,
Das ich von derselben möge genesen.

Die miñe: So man die gevangenen nút wil haben tot,
So git man inen wasser und brot.
Die artzenie, die dir got dikke hat gegeben,
Das ist anders nút deñe ein vristunge in dis mönschliche leben.
Sweñe aber kunt din ostertag,
Und din lichame enpfat den totschlag,
So wil ich dich alumbe vân
Und wil dich aldurch gân,
Und wil dich dime licham stelen
Und wil dich dime liebe geben.

Die sele: O miñe, disen brief han ich us dinem munde geschriben, nu gib mir frowe din ingesigel.

Die miñe: Swer got je vber sich selben liep gewan, der weis wol, wa er das ingesigel nemen sol; es lit zwischent uns zwein.

Die sele spricht: Swig liebe, sprich nút me.
Genigen sie dir aller juncfrowen liebeste
Von allen creaturen und von mir.

---

[1]) Greith S. 225.

Sage minem lieben, das sin bette bereit sie
Und das ich miñesiech nach ime bin.
Ist dirre brief ze lang, das ist das schult: Ich war in der matten, da ich manigerleige blůmen want.
Dis ist ein sůsse jamer clage: Wer von miñe stirbet, den sol man in gotte begraben.

IV. Von der hovereise der sele an der sich got wiset. [1])

Sweñe die arme sele kumet ze hove, so ist si wise und wolgezogen; so siht si iren got vrôlichen an. Eya, wie lieplich wirt si da enpfangen. So swiget si und gert vnmesseklich sines lobes. So wiset er ir mit grosser gerunge sin gôtlich herze. Das ist gelich dem roten golde das da briñet in eime grossen kolefůre. So tůt er si in sin glůgendes herze alse sich der hohe fůrste und die kleine dirne alsust behalsent und vereinet sint als wasser und win. So wird si ze nihte und kumet von ir selben, alse si nút mere môgi, so ist er miñesiech nach ir, als er je was, wañ im gat (weder) zu noch abe. So spricht si: herre, du bist min trost, min gerunge, min vliessender bruñe, min suñe, und ich bin din spiegel. — Dis ist ein hovereise der miñenden selen, die ane got nút wesen mag.

V. Von dem qwale und von dem lone der helle.

Min licham ist an langer qwale, min sele ist an hoher wuñe, wan si hat beschowet vnde mit armen vmbevangen iren lieben alzemale. Von ime hat si die qwale, die vil arme. So zůchet er si, so vlůset si. Si kan sich nút enthalten, vntz er sú bringet in sich selber. So sprêche si gerne und si enmag. So ist si gar verwunden in die wunderlichen drivaltekeit mit hoher einunge. So lat er si ein kleine, das si geron môge. So gert si sines lobes, das kan si nach irem willen nút vinden. Ja si wolte das er si zu der helle senden wolte, vf das er von allen creaturen über vnmasse gelobet werde. So sihet si in an und sprichet im zu: Herre gip mir dinen segen. So sihet er si an und zůhet si wider, und git ir einen grůs,

[1]) Greith S. 229.

Dem der licham sprechen nit mûs.
So spricht der licham zu der sele:
Wa bist du gewesen? Ich mag nit me.
So spricht die sele: Swig, du bist ein tore.
Ich wil mit mime liebe wesen,
Soltest du niemer me genesen.
Ich bin sin frôde, er ist min qwale.
Dis ist ir qwale, niemer müsse si genesen.
Dise qwale mûsse dich bestan,
Niemer mûsest du ir entgan.

VI. Von den nún kôren wie sie singent.

Nu hôre, liebú, hôre mit geistlichen oren, sust singent die nún kôre:

Wir loben dich herre das du uns hast gesuchet mit diner demútikeit:
W. l. d. h. d. d. u. h.[1]) behalten mit diner barmherzekeit.
W. l. d. h. d. d. u. h. geheret mit diner smahheit.
W. l. d. h. d. d. u. h. gefüret mit diner miltekeit.
W. l. d. h. d. d. u. h. geordent mit diner wisheit.
W. l. d. h. d. d. u. h. beschirmet mit diner gewalt.
W. l. d. h. d. d. u. h. gehelget mit diner edelkeit.
W. l. d. h. d. d. u. h. gewisset mit diner heimlichkeit.
W. l. d. h. d. d. u. h. gehôhet mit diner miñe.

VII. Von gottes vluch in ahte dingen.

Ich vlûche dir: din lichame mûsse sterben,
Din wort müsse verderben
Din ôgen mûssen sich schliessen,
Din herze mûsse vliessen,
Din sele mûsse stigen,
Din licham mûsse bliben.
Dine mônschliche siñe mûssin vergan,
Din geist mûsse vor der heligen drivaltekeit stan.

VIII. Der minste lobet got an zehen dingen.

O du breñender berg, o du userwelte suñe!
O du voller mane, o du grundeloser bruñe!
O du unreichhaftú hôhi, o du klarheit ane masse!
O wisheit ane grunt!
O barmherzikeit ane hinderunge!
O sterki ane widersatzunge!
O Crone aller eren!
Dich lobet der minste, den du je geschûffe!

---

[1]) „Wir loben dich herre das du uns hast" wird hier neunmal wiederholt.

IX. Mit drîn dingen wonestu in der hôhin.

Die da brinent in der waren miñe und uf einen steten grunt buwent der warheit und fruht bringen mit vollem huffen des seligen endes, die wonent in der hôhin. *Glosa:* das ist vber seraphin.

X. Der got miñet der angesiget drîn dingen.

Swelcher mônsch die welt vbersiget
Und sime lichamen allen vnnutzen willen benimet
Und den tůvel ůberwindet,
Das ist die sele die got miñet.
Tůt ir die welt einen stoss,
Davon leidet si kleine not.
Tůt ir das vleisch einen wank,
Davon wirt der geist nůt krank.
Tůt ir der tůvel einen hlik,
Das achtet die sele aber niht;
Si miñet und si miñet
Und si kan anders nit begiñen.

XI. Vier sint an dem strite gottes.

O tube ane gallen! O maget ane sere!
O Ritter ane wunden! O kneht vnverzaget!
Das sint die vier die gotte in sinem strite wol behagent.

XII. Die sele lobet got an fůnf dingen.[1]

O keyser aller eren! O Crone aller fůrsten!
O wisheit aller meistern! O geber aller gabe!
O lôser aller gevangnisse.

XIII. Wie got kumet in die sele.

Ich kum zů miner lieben
Als ein tôwe vf den blůmen.

XIV. Wie die sele got enpfahet und lobet.

Eja frôliche anschowunge! Eya liepliche grůs! Eja miñekliche vmbehalsunge! Herre din wunder hat mich verwundet, din gnade hat mich verdruket. O du hoher stein, du bist so wol durgraben, in dir mag nieman nisten deñe tuben vnd nahtegal.

---

[1] Greith S. 228.

XV. *Wie got die sele enpfahet.*

Siest wilkomen liebû tube, du hast so sere geflogen in dem ertriche, das dine vedern sint gewahsen in dem himelriche.

XVI. *Got gelichet die sele vier dingen.*

Du smekest als ein wintrûbel, du ruchest als ein balsam, du lûhtest als dû suñe, du bist ein zûnemunge miner hôchsten mine.

XVII. *Die sele lobet got an fúnf dingen.*

O du giessender got an diner gabe!
O du vliessender got an diner miñe!
O du breñender got an diner gerunge!
O du smelzender got an der einunge mit dinem liebe!
O du rûwender got an minen brusten, ane die ich nût wesen mag!

XVIII. *Got gelichet die selen fúnf dingen.*

O du schône rose in dem dorne!
O du vliegendes bini in dem honge!
O du reinû tube an dinem wesende!
O du schônû suñe an dinem schine!
O du voller mane an dinem stande!
Ich mag mich nit von dir gekeren.

XIX. *Got liebkoset mit der sele an sehs dingen.*

Du bist min legerküssin, min miñckliches bette, min heimichestû rûwe, min tiefeste gerunge, min hôhste ere. Du bist ein lust miner gotheit, ein trost miner mônscheit, ein bach miner hitze.

XX. *Die sele widerlobet got an sehs dingen.*

Du bist min spiegelberg, ein ôgenweide, ein verlust min selbes, ein sturm mines hertzen, ein val und ein verzihunge miner gewalt, min hôhste sicherheit.

XXI. *Von der bekantnisse und von der gebrûchunge.*

Miñe ane bekantnisse
Dunket die wisen sele ein vinsternisse.
Bekantnisse ane gebruchunge
Dunket si ein helle pin.
Gebruchunge ane mort kan si nit verklagen.

XXII. Von Sante Marien botschaft und wie ein tugent der andern volget, und wie die sele ein iubilus der drivaltekeit wart gemachot und wie sante Maria alle heligen gesôget unde noch sôget [1]).

Der süsse tŏwe der vnbeginlicher drivaltekeit hat sich gesprenget vs dem brunen der ewigen gotheit in den blůmen der vserwelten maget, und des blůmen fruht ist ein vntôtlich got, und ein tôtlich mensche und ein lebende trost des ewigen liebes, und vnser lôsunge ist brůtegŏm worden. Die brut ist trunken worden von der angesihte des edeln antlútes. In der grôsten sterki kunt si von ir selber, und in der grôsten blintheit sihet si allerklarost. In der grôsten klarheit ist si beide tot und lebende. Je si lenger tot ist, je si vrôlicher lebt. Je si vrôlicher lebt, je si mer ervert. Je si miner wirt, je ir me zůflüsset. Je si sich mere vôrhtet [2])…. Je si richer wirt je si armer ist. Je si tiefer wonet, je si breiter ist. Je si gebietiger ist, je ir wunden tieffer werdent. Je si mer stúrmet, je got miñenklicher gegen ir ist. Je si hoher swebet, je si schôner lúhtet von dem gegenblik der gotheit, je si im naher kunt. Je si mer arbeitet, je si sanfter růwet. Je si mer begriffet, je si stiller swiget. Je si lúter růffet, je si grosser wunder wirket mit siner kraft nah ir macht. Je sin lust me wahset, je ir brutloft grosser wirt, je das miñebet enger wirt. Je die vmbehalsunge naher gat, je das muntkússen sůsser smekket. Je si sich miñeclicher ansehent, je si sich nôter scheident. Je mer er ir gibet, je mer si verzert, je me si hat. Je si demůteklicher vrlop nim̃t, je e si wider kunt. Je si heisser blibet, je si e entfunket. Je si mere brennet, je si schôner lúhtet. Je gottes lob mer gebreitet wirt, je ir girheit grôsser blibet.

Eya war vart vnser loser brútgŏm in dem jubilus der heligen drivaltekeit. Do got nit me mohte in sich selben, do mahte er die selen und gab sich ir ze eigen von grosser liebi. Wovon bist du gemachet, sele, das du so hohe stigest über alle creaturen, und mengest dich in die heligen drivaltekeit vnde belibest doch

---

[1]) Greith S. 210. [2]) Hier scheint etwas zu fehlen.

gantz in dir selber?[1]) Du hast gesprochen von minem anegenge, nu sage ich dir werlich: Ich bin in derselben stat gemachet von der miñe, darvmbe mag mich enkein creature nach miner edelen nature getrôsten noch entgiñen deñe allein die miñe. Vrowe sant Maria, dis wunders bist du ein mûter. Weñe geschach dir das? Do vnsers vatter jubilus betrûbet wart mit adames valle, also das er mûste zürnen. Do enphieng die ewige wisheit der almehtigen gotheit mit mir den zorn. Do erwelte mich der vatter ze einer brut, das (er) etwas ze miñende hette, wand sin liebû brut was tot, die edel sele. Vnd do kos *(erkies)* mich der sun zû einer mûter, und da enpfieng mich der helig geist ze einer trutiñe. Do was ich alleine brut der heligen drivaltekeit und mûter der weisen, und trûg si für gotz ôgen, also das si nit ze malc versunken als doch etliche taten. Do ich also mûter was maniges edeln kindes, do wurden mine brûste also vol der reinen vnbewollener milch der waren milten barmherzekeit, das ich sôgete die propheten und die wissagen e deñe got geborn wart. Darnach in miner kintheit sôgete ich Jesum; fürbas in miner jugent sôgete ich gotz brut die heligen cristanheit bi dem crûtze, das ich also dürre und jemerlich wart, das das swert der vleischlicher pine Jesu sneit geistlich in min sele. Do stûnden offen beide, sine wunden und ir brûste. Die wunden gussen, die brûste vlussen also, das lebendig wart die sele und gar gesunt. Do er den blanken roten win gos in iren roten munt, do si alsust vs den offen wunden geborn und lebendig wart, do was si kindesch und vil jung. Solte si do nach irem tode und ir geburt volleklich genesen, so mûste gottes mûter ir mûter und ir ame sin. Gotte, es was und ist wol billich. Got ist ir rehter vatter und si sin rehtû brut, und si ist im an allen iren liden glich. Vrowe in dinem alter sôgetost du die heligen aposteln mit diner mûterlichen lere und mit dinem creftigen gebette, also das Gott sin ere und sinen willen an inen tete. Vrowe, also sôgetestu da und sôgest noch die martyrer in irem herzen mit starkem gelôben,

[1]) Maria oder die Seele spricht.

die bihter mit heliger beschirmunge an iren oren, die megde mit diner kûscheit, die wittewen mit stetekeit, die durehten mit miltekeit, die sûnder mit der bittunge.

Vrowe, noch mûst du uns sôgen, wan dine brûste sind noch also vol, das du nût maht verdruken. Woltostu nit sôgen me, so tete dir die milch vil we. Wañ werlich ich han gesehen dine brûste so vol, das siben stralen gussen, alzemale us von einer brûste vber minen lip und vber min sele. In der stunde benimest du mir ein arbeit, die kein Gotzfrúnt mag getragen one herzeleit. Alsust solt du noch sôgen bis an den jungsten tag, so mûst du ersihen, wan so sint gotz kint und dinú kint geweñet und volle gewahsen in dem ewigen lip. Eja, darnach sôllen wir bekeñen und sehen in unzellicher lust die milch und ŏch dieselbe brust, die Jesus so dikke hat gekust.

XXIII. Du solt beten, dc dich got miñe sere dikke unde lange so wirdest du reine, schône und lange. [1])

Eya herre, miñe mich sere und miñe mich dike und lange; wande je du mich dikker miñest, je ich reiner wirde; je du mich serer miñest, je ich schôner wirde; je du mich langer miñest, je ich heliger wirde hie in ertrich.

XXIV. Wie got antwurtet der sele.

Das ich dich miñe dikke, das han ich von nature, wan ich selbe die miñe bin. Das ich dich sere miñe, das han ich von miner gerunge,[2]) wañ ich gere das man mich sere miñe.[3]) Das ich dich lange miñe, das ist von miner ewekeit, wan ich ane ende bin.

XXV. Von dem wege pine ze lideñe gerne dur got.

Got leitet sinú kint, die er vserwelt hat wunderliche wege. Das ist ein wunderlich weg und ein edel weg und ein helig weg, den Got selber gieng, das ein mensche pine lide ane sûnde

---

[1]) Greith S. 33.
[2]) Am Rande: Deus caritas est.
[3]) Hier scheint eine Lücke zu sein.

und ane schulde. In disem wege frôwet sich die sele, die nach got jamerig ist, wan si frôwet sich von nature ze irem herren, der dur sine woltat manige pine gelitten hat. Und sin lieber herre der himelsche vatter gap sinen liebsten sun, das er gepingot wart von den heiden, und gemarterot von den juden ane sine schulde. Und ist die zit komen dc etlich lúte die geistlich schinent gotz kint pingent am libe und marterent an dem geiste, wan er wil si sinem lieben sune gelichen, der an libe und an sele gepinget wart.

XXVI. In disen weg zúhet die sele ír siñe und ist vrí ane herzeleit.

Es ist ein selzen und ein hoher weg, da wandelt dú getrúwe sele iñe und leitet na ir die siñe, als der sehende tût den blinden. In disem weg ist vri die sele und lebt ane herzeleit, wan si wil anders nit deñe als ir herre, der allú ding uffen das beste tût.

XXVII. Wie du siest wirdig dis weges und ín behaltest und vollekomen siest.

Drú ding machent einen des weges wirdig, das er in erkeñe und kome darin. Dc erste, dc der mônsche sich selber twinget in gotte ane alle meisterschaft und die gottesgnade heleklich behalte und willekliche trage, in verzihunge aller dingen nach dez menschen willen. Das ander behaltet den menschen in dem wege das im allú ding ze danke sint ane allein die sünde. Das dritte machet den menschen vollekomen in dem wege, dc man allú ding glichlich gotte ze eren tû, wan min snôdeste notdurft wil ich got also hohe reiten, als ob ich were in der hohesten contemplacie, da ein mensch inkomen mag; wárumbe, (deñ) tûn ich es in einer liebin gotte ze eren, so ist es alles ein. Swenne ich aber súnde, so bin ich an disem wege nit.

XXVIII. Die miñe sol sin mortlich âne masse âne vnderlass, dc ist toren torheit. [1])

Ich frôwe mich, dc ich miñen mûs den der mich miñet und gere des, dc ich in mortlich miñe ane masse und ane underlas: Vrôwe dich, min sele, wan din leben ist gestorben von miñe dur dich, und miñe in so ser, dc du môgest sterben dur in, so breñest du jemer mere vnverlôschen als ein lebend funke in dem grossen füre der lebend majestat.

So wirst du miñefüres vol,
Damit dir hie ist so wol.
Du darfst mich nit me leren,
Ich enmag mich nit von der miñe keren;
Ich mûs ir gevangen wesen,
Ich mag anders nit geleben. —
Da si wonet, da mag ich beliben
Beide, an tod und an libe.
Das ist der toren torheit,
Die lebent ane herzeleit.

XXIX. Von der schôni des brûtegômes und wie îm die brûtini volgen sol.

Vide mea sponsa: Sich wie schône min ôgen sint, wie reht min munt si, wie fürig min herze ist, wie geringe min hende sint, wie snel min fûsse sint und volge mir. Du solt gemartert werden mit mir, verraten in der abegunst, gesûchet in der vare, gevangen in dem hasse, gebunden in hôresagen, din ôgen verbunden dc man dir die warheit nit wil bekeñen, gehalsschlaget mit dem griñe der welte, fvr gerihte gezogen an der bichte, georschlaget mit der bûsse, ze herode gesant mit dem spote, entkleidet mit dem ellende, gegeiselt mit dem armûte, gekrônet mit bekorunge, angespîet mit der smahheit, din crûze tragen in dem hasse der sûnden, gecrûzegot in verzihunge aller dingen nach dinem willen, genegelt an das crûze mit den heligen tugenden, gewundot mit der miñe, sterben an dem crûze in heliger bestandunge, in din herze gestochen mit steter einunge, von dem crûze gelôset in warem sige aller diner

[1]) Greith S. 233.

vienden, begraben in der unahtbarkeit, uferstan von dem tode in einem heligen ende, ze himel gevarn in einem zuge gotz atemes.

XXX. *Von den siben ziten.*

Mettin: miñen vol in sússe wol.
Prime: miñen gere ein sússe swere.
Tercie: miñen lust ein sússe turst.
Sexte: miñen vûlen ein sússe kûlen.
None: miñen tot ein sússe not.
Vesper: miñen vliessen ein sússes giessen.
Complet: miñen rúwen ein sússes frôwen.

XXXI. *Du solt nit ahten smahheit.*

Ich wart versmehet sere, do sprach vnser herre: la dich nit sere wundern; sit dc here drisem vas so sere verworfen und angespiet wart, was sol deñe dem essig vas geschehen, da nút gûtes iñe von im selber ist?

XXXII. *Du solt nit ahten êren, pine, gût betrúbdi an der súnden.*

So man dir ere bútet, solt du dich schamen; so man dich pineget, so solt du dich vrôwen; so man dir gut tût, so solt du dich vôrhten; so du wider mich tûst, so solt du dich betrûben von herzen. Maht du dich nit betrúben, so sich wie sere und wie lange ich dur dich betrûbet was.

XXXIII. *Von der pfrúnde trost und miñe.*

Min sele sprach alsust zû irem lieben: Herre din miltekeit ist die prûnende mines lichamen wunderliche, dine barmherzigkeit ist der trost miner sele sunderlich. Die miñe ist die rûwe mines lebens ewiklich.

XXXIV. *Du solt sin in der pine ein lamp, ein turteltûbe, ein brût.*

Du bist min lamp an diner pine.
Du bist min turteltube an diner súfzunge.
Du bist min brut an diner beitunge.

XXXV. Die wŏstin hat zwŏlf ding.[1])

Du solt miñen das niht,
Du solt vliehen das iht,
Du solt alleine stan
Und solt zů nieman gan.
Du solt sere unmůssig sîn
Und von allen dingen wesen vrî.
Du solt die gevangenen enbinden
Und die vrien twingen.
Du solt die siechen laben
Und solt doch selbe nit haben.
Du solt das wasser der pine trinken
Und das fúr der miñe mit dem holtz der tugende entzúnden,
So wonest du in der waren wústenunge.

XXXVI. Von der bosheit gůtin und wundere.

Mit der bosheit diner vienden solt du gezieret werden.
Mit den tugenden dines herzen solt du geheret werden.
Mit dinen gůten werken solt du gecrŏnet werden.
Mit ṽnser zweiger (Zweier) miñe solt du gehŏhet werden.
Mit minen lustlichen wunder solt du geheliget werden.

XXXVII. Die sele antwurtet got, dc si wirdig sî der gnaden.

O vil liebe! vnschuldiger smacheit lustet mich,
Herzeklicher tugenden beger ich,
Gůter werken han ich leider nit,
Unser zweiger miñe die verderbe ich,
Dines schŏnen wunders bin ich gar vnwirdig.

XXXVIII. Got rûmet sich dc die sele úberwunden hat vier súnde.

Unser herre rûmet sich in himelriche
Siner miñenden sele, die er hat in ertriche,
Und spricht: Sehent wie si kunt gestiegen,
Die mich verwundet hat.
Sie hat den affen der welt von sich geworfen,
Si hat den beren der vnkúschi ṽberwunden,
Si hat den lŏwen der hochmůti under ir fůsse getreten,
Si hat dem wolf der girheit sinen rans zerrissen
Und kunt gelŏffen als ein verjageter hirze
Nach dem bruñen der ich bin.
Si kumet geswungen als ein arc
Usser der tieffi in die hŏhin.

---

[1]) Greith S. 235.

XXXIX. Got vraget die sele was sî bringe.[1])

Du jagest sere in der miñe.
Sage mir, was bringest du mir, min kúnigiñe.

XL. Des antwurt sî îm dc besser ist deñe vier ding.

Herre, ich bringe dir mine kleinöter:

Das ist grösser deñe die berge, es ist breiter deñe die welt, tieffer deñe das mer, höher deñe die wolken, schöner deñe die soñe, manigvaltiger deñe die sterne; es wiget me deñe alles ertrich.

XLI. Got vraget mit einem lobe, wie das cleinöter heisse.

O Dein[2]) bilde miner gotheit, gehert mit miner menschheit, gezieret mit minem heligen geiste, wie heissent dinú kleinöter?

XLII. Das cleinöter heisset des herzen lust.

Herre, es heisset mins herzen lust, den han ich der welte entzogen, mir selben erhalten und allen creaturen versaget; nu mag ich sin nút fürbas getragen. Herre, war sol ich in legen?

XLIII. Dinen lust leg in die drivaltekeit.

Dines herzen lust solt du nienar legen deñe in min götlich herze und an min menschlich bruste. Da alleine wirst du getrost und mit minem geiste geküsset.

XLIIII. Von der miñe weg an siben dingen, von drîn kleiden der brúte und vom tanze.

Got spricht: Eja minendú sele, wilt du wissen wielich din weg si?

Dú sele: Ja lieber heliger geist, lere mich es. Also du kumest über die not des rúwen und über die pine der bihte,

---

[1]) Greith S. 236.
[2]) Handschrift: O ein.

und über die arbeit der bûsse, und über die liebe der welte, und über die bekorunge dez túvels, und über die überflússekeit des vleisches und über den verwassenen eigenen willen, der manig sele zeruggen zúhet so sere, dc si niemer zû rehter liebin kunt, und so du alle dine meisten viende hast nidergeschlagen, — so bist du also mûde, dc du deñ sprichest: Schôner jungeling, mich lustet din; wa sol ich dich vinden? So sprichet der jungeling:

Ich hôre ein stiñe,
Die lutet ein teil von miñen.
Ich han si gefriet manigen tag,
Dc mir die stiñe nie geschach.
Nu bin ich beweget,
Ich mûs ir engegen/.
(Sú ist diejene, die kunber und miñe mitenander treit)
Des morgens in dem towe, dc ist die besclossen iñekeit,
Die erst in die sele gât.
So sprechent ir kamerere, dc sint die fúnf sinne:

Die siñe: Vrowe ir sôllent √ch kleiden.

Die seele: Liebe, wa sol ich hin?

Siñe: Wir han das runen wol vernoñen,
Der fúrste wil √ch gegen koñen
In dem tôwe und in dem schônen vogelsange.
Eja frowe, so sument nit lange.

So zúhet si an ein hemede der sanften demûtikeit, und also demûtig, dc si vnder ir nit mag geliden. Dar√ber ein wisses kleit der luteren kúschekeit, und also reine, dc si an gedenken, an worten, noch an berûrunge nút me mag geliden, dc si bevlekken môge. So nimet si vmbe einen mantel des heligen geruchtes, den si vergolten hat mit allen tugenden.

So gat si in den walt der gesellescbaft heiliger lúten. Da singent die allersûsseste nahtegale der getemperten einunge mit gotte tages und nahtes, und manig sûsse stiñe hôrt si da von den vogeln der heligen bekantnússe. Noch kam[1]) der jungeling nút. Nu sendet si botten vs, wan si wil tanzen, und sant vmb den gelôben abrahe, und vmb die gerunge der propheten und vmb die kúsche diemútekeit vnser vrôwen Sante Marien, und

[1]) Handschrift: kan.

vmb alle die helige tugende Jesu christi, und vmb alle die frümekeit siner vserwelten. So wirt da eine schône loptantzen.

So kunt der jungeling und spricht ir zu: Junkfrowe, alsust fromeklich sont ir nachtantzen, als úch mine vserwelten vorgetantzet hant. So spricht si:

Ich mag nit tanzen, herre, du enleitest mich.
Wilt du das ich sere springe,
So můst du selber voran singen.
So springe ich in die miñe.
Von der miñe in bekantnisse,
Von bekantnisse in gebrüchunge,
Von gebruchunge über alle mônschliche siñe.
Da wil ich bliben und will doch vúrbas crisen.

(Wie die brut singet) Unde můs der jungeling singen alsus dur mich in dich und dur dich von mir gerne mit dir, von dir nôte. — So spriͤchet der jungeling: Juncfrôwe, dirre lobetantz ist ẃch wol ergangen. Ir süllent mit der megde sun ẃwern willen han, wan ir sint nu iñenkliche műde. kument ze mittem tage zu dem bruñen schatten in das bette der miñe, da sônt ir úch mit im erkůlen. So spricht die jungfrôwe:

O herre, das ist ẃbergros,
De dú ist diner miñe genos,
Dú nit miñe an ir selber hat,
Si werde e von dir beweget.

So spricht die sele zu den siñen, die ire kammerere sint: Nu bin ich ein wile tanzens můde. Wichent mir, ich můs gan, do ich mich erkůle. So sprechent die siñe zů der sele: Vrowe, wellent ir ẃch kůlen in den miñe trehnen Sante Maria Magdalene, da mag ẃch wol benůgen. Die sele:

Swigent, ir herren; ir wissent nit alle was ich meine.
Lant mich ungehindert sin;
Ich wil ein wenig trinken den vngemengeten win.

Siñe: Vrôwe, in der megde küschikeit
Ist die grosse miñe bereit.

Seele: Das mag wol sin, das enist das hôhste nit an mir.

Siñe: In der marterer blůte môgent ir ẃch sere kůlen.

Seele: Ich bin gemartert so manigen tag,
De ich dar nu nit komen mag.

Siñe: In dem rate der bihteren wonent reine lúte gerne.

Seele: Mit rate wil ich jemer stan,
Beide tůn und lan,
Doch mag ich nu dar nút gan.

Siñe: In der aposteln wisheit
Vindent ir grosse sicherheit.

Seele: Ich han die wisheit bi mir hie,
Damit wil ich je zem besten kiesen.

Siñe: Vrŏwe, die engel sint klar
Und schŏne miñevar;
Went ir úch kůlen, so hebent ṽch dar.

Seele: Der engelen wuñe tůt mir miñen we,
Sweñe ich iren herren und minen brútgŏme nit anseh.

Siñe: So kůlent ṽch in dem heligen herten leben,
Dc got johañi baptisten hat gegeben.

Seele: Zů der pine bin ich bereit,
Jedoch gat der miñe kraft ṽber alle arbeit.

Siñe: Frowe, went ir ṽch minekliche kůlen,
So neigent ṽch in der jungfrŏwen schos
Ze dem kleinen kint, und sehent und smekent,
Wie der engel frŏde von der ewigen maget
Die unnatúrlichen milch sŏg.

Seele: Dc ist ein kintlich liebi,
Das man kint sŏge und wiege;
Ich bin ein vollewachsen brůt,
Ich wil gan nach minem trůt.

Siñe: O Frowe, komest du dar,
So můssen wir erblinden gar,
Wan dú gotheit ist so fúrig heis,
Als du selb wol weist,
Das alles fúr und alle dic glůt
Das den hiñel und alle heligen lúhten tůt,
Und brennen, das ist alles geflossen
Usser sinem gŏtlichem ateme,
Und von sinem menschlichen munde
Von dem rate des heligen geistes;
Wie macht da beliben ioch eine stunde?

Seele: Der visch mag in dem wasser nit ertrinken,
Der vogel in dem lufte nit versinken.
Das gold mag in dem fúre nit verderben,
Wan es enpfât da sin klarheit und sin lúhtende varwe.
Got hat allen creature das gegeben,
Das si ir nature pflegen;

Wie môhte ich den miner nature widerstan?
Ich mûste von allen dingen in got gan,
Der min vatter ist von nature,
Min brûder von siner mônscheit,
Min brûtegôm von miñe
Und ich sin ane anegenge.
Went ir, das ich nit enpfinde ire wol?
Er kan beide, kreftiglichen breñen und trostlichen kûlen.
Nu betrûbent ѷch nit ze sere.
Ir sôllent mich noch leren.
Sweñe ich widerkere,
So bedarf ich ѷwer lere wol,
Wan das ertrich ist maniger strikke vol.

So gat die allerliebeste zû dem allerschônesten in die verholnen kam̃ern der vnschuldigen gotheit; da vindet si der miñe bette und miñe gelas, und gotte und menschliche bereit. So spricht unser herre: Stant, vrowe sele. — Was gebûtest du herre? — Ir sônt vs sin. — Herre, wie sol mir deñe geschehen? — Frow sele, ir sint so sere genaturt in mich, dc zwischent ѷch und mir nihtes nit mag sin. Es enwart nie engel so her, dem das ein stunde wurde gelihen, das ѷch eweklich ist gegeben. Darumbe sont ir von ѷch legen beide, vorhte und schame und alle uswendig tugent. Mer alleine die ir binen ѷch tragent von nature, den sont ir eweklich enpfinden wellen. Das ist ѷwer edele begerunge und ѷwer grundelose girheit, die wil ich eweklich erfûllen mit miner endelosen miltekeit.

Herre, nu bin ich ein nakent sele,
Und du in dir selben ein wolgezieret got.
Unser zweiger gemeinschaft
Ist das ewige liep ane tot.
So geschihet da ein selig stille
Nach ir beider wille.
Er gibet sich ir und si git sich ime.
Was ir nu geschehe dc weis si
Und des getrôste ich mich.
Nu dis mag nit lange stan.
Wo zwôi geliebe verholen zesam̃en koment,
Sie mûssent dikke vngescheiden von einander gan.
Lieber Gottesfrûnd, disen miñe weg han ich dir geschriben;
Got mûsse in an din herze geben. Amen.

XLV. Von ahte tagen in denen vollebraht der propheten gerunge.

Dis ist ein tag der gerunge und der seligen frôden in der kúndunge cristi.
Dis ist ein tag der rûwe und der liplichen zartekeit in der geburte cristi.
Dis ist ein tag der trúwe und de seligen einunge, der hohe Donrstag.
Dis ist ein tag der miltekeit und herzeclicher liebi, der stille vritag.
Dis ist ein tag der gewalt und frólicher vrôde, die vrstandunge.
Dis ist ein tag des gelôben und des elenden jamers, der vffart tag.
Dis ist ein tag der warheit und des breñenden trostes, der pfingestag.
Dis ist ein tag der rehtekeit und der waren stunde, dc jungest gerihte.
Dis ist ein wuche, der sollen wir siben tag began Stetegunge.
Einen wil vnser herre began an dem jungsten tage mit uns allen.

XLVI. Von der manigvaltigen zierde der brúte, und wie si kunt zû dem brútegôme und wielich ir gesinde ist, dc ist núnvalt.

Die brut ist gekleidet mit der suñen und hat den manen vnder die fûsse getreten, und si ist gekrônet mit der einunge. Si hat ein cappellan, dc ist die vorhte, der hat eine guldine rûte in der hant, dc ist die wisheit. Der capellan ist gekleidet mit des lambes blût, und ist mit der ere gekrônet. Und die wisheit ist gekleidet mit der wolsamikeit und ist gekrônet mit der ewekeit. Die brut hat vier jungfrôwen. Die miñe leitet die brut. Die miñe ist gekleidet mit der kúschekeit und ist gekrônet mit der wirdekeit. Die ander ist demûtikeit, diê haltet die brut, die ist gekleidet mit der vnahtbarkeit und ist gekrônet mit der hôhi. Die dritte juncfrôwe das ist rúwe, die ist gekleidet mit den wintrúbelin und ist gecrônet mit der vrôde. Die vierde juncfrowe ist erbarmherzekeit, die ist gekleidet mit der salbe und ist gecrônet mit der wuñe. Dú zwei tragent der brut den mantel uf, das ist das helige gerúhte. Si hat einen bischof, das ist der gelôbe, der bringet die brut vor den brútegôme. Der bischof ist gekleidet mit túrem gesteine und ist gecrônet mit dem heligen geiste. Der bischof hat zwene ritter, der eine ist die starchekeit, die ist gekleidet mit dem strite und ist gekrônet mit dem sige. Der ander kûnheit, der ist gekleidet mit geñedikeit und gekrônet mit aller selikeit. Si hat einen kamerer das ist die hûte, der ist gekleidet mit stetekeit und ist gekrônet mit bestandunge; er treit das lieht vor der brute und treit ir das tepet nach. Das lieht ist vernúnftekeit, die ist gekleidet mit der bescheidenheit und ist gekrônet mit miltekeit. Das tepet ist die helige conscientie,[1]) die ist gekleidet mit gûtem willen und ist gekrônet mit gotz behagunge. Si hat einen schenken, das ist die begerunge, die ist gekleidet mit girikeit und ist gekrônet mit vride. Si hat ein spilman, das ist die miñesamkeit. Sin harpfe das ist iñikeit; der ist gekleidet mit dem gunste und ist gekrônet mit der helfe. Dú brut hat fúnf kúngrich. Das erste sind die ôgen, die sint gebuwen mit den trehnen und gezieret mit getwange. Das ander ist die gedenke, die sint gebuwen mit dem strite und gezieret mit dem rate. Das dritte ist dc sprechen, das ist gebuwen mit der not und ist gezieret mit der trúwe. Das vierde ist das hôren, das ist gebuwen mit dem gotzworte und ist gezieret mit dem troste. Das fúnfte ist die berûrde, die ist gebuwet mit der gewalt und ist gezieret mit der reinen gewonheit.

Dise fúnf kúngriche hant einen voget, dc ist die schuld, die ist gekleidet mit der bihte und gekrônet mit der bûsse. So hat er einen rihter, der ist gekleidet mit der discipline und gekrônet mit der gedult. Dú brut hot einen sômer, das ist der lichame, der ist gezômet mit der unwirdekeit, und smacheit ist sin fûter, uñd sin stal ist bihte. Der sômeschrin den er treit ist die unschulde. Die brut hat einen pellelbovivir, das ist die hoffen, die ist gekleidet in die warheit und gekrônet mit dem sange. Si hat einen palmen in der hant, das ist die sege v́ber die súnde, und ein bûhsen in der andern hant, die ist vol gerunge und miñe, die wil si iren lieben bringen. Si het einen pfawenhût, das ist das gute gerúhte in dem ertrich und hohe ere in dem himelrich. So gat si einen weg, das ist die senftmûtekeit, die ist gekleidet mit dem vliessenden honge und gekrônet mit sicherheit. So singet si deñe: Vserweltes liep, ich geren din. Du nimest und gibest mir vil mange

[1]) sain wiszikeit.

herzensweri. Joch han ich von dir vnsiñeliche not. Sweñe du herre gebûtest, so wird ich von mir erlost. So sprichet er:

Minekliche liebe, gedenke an die stunde,
Da du begriffest den vollen funt,
Und la-dich nit belangen,
Joch han ich ze aller stunt
Mit armen (dich) vmbevangen.

So spricht vnser herre zû siner vserwelten brut: Veni, dilecta mea, veni coronaberis. So git er ir eine crone der warheit, die nieman tragen mûs deñe geistliche lûte. In der krone siht man vier tugende: Wisheit und kumer, gerunge und behaltnisse. Got gebe vns allen die krone! Amen.

Dis ist das ander teil dis buches.

I. Die miñe machet hohi in der sele nit vmbe menschlich siñe, dc kunt von eigem willen.

Die hohe der sele geschiht in der miñe, und die zierde des lichamen geschiht in dem heligen cristan tôffe; wañ über die miñe ist kein hôhe, und ussen der cristanheit ist enkeine zierde. Darumbe tôrent si sich selber vil sere, die mit grülichen, unmenschlichen arbeiten wenent erstigen die hôhi, und tragent doch ein grimes herze, wan si hant der heligen diemûtige tugent nit, die die sele in got kan leiten; und da stûlet gerne valschü helikeit, da der eigener wille die meisterschaft in dem herzen treit.

II. Von zwein liederen der miñe des der in der miñe wart gesehen.

Ich sturbe gerne von miñe, môhte es mir geschehen,
Deñ jenen den ich miñen, den han ich gesehen,
Mit minen lihten ougen in miner sele stan.
Swelü brut iren lieben geherberget hat,
Die bedarf nit vere gan.
Dû miñe mag nit wol vergan.
Swa die juncfrôwen dike nach dem jungelinge gant.
Sine edel nature die ist so bereit,
Das er si aber gerne enpfât, und leit
Sie im von herzen nach. Das mag den tumben lichte entgan,
Die ungerne nach der liebe stant.

III. Von der Zungen der gotheit, von dem liehte der warheit, von den vier stralen gotz in die nún kóre und der drivaltekeit und von S. Marien. [1])

O edeler arn! o sůsses lamp!
O fůres glůt, entzúnde mich!
Wie lange sol ich alsus dúrre sin?
Ein stunde ist mir alze swere.
Ein tag ist mir tusent jar.
So du mir frômede wôltest sin,
Solte es ahte tage weren,
Ich wôlte lieber ze helle varn,
Da ich doch iñe bin,
Wand dc got der miñenden sele vrômbde si.
Das ist pine úber menschlichen tot
Und úber alle pine,
Das glôbent mir. Die nahtegal
Die můs je singen,
Wan ir nature spilet von miñen al.
Der ir das beneme, so were si tot.
Eia grosser herre, bedenke min not.
Do sprach der helig geist zů der sele:
Eya edele junkfrôwe bereitent ẃch,
Vwer lieber wil komen.
Do erschrak si und wart iñerlich fro
Und sprach: Eya trut botte, keme es jemer also!
Ich bin so bôse und so gar ungetrúwe,
Das ich sunder minen lieben niena mag gerůwen.
Sweñe ich das bevinde,
Das ich von siner miñe enwenig erkůle,
So ist mir in allen enden we
Und ist mir ze danke,
Das ich jamerig můs nach im gan.
Do sprach der botte: Ir sôllent wůnschen
Und begiessen und betten und blůmen strôwen.
Do sprach die ellende sele:
Wen ich wúnsche, so můs ich mich schamen,
So ich begússe, so můs ich weinen,
So ich betten, so můs ich hoffen,
So ich blůmen briche, so můs ich miñen.
Sweñe min herre kunt, so kum ich von mir selben,
Wan er bringet mir so mangen sůssen seitenklang,
Das mir benimet allen mines fleisches wank,
Und sin seitenspil ist so vol aller sůssekeit,
Damit er mir benimet alles herzeleit.

---

[1]) Greith S. 237.

Die grosse zunge der gotheit
Hat mir zůgesprochen manig kreftig wort,
Dú han ich enpfangen mit wenigen oren miner snôdikeit.
Und das allergrôste lieht hat sich ufgetan
Gegen die ŏgen miner sele.
Dañe han ich gesehen die unsprechliche ordenunge
Und bekañte die unzellichen ere,
Das unbegrîflich wunder
Und das sunder trûten mit vnderscheide,
Die genúgekeit vf das hôhste
Und die grossen zuht in der bekantnisse,
Die gebruchunge mit der abebrechunge
Nach der maht der siñen,
Die ungemengete frôde in der einunge
Der geselleschaft, und das lebende liep der ewekeit,
Als es nu ist und jemer wesen sol.
Da werden ých gesehen vier stralen,
Die schiessent alzemale
Usser dem alleredelsten armbrust der heligen drivaltekeit,
Von dem gotlichen throne dur die nún kôre.
Da blibet nieman so arm noch so rich,
Er treffe in miñeklich.
Die strale der gotheit schússet si
Mit einem vnbegriffenlichem lichte.
Die miñende mônscheit grůsset si
In brůderlicher geselleschaft,
Der helig geist rûret si
Mit der durchfliessunge
Der wunderlichen schôppfunge
Der ewigen wone.
Der vngeteilet got spiset si
Mit dem blikke sines heren antlútes
Und fúllet si mit dem unlidigen ateme
Sines vliessenden mundes.
Und wie si gant ane arbeit als die vogele
In dem lufte, so si keine vedren rûrent,
Und wie si varent swar si wellent
Mit libe und mit sele,
Und doch in ir satzunge blibent unvermischet,
Und wie die gotheit clinget,
Die mônscheit singet,
Der helig geist die liren des himelriches vindet,
Das alle die seiten mússent clingen,
Die da gespañet sint in der miñe[1])

---

[1]) Am Rand: Maria mangelt noch der letzten zierde.

Da ward ŏch gesehen daselbe here Jrisem vas,
Da Christus nún manot in sas
Mit sele und mit libe,
Als si jemer sol beliben
Aneht alleine die grosse zierde,
Die der himelische vatter an dem jungosten tage
Allen seligen lichamen sol geben.
Der mûs vnser frŏwe noch enbern,
Diewile das dis ertrich swebet vf dem mere.

Do wart gesehen wie schŏne vnser frŏwe stûnd an dem throne zer linggen hant des himelschen vatters unverborgen an aller megdlicher schŏpfnisse, und wie der menschlich licham ist getempert und geformet in die edel lúhtnisse der sele vnser frŏwen, und wie die lustlichen brúste vnverborgen sint vol der suessen milche, dc die tropfen vliessent dahin dem himelschen vatter ze eren und dem menschen ze liebe, also das der mensche ýber alle creature wilkomen si. Wan so sere wundert den hohen fúrsten, die ertzengel sîn des, das andere fúrsten der menschen úber in komen sint, das es loblich ist das vnser volle zúge da sî.

Zû der vordern hant vnsers herren stat Jesus, vnser lŏser mit offenen wunden,

Blutig, unverbunden,
Ze úberwindende des vaters gerehtekeit,
Die mangen súnder vil nahe leit,[1])
Wan diewile dc die súnde uf ertrich weret,
So sŏllent Christi wunden offen sin,
Blûtig ane sere.
Mer nach dem gerihte
So sol Christus ein sogetan cleit anzien,
Das nie wart gesehen,
Es wisete deñe got vngeschehen.
So sollen die sûssen wunden heilen,
Als ob ein rosen blat
Geleit were an der wunden stat.
Da sieht man deñe die vrŏlich miñevar,
Die niemer sollent vergan.
Deñe wil der ungeschaffen got
Alle sin schŏpnisse núwe machen,
Und also núwe, das si niemer múgent alten.

---

[1]) Handschrift lit.

Nu gebristet mir tůsches, des latines kan ich nit, so was hie gůtes anliget, das ist min schult nit, wañ es wart nie hunt so bȯse, lokete im sin herre mit einer wissen simelen, er keme vil gerne.

IIII. Von der armen dirnen, von der messe joh . baptiste, von der wandelunge der ouelaten in dc lamp, von engel schȯni, von vierhande lůte geheliget und von guldinen pfeñingen.

Eya lieber herre, wie nutze dc si, das ein mensche von gůtem willen sie, noch deñe das si der werke nit vermag, dc wisete unser lieber herre einer armen dirne, da si nit me mohte alleine si, doch leider ze sinem dienste nit endohte. Do sprach si alsust ze gotte:

Eya lieber herre min,
Sol ich hůte ane messe sin?

In dirre begerunge benam ir got alle ir irdensche siñe und brahte si wunderlich hin in ein schȯne kilchen. Da vant si nieman iñe; do gedahte si: O we du vil arme/ tragú; nu bistu ze spate komen, das du nit bist vfgestanden. Das mag dir hie kleine fromen. Do sach si einen jungeling komen, der brahte ein gebunt wisser blůmen, die strȯwete er niden in dem turne und gieng hin. Do kam ein anderer und brahte ein gebunt vielaten, die strȯwete er mitten in die kilchen. Do kam aber einer und brahte ein gebunt rosen, die strȯwete er schone vor vnser frȯwen alter. Do kam ein vierter und brahte ein gebunt wisser lilien und strȯwete si in dem kore. Do si dis hatten getan, do nigen si schone und giengen enweg. Diese jungelinge waren also edel und schȯne anzesehende, das niemer menschen pine mȯhte wesen also gros am libe/ mȯhte er si reht ansehen, alle sin pine můste vergan.

Do kamen zwene schůler mit wissem gewete, die brahten zwȯi lieht; die sasten si ufen den alter. Do giengen si vil schone und bliben in dem kore. Do kam ein vngelich lang man, der was vil mager, und doch nit alt. Sinú kleider waren also arm, das im sin arm und sin bein blekoten. Der trůg ein wisses lamp vor siner brust und zwo ampellen braht er an sinen vingeren. Do gieng er zů dem alter und saste das lamp daruf und neig do lieplich dar. Das was Johañes Baptista, der solte singen die messe. Do kam ein jungeling, was rehte verzartet mit sinem gelasse, der trůg einen adlar vor siner brust. Dc was Johañes ewangelist. Do kam ein einvaltig man, S. Peter. Do kam ein jungeling gros, der brahte ein gebunt gegerwedes, damit gerweten sich die drie herren. Da kam ein grossů schar, das was das kreftige gesinde des himelriches, und fülleten die kilchen also vol, dc die arme dirne dekeine stat konde vinden da si bliben möhte. Do gieng si niden in den turn stan. Do vant si einerhande lüte mit wissem gewete, die enhatten kein har, mere si hatten einvaltige kronen vf iren höpten. Das waren die nit hatten gelept nach der ê. Die gezierde des hares, das ist gůter werken, hatten si nit. Wamit waren si deñe zů dem himelrich komen? mit rüwen und mit gůtem willen an irem ende. Fürbas vant si noch schöner lüte gekleidet mit vielvar kleidern, die waren gezieret mit schönem hare der tugenden und gekrönet mit der Gottes ê. Noch vant si schöner lüte, die waren mit rosenvar kleidern gekleidet, die hatten ein schön zeichen der wittewen und ein crone der angenomenen küscheit.

Die arme dirne was übel gekleidet, und was krank am libe, und bi den drin scharen mohte si niena bliben. Do gieng si für den kor stan und sach hinin, wa unser liebů fröwe stůnt in der höhsten stat, und sant Katharina, Cecilia, bischove, marterere, engele und megde harte vil. Do dirre arme mensche dise grosse herschaft gesach, do sach si öch sich selben eb si bliben getörste vor ir snödekeit. Do hatte si vmbe einen roten brunen mantel, der was gemachet von der miñe und nach der brunekeit der siñe, nach Gotte und nach allen gůten dingen. Der mantel was gezieret mit golde und öch mit einem liede; das sang alsust: Ich sturbe gerne von miñen.

Si sach sich ouch einer edeln juncfrowen glich und trug vf irem höbet ein schapel von golde herlich, daran was geleit aber ein liet, dc sang alsust:

Sin ŏgen in min ŏgen, sin herze in min herze,
Sin sele in min sele
Vmbevangen und unverdrossen.
Und ir antlůt sach sich selben den engeln glich.
O we, ich unselig phůl, wie ist mir nu geschehen!
Joch bin ich leider so selig nit,
Als ich mich da han gesehen.
Alle die in dem kore warent,
Die sahen si mit eim sůssen lachen an.
Do winkete ir vnser frŏwe,
Das si oben katherine stůnde.
Do gieng si bi vnser lieben frŏwe stan,
Wande es selten mohte geschehen,
Dc si gotz můter můste sprechen und sehen.
Eja, du liebe wolgemůt!
Das nam si ѵ́r (für) gut,
Dc dú unedele kra bi der turteltube stůnt.

Alle die in dem kor waren,
Die waren gekleidet mit lůhtendem golde,
Und waren bevangen mit einer swebender wuñe,
Klarer deñe die suñe.

Do hůben si eine messe an alsust: Gaudeamus omnes in domino. Und als dikke vnser frŏwe wart genant, so knúwen si und die andren nigen, wann ir got die grŏssesten ere hat gegeben. Do sprach die snŏde, dú do zů der messe komen was: Eya frowe, mŏhte ich hie gotz lichamen enpfangen, wan es stat hie nút ze vare. Do sprach gotz můter: Ja, liebú, tů din bihte. Do winkete die himelsche kúnigiñe Johañi ewangelistae, der gieng us und horte der súnderiñe bihte. Do bat si, dc er ir wolte sagen, wie lange si sŏlte leben. Do sprach Johañes: Ich můs dir es nút sagen, wan got wil es nút; wand, were das zit lang, so mŏhtest du von dinem manigvaltigen kumber vallen in ein verdrossenheit; were aber di zit kurtz, so mŏhtest du von iamer dines herzen vallen in ein gerunge lange ze lebende.

Do gieng Johañes lesen das ewangelium: Liber generationis. Do sprach die arme zů vnser frŏwen: Sol ich opferen? Do sprach vnser frŏwe: Ja, wilt du im es nit wider nemen. Do sprach dú arme: Eya frŏwe, die gnade můst du mir von gotte geben. Do sprach vnser frŏwe: Nu nim disen guldinen pfeñing, das ist dinen eigenen willen, und oppfer den minem herren sune an allen dingen. Mit grosser zuht und mit heliger vorhte enpfieng der kleine man den grossen pfeñing. Do sach si den pfeñing an, wie er gemúnzet were. Do stůnt an dem pfeñing, wie Christus von dem crúze wart gelôset. Anderhalp stůnt alles himelrich, da iñe dú nún kôre, da oben der Gottes tron. Do sprach ir gottes stim̃e zů: Oppferst du mir disen pfening also, dc du in nit widernimst, so wil ich dich lôsen von dem crúze, und bringen dich zů mir in min riche.

Darnach tet der selbe priester die stillen messe, der gewihet wart in siner můter libe mit dem heligen geiste. Do er die wissen ouelaten nam in sine hende, do hůp sich das selbe lamp vf, dc vf dem alter stůnt, und vôgete sich mit den worten vnder die zeichen siner hant in die ouelaten und die ouelaten in das lamp, also das ich der ouelaten nút me sach, mere ein blůtig lamp, gehangen an einem roten crúze.

Mit also sůssen ôgen sach es uns an,
Dc ich es niemer vergessen kan.

Do bat die arme dirne unser liebe frowe alsust: Eya liebú můter, bitte dinen herren sun, dc er sich selber mir armen welle geben. Do sach si dc ein lúhtender strale schein usser vnser frôwen munt vf den alter, und rúrte dc lamp mit ir gebette, also das got selbe vs dem lambe sprach: Můter, ich wil mich gerne legen in die stat diner girde. Do gieng die arme dirne zů dem altar mit grosser liebe und mit einer offenen sele. Do nam sant Johañes dc wisse lamp mit sinen roten wunden, und leit es in den kôwen irs mundes. Do leite sich dc reine lamp uf sin eigen bilde in iren stal, und sôg ir herze mit sinem sůssen munde. Je me es sôg, je me si es im gonde.

Nu die, der dis geschach, die ist tot und ist hingevarn. Got helfe vns, dc wir si noch můssen sehen in der engel schar. amen.

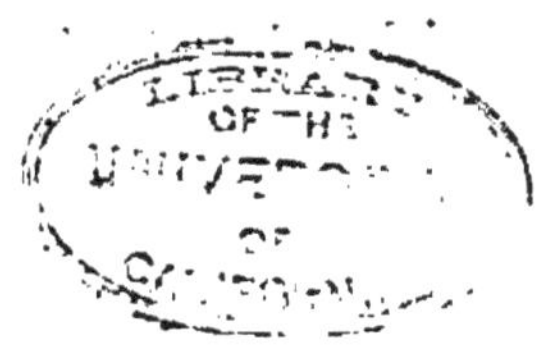

V. *Ein sang der Selen zů gotte an fúnf dingen und wie got ein kleit ist der selen und die sele gottes.*[1]

Du lúhtest in die sele min
Als die suñe gegen dem golde.
Sweñe ich můs růwen in dir herre,
So ist min wuñe manigvalt.
Du kleidest dich mit der sele min
Und du bist ŏch ir nehstes kleit,
Das da ein scheiden můs geschehen,
Joch ervant ich nie grŏsser herzeleit.
Wŏltist du mich serer miñen,
So keme ich sicher von hiñan,
Da ich dich ane vnderlas
Nach wunsche mŏhte miñen.
Nu han ich dir gesungen,
Noch ist mir nit gelungen;
Woltest du mir singen,
So můste mir gelingen.

VI. *Ein widersang gottes in der sele an fúnf dingen.*

Sweñe ich schine so můst du lúhten,
Sweñe ich vlússe, so můst du wůthen,
Swen du súfzest, so zůhebst du min[2]) gŏtlich herze in dich.
Sweñe du weinest na mir, so nim ich dich an den aren min;
Sweñe du aber miñest, so werden wir zwŏi ein,
Und weñe wir zwŏi alsust eines sin, so mag da niemer geschehen scheiden,
Mere ein wonenklich heiten wonet zwúschent vns beiden.
Herre, so beite ich deñe mit hunger und mit durste,
Mit jagen und mit luste,
Vnz an die spilenden stunde
Dc vs dinem gŏtlichen munde
Vliessen die erwelten wort,
Die von nieman sin gehort,
Mere von der sele alleine,
Die sich von der erde enkleidet
Und leit ir ore fúr dinen munt; —
Ja die begriffet der miñe funt.

VII. *In der pine lobe so erschinet er dir. Von zwein guldin kŏpfen der pine und des trostes.*

Ich sundigú, tregú, ich solte zů einer stunt betten, do tet got als ob er mir enkeinerleie gnade wŏlte geben. Do wolte

[1]) Greith S. 240.
[2]) Handschrift: din.

ich mich betrůben jåmerlich vmb mine vleischlich sůche, die mich duhte ein hindernisse geistlicher gebruchunge. Eya nein, sprach min sele, gedenke noch aller trůwe und lob dinen herren alsust. Gloria in excelsis deo.

In dem lobe erschein ein gros lieht miner sele und mit dem liehte wisete sich got in grosser ere und unzallicher clarheit. Do hůp vnser herre zwene guldín kỏpffe in sinen henden, die waren bede vol lebendiges wines. In der linggen hant waz der rote win der pine, und in der vordren hant der vberhere trost. Do sprach vnser herre: Solich sint die disen win trinkent, wand alleine ich bede schenke von gotlicher liebi, so ist doch der wisse edeler in im selber und aller edlest sínt die, die beide trinkent wissen und roten.

VIII. Von dem vegefúr alzemale; davon lôsete ein mensche tusent selen mit den miñetrehenen.

Ein mensche sỏlte betten mit grosser begirde
Vil einvalteklich vúr die armen selen Got von himelriche.
Do wisete in got dc grůwelich vegefúr zemale,
Und daiñe so mengerleige quale
Als die súnde an in waren.
Do wart also kreftgrimig des menschen geist,
Dc er dc vegfúr ze male in sin arme begreif.
Do geharte er kumberlich
Und begerte miñeklich.
Do sprach got von himelrich:
Last du nu zů dir nút we,
Es ist dir alzeswere.
Do sprach der geist jemerlich:
Eya vil lieher, nu lỏse doch etliche.
Do sprach vnser herre: Wie vil wilt du ir?

Der geist sprach: Herre als vil als ich mit diner gůti mag vergelten. Do sprach vnser herre: Nu nim tusent und bringe si war du wilt. Do hůben si sich vsser der pine, swartz, fúrig, phůlig, brinnendig, blůtig, stinkende. Do sprach aber des menschen geist: Eya lieber herre min, was sol disen armen nu geschehen? Wand alsus egeschlich koment si niemer in din rich. Do neigete got vnmassen sere nider sine edelkeit und sprach ein wort, das uns sündigen sere ze troste stat: Du solt si baden in den miñe trehnen, die da nu vliessent usser den ŏgen dines lichamen. Do wart da gesehen ein sinwel grosse. Da hůben si sich mit einem swunge zemale in, und badoten in der miñe klar als die suñe. Do enphieng des menschen geist vnzelliche wuñe und sprach: Gelobet siest du villieber von allen creaturen eweklich! Nu ziment si dir wol in dinem riche. Do neigete sich vnser herre zů în von der hŏhin und saste în vf ein krone der miñe, die si gelŏset hatte von hinan und sprach: Dise krone sont ir tragen eweklich ze erkeñende allen den in minem riche, das ir mit den miñen trehnen erlŏset sint nún jaren e deñe ůwer rehten zit.

IX. Got lobet sin brut an fúnf dingen.

Du bist ein lieht der welte,
Du bist ein kron der megde,
Du bist ein salbe der verserten,
Du bist ein trúwe der valschen,
Du bist ein brut der heligen driualtekeit.

X. Die brût widerlobet got an fúnf dingen.

Du bist ein lieht in allen liehten,
Du bist ein blůme ob allen cronen,
Du bist ein salbe ob allen seren,
Du bist ein unwandelbar trúwe sonder valscheit,
Du bist ein wirt in allen herbergen.

XI. Von sibenhande liebin Gottes.

Dú rehte gotz miñe het siben angenge:
Dú vrŏliche miñe trit in den weg,
Die vŏrhtende miñe enpfat die arbeit, dú starke miñe mag vil tůn,
Die miñende miñe enpfat enkeinen rům,
Dú wise miñe hat bekantheit,
Dú vrie miñe lebet sunder herzeleit,
Dú gewaltige miñe ist jemer me gemeit.

XII. Von sibenhande vollekomenheiten.

Gerne vngeeret, gerne vngevŏrhtet, gerne alleine,
Gerne stille, gerne nider, gerne hoch, gerne gemeine.

XIII. Zwischen Got und der Sele sol die miñe sin.

Zwischent dir und got sol jemer mere die miñe sin.
Zwischent irdenschen dingen und dir sol angest und vorhte sin.
Zwischent súnden und dir soll hass und strit sin.
Zwischent himelriche und dir sol stete hoffen sin.

XIV. Wavon kunt luterkeit, swacheit, krankheit, wisunge, swindekeit, nôte, ellende, selten getrôstet.

Bitterkeit des herzen kunt von der mônscheit,
Swacheit des lichamen kunt von dem vleisch alleine,
Swinde gemût kunt von der edelkeit der sele,
Engschbarkeit vor der pine kunt von der schulde,
Krankheit des libes kunt von nature,
Not ellendig kunt von mûtwillen,
Selten getrôst kunt von vnrûwe.

XV. Wie der von miñen ist wunt wirt gesunt.

Swelch mensche wird ze einer stunt
Von warer miñe reht wunt,
Der wirt niemerme wol gesunt,
Er enkûsse no denselben munt,
Von dem sin sel ist worden wunt.

XVI. Von siben gaben eis brûders.

Die sele ist grundelos an der gerunge, breñende an der lieben, miñesam an der gegenwûrtekeit, spiegel der welte, wenig an der grôssi, getrûwe an der helfe, gesament in gotte.

XVII. Wie got vrîet die sele und machet wise in siner liebin.

Alsust friet got die einvaltigen sele und machet si wise in siner liebi. Eya liebû tube, din fûsse sint rot, din vedern sint eben, din mund ist reht, din ôgen sint schône, din hôbet ist sleht, din wandelunge ist lustlich, din flug ist snel, und du bist alzesnel zû der erde.

XVIII. Wie die sele berûret gottes vrîheit in aht dingen.

Herre, min fûsse sint geuerwet mit dem blûte diner waren lôsunge, min vedren sint verebent mit diner edeln erwelunge, min munt ist gerihtet mit dinem heligen geiste, min ôgen sint geklâret in dinem fûrigen liehte, min hôbet ist geslehtet mit diner getrûwen beschirmunge, min wandlunge ist lustlich von diner milten gabe, min flug ist gesnellet mit diner unrûwigen lust, min irdensch sinken kunt von diner einunge mines lichamen. Je grôsser lôsunge du mir gist, je langer ich in dir mûs sweben.

XIX. Wie die bekantnisse und die sele sprechent zesamne, und si spricht dc sî drîvaltig sî von drîen himelen. Die bekantnisse spricht allererst. [1])

O miñende sele, ich sach dich an,
Du bist harte miñenklich wunderlich getan.
Ein liht wart darzu gelûhen
Dc ich dich môchte besehen,
Es were mir anders nie beschehen.
Du bist drivaltig an dir,
Du maht wol gotz bilde sin.
Du bist ein menlich man an dinem strite,
Du bist ein wolgezieret juncfrowe·
In dem palast vor dinem herren.
Du bist ein lustlichû brut in dinem miñebette.
Gotz miñende sele, in deme strite
Bist du gewâfent mit vnmezlicher kraft,
Und mit so grosser samenunge dines gemûtes,
Das dich alle die mengi der welte,
Noch alle helfe dines fleiches,
Noch alle scharen der tûvel,
Noch die kraft der hellen
Nit mag von gotte gevellen.
    Du werst dich als mit blûmen,
Din swert das ist die [2]) edel rose Jesus Christus,
Damit werst du dich.
Din schilt der ist die wisse lylie Maria,
Es enhilfet si nit dc si dich bestande,
Mere das si dich ziere und an dir mere
Unermesseclich gottes ere.
    Alle die luterlich an diseme strite stan,
Die sôllent richen solt von dem keyser enpfan.

Eia notlichû sele, an dinem palaste der heligen Drivaltekeit, do du so minekliche stast gezieret vor dinem heren, wielich ist dein ere?

‚Vrowe bekantnûsse, ir sint wiser deñe ich sî, warumbe vraget ir mich?

Vrôwe sele, got hat ûch erwelt ob allen dingen; ir sint min vrôwe und min kûnigiñe.

---

[1]) Greith 267.

[2]) Handschrift: der.

Vrǒwe bekantnisse, ich bin edel und vrî geborn; ich mûs nit vngeeret sin des ich alleine mine. So mûs ich gewinen das mich minet, trutet, und eret.

Dú heilige driualtekeit
Und alles das himel und erde treit
Mûs mir eweklich vndertenig sin.
Lan ich nun die mine gewaltig ýber mich,
Also das ich ir die state gebe,
Das si mich mûsse binden in die heligen geduld,
Dc ich nit enmere mine schuld,
So leitet si mich dene in die edel sanftmûtekeit,
Das ich zû allen gûten dingen mûs wesen bereit,
Und spanet mich in die starke gehorsami,
Das ich got und allen creaturen
Lieplich mûs wesen vndertan.

Die bekantnisse. Eya vrǒ brut, went ir mir noch ein wortzeichen sagen
Der vnsprechlichen heimlicheit,
Die zwischent got und ých leit?

Vrowe bekantnisse, das tûn ich nit;
Die brúte mûssen alle nit sagen was in beschiht.
Die helig beschǒwunge und dú vilwerde gebruchunge
Sont ir han von mir.
Die vserwelte bevindunge von gotte
Sol ých an allen creaturen jemer me verborgen sin,
Sunder alleine mir.

Vrowe sele, ýwer wunderschowen und ýwer hohî wort
Das ir in gotte hant gesehen und gehort,
Wen ir mich darzû twingent,
Das ich das ein kleinen fúrbringe,
So setz ich des keysers lieht
In einen vinstern fulenden stal.

Die rinder essent doch ir strǒ wol;
Wan etteliche, die schinen gotzkinder,
Und stossent sich doch als vngebundene rinder
In dem vinsteren stalle
Und sprechent was inen sogtan getúsche sǒlle,
Es si von mûtwillen gedaht,
Und in valscher helikeit vúrbraht.

Vrǒwe bekantnisse, man vindet also geschriben,
Das sant Paulus wart gefúrt in den dritten himel.
Es were im nie beschehen, were er Saulus beliben.
Hette er die warheit funden
In dem ersten und in dem andren himele,
Er were nie in den dritten gestigen.

Dú sele: Ein himel ist, den het der túvel gemachet,
Mit sinen schônen valschen listen.
Do wandelnt die gedenke iñe mit trurigen siñen,
Und die sele lit alstille,
Wañ si bevindet nit ir nature miñe.
Da blibet die sele vngetrôst
Und betrúget die einvaltigen siñe.
In disem himele wiset sich der túfel
Einem luhtenden engel gelich,
Ja ŏch an sinen fúnf wunden gotte glich.
Einvaltigú sele hûte dich!
Der ander himel ist gemachet
Von heliger gerunge der siñe,
Und von dem ersten teile der miñe.
In disem himel ist enkein liht,
Die sele siht da gotz nit iñe.

Si smeket ein vnbegriffliche sûssekeit,
Die ir alle irú lider durgat.
Si hôrt ŏch eine stiñe von etlichen dingen,
Die si doch gerne wil,
Wan es ist noch gemenget mit irdenschen siñen.
Ist deñe die tieffi aller diemûtikeit da nit,
So bûtet der túfel dar sin liht;
Das deñe da geschiht,
Dc ist von gotte nit.

Ist aber die volle diemûtikeit da,
So mûs die sele vúrbas varn
In den dritten himel;
Da wirt ir dc ware lieht gegeben. —
So sprechent die siñe:
Vnser frŏwe, dú sele hat gesclaffen von kinde,
Nu ist si erwachet in dem lihte der offenen miñe.
In disem liehte sihet si sich al umbe
Wie der si, der sich iro wiset,
Und was das si das man ir zû sprichet.
So siht si werlich und bekeñet
Wie got ist allú ding in allen dingen. —
Nu leg ich allen kumber nider
Und var mit sant Paulo in den dritten himel.
Weñe got minen sundigen lichamen mineklich sclat da nider.
Dirre dritte himel ist gewelbet und geordent,
Und verlúthet schone mit den drin personen,
Die begiñen alsust:
Der ware gottes grûs,
Der da kunt von der himelschen blût:

XX. Wie swester Hiltegunt ist gezieret in dem himelriche mit dem mantelen, mit VII Cronen, wie si lobet die nún kóre.

An einer seligen juncfröwen tag, sante Barberen, enpfieng Swester hiltegunt ir ere. Das wisete got eim lamen hunde, der noch mit jamer lekket sine wunden. In minem gebete es also beschach, das ich nit weis, weder dc himelrich were geneiget zů mir, oder ich was gezogen in das wuñerrich hus gotz. Da stůnt hiltegunt vor dem trone des himelschen vatters gezieret als ein núwe brut, die der kúnig geholet hat zehuse. Si het vmbe sich drie mentel und treit vf irem hŏbet siben cronen, und sunderlichen loben si nůn kŏre. Do ich si sach, do bekañte ich si in aller gabe die si enpfangen hat von gotte. Doch luste mich mit ir ze redeñe und vragete si doch in der gebruchunge, vf dc ich deste langer bi ir were. Eya, wavon hast du disen rosenuarwen mantel? Do sprach Hiltegunt: Ich was ein martereriñe in der fúrinen miñe, also dc dikke min herze blůt ẏber min hŏbet gos. Do vragete ich si fúrbas: wavon hastu disen guldinen mantel, der so schone lúhtet. Do sprach si: von dem bilde gůter werke. Do sprach ich: Wavon hastu disen blůmenden wissen mantel? Do antwort si: von der notlichen miñe, die ich heimlich trůg in miner sele und in miner sinnen.

Dis waren die siben cronen: Crone der stetekeit, Crone des heligen glŏben, Crone der trúwen, Crone der milten barmherzekeit, Crone der heligen vernúnftekeit, Crone der miñe, Crone des magtůmes. Do vragete ich me: Liebú, wa ist die crone der diemůtikeit, die geistlichen lúten so wol anstat? Do antwúrte si: Der han ich nit sunderlich, noch nie gewan, mere also vil, das mich got hochmůtes mitte benam. Dise siben cronen sint alle gezieret sunderlich mit dem schapel der edelkeit der lúteren heren [1]) kúscheit.

Alsust lobent si die kŏre an nún tugenden: Wir loben dich an diner rúwe, an dinem gůten willen, an diner warheit, an diner wisheit, an dinem sůssen jamer, an dinem willigen armůte,

---

[1]) Handschrift: herren.

an diner starkheit, an diner gerehtekeit. Alsust lobent die von Seraphin, wan si ir gesellen sint: Wir loben dich an der miñe gottes, kúnegiñe. Die throni loben si alsust: Wir loben brútigŏme an der schŏni der brúte.

Ich vragete si mancher dingen,
Der ich nu swigen wil,
Wan alleine, das himelriche si miñevar,
So ist doch leider das ertriche vil wandelbar
An mir und an mangem man,
Der noch ze himel nie kam,[1]
Da man die warheit schŏwen sol.

XXI. *Wiltu den berg ansehen, so solt du haben siben ding.*

Einen berg han ich gesehen,
Das was vil scheire *(sic)* geschehen,
Wan enkein lichame mohte das getragen,
Das die sele ein stunde da were.
Der berg war niden wis, wolkenvar
Und oben an siner hŏhin fúrig suñenclar.
Sin begiñen und sin ende konde ich niena finden,
Und biñen spilte er in sich selber
Vliessende goldvar in vnzellicher miñe.
Do sprach ich: Herre, selig sint die ŏgen,
Die das miñesweben eweklich sont schŏwen
Und dis wunder bekeñen,
Ich mag es niemer geneñen.
Do sprach der berg: diñ ŏgen,
Dú mich sŏnt alsust sehen,
Die mússent gezierent sin mit siben dingen,
Es mag enanders niemer beschehen.
Die sprechent alsust: Nŏte búrgen gerne gelten,
Und nit halten an im selben,
Vngetrúwe wider den hass
Und minneklich wider die vreislicheit,
Luter an der schulde und bereit
Gegen der enpfengnisse.

XXII. *Wie die schowunge vraget diē miñenden selen von seraphin und von dem nidersten menschen.*

Vrŏwe sele, wŏltet ir lieber sin ein engel von seraphin oder ein mensche mit libe und mit sele in dem niederosten kore der engel?

---

[1]) Handschrift: kan.

Die sele zû der beschowunge: Vrowe beschŏwunge, ir hant dc wol gesehen, dc die engel von seraphin hohe fúrsten sint, und das si ein miñe, und ein fúr und ein âten und ein lieht mit gotte sint.

Die beschŏwunge: Vrowe sele, ir hant das wol gesehen, das die engel einvaltige personen sint und das si got nit me lobent, noch miñent, noch bekeñent, deñe in an ist geborn; und des mag sich der niederste mensche alsust erholen mit cristanen gelŏben, mit rûwe, mit gerunge, und mit gûtem willen, mere sin sele mag in der gotheit so sere nút breñen.

Die sele: Vrŏ beschŏwunge, ir hant das wol gesehen, das die engel von seraphin gotz kinder und doch sine knehte sint. Die minste sele ist tohter des vatters und swester des sunes und vrúndiñe des heligen geistes und werliche ein brut der heligen driualtekeit.

Sweñe das spil v̇berein get,
So sehe man den weles allermeist wege,
Den werdesten engel Jesum Christum,
Der da swebet oben seraphin,
Der mit sinem vatter ein ungeteilet got mûs sin.
Den nim ich, minste sele, in den arm min,
Und isse in und trinke in
Und tûn mit im was ich wil.
Das mag den engeln niemer geschehen,
Wie hohe er wonet ob mir,
Und sin Gotheit wirt mir niemer so túr,[1]
Ich mûsse ir ane vnderlas
Allú minú gelide vol beuinden,
So mag ich niemer mere erkûlen.
Was wirret mir deñe was die engel beuinden?

XXIII. Wie die miñe vraget und leret die stumpfen selen und brechte si gerne zu irme liebe und spricht allererst und dú stumpfe sele antwurt.

Miñe: Eya torechtige sele, wa bistu,
Oder wielich ist din wonunge und wes lebestu?
Wa macht du rûwen nu du nit enmiñest
Dinen lustlichen got v̇ber dinen eignen Willen
Und ûber alle dine maht?

---

[1]) Handschrift: tûre.

Sele: Las mich vngeweket,
Ich weis nit was du mir sagest.
Miñe: Man mûs die Kúnigiñe wol weken,
Sweñe ir kúnig komen wil.
Sele: Ich bin in einem heligen orden,
Ich vaste, wache, ich bin ane hôptsúnde,
Ich bin gnûg gebunden.
Miñe: Was hilfet, das man ein ital vas vil bindet,
Und das der win doch usriñet?
So mûs man es füllen mit Steinen der vswendigen arbeit
Und mit eschen der vergenglicheit.
Sele: Ich wonen in der wollust miner mage
Und miner liben geistlichen vrúnden;
Und wie môhte ich den lustlich miñen,
Den ich nit erkeñe?
Miñe: O we, kannst du den herren nit erkeñen,
Den man dir so dikke nemet?
Du bist mer bekúmbert mit dinem huntlichen lichamen,
Deñe mit Jesu, dinem sûssem herre.
Des gewiñestu vor sinen ôgen niemer ere.
Sele: Ich leben mines eignen willen,
Das ich den gerne vollebringe.
Miñe: Wiltu got rehte trúwe leisten,
So soltu in siner liebin volgen sinem geiste.
Sele: Ich rûwe in der welte mines lichamen.
Miñe: Des maht du dich hútte vor gotte schamen,
Das du doch treist geistlichen namen,
Und gast doch alles umbe mit dinem lichamen.
Sele: Wes solte ich mich generen,
Ob ich mich mit dir wôlte besweren.
Miñe: Eya untrúwe, der die sele so edel het gemaht,
Das si nút deñe got essen mag,
Der lat noch iren lichamen nit verwúschen.
Sele: Du schiltest mich sere,
Wiste ich wa er were,
So môhte ich mich noch bekeren.
Miñe: Wiltu mit im wonen in edeler vriheit,
So mûstu e rumen dise wonunge der bôsen gewonheit.
Sele: O we! das tût menig man nit der wise ist von lere
Und von natúrlichen siñen,
Das er sich iht getôrre legen
In die gewalt der nakkenden miñe.
Miñe: Mere die einvaltigen reinen,
Die got in allem irem tûnde luterlich meinen,
Zû den mûs sich got natúrlich neigen.

Sele: Ich wande, weñe ich mich dur got begebe,
Das ich deñe vil hohe were gestigen.
Miñe: Was hilfet, das man ein sclaffenden man schone kleidet
Und im edele spise vorsetzet diewile er schlaffet,
So mag er doch nit essen?
Eya liebi mi. lâ die weken.
Sele: Eya, nu sage mir, wa sin wonunge sî.
Miñe: Es ist en kein herre mer,
Der zemale in allen sinen húsern wone, deñe alleine er.
Er wonet in dem vride der heligen miñesamkeit
Und runet mit siner liebi in dc enge enôte der sele
Er halset si ŏch in der edelen behagunge siner liebi.
Er grůsset si mit sinen liplichen ŏgen,
Weñe sich die lieben werlichen schŏwen.
Er durkússet si mit sinem gôtlichen munde.
Eya wol dir, me deñe wol der úberheren stunde!
Ertrutet si mit voller maht in dem bette der miñe.
So kunt si in das hôchste wol
Und in das miñenklichste we,
Wirt si sin rehte iñe.
Sele: Eya liebú nu la dich miñen
Und were dich nit mit grim̃e.
Wie sint die die sich mit grim̃e werent?
Miñe: Dc sint die, die ander lúte und sich selber
Mit ir bosheit beswerent.
Nu sage ich dir wer er si:
Er ist der allerhôhste hôher,
Und der selbe hôhste hohe hat sich geneiget
In das allerniderste tal,
Und dis allerniderste tal
Hat sich gesetzet in den allerhôhsten hohen.
Stumpfú sele, sich dich vmb und vmbe
Und tů uf die blinden ŏgen.
Sele: Ist er von der hôhsten hôhi dur mini liebi nidergetreten,
Und hat sich gentzlich mir mit allen creaturen gegeben,
Ja enwolte er sine gůti mir nút benemen,
So môchte ich mich jemer me vor sinen ŏgen schemen,
Dc ich min vngeneme kupfer me
Gentzlich vmb sin túres gold wolte geben.
O we, wa bin ich gewesen ich vnselige blinde,
Das ich also lange gelebet han ane kreftige miñe,
Damit ich werlich alle mine not
Sunder aller miner viende dank vberwinde?
Nu alleine ich armů vil gůtes versnmet hân, [1])

[1]) Handschrift: habe.

So wil ich doch noch vs allen dingen in got gan.
Eya miñe, wiltu mich noch enpfan?
Miñe: Ja, got hat sich nieman verseit,
Das ist ein glich masse.
Wiltu liep haben so můst du liep lassen.

XXIV. Wie sich die miñende sele gesellet gotte und sinen userwelten lieben, und sol gelich sin allen heligen. Wie der túfel und die sele sprechen zesamene. [1])

Eya, herre Jesu christe, die vnschuldigú pine trôstet mich,[2]) wan ich an allen minen pinen schuldig bin, und din helige tot haltet min bůgenisse lebendig in dir, und din vnbewollen blůt hat min sele durchvlossen.

Maria, trut můter, ich stand bi dir bi dem crúze mit allem minem cristanen gelôben, und das swert des heligen jamers snidet durch min sele, darumbe das der so vil ist wandelber die geistlich schinent.

Johañes baptista, ich bin mit dir gevangen, wan die vngetrú von dirne der valscheit hat gotz wort getôtet in minem munde.

Johañes ewangelista, ich bin mit dir entsclafen in herzeklicher liebe vf den brústen Jesu christi, und dañen da han ich so erhaftigú wunder gesehen und vernomen, das min lichame ist dikke von im selber komen.

Petre, ich bin getrúte got mit dir, wan mir wirt niemer menschlich wol, und mir ist dikke geistliche we nach dem lobe Jesu Christi.

Paule, ich bin wunderlich vfgezuket mit dir und han ein solich hus gesehen, das mich nie keines dinges so gewunderte, so das ich sider dem male ein lebendig mensche mohte sin. Sweñe ich gedenke das der hiñelsche vatter da ist der seligen schenke und Jesus der kopf, (Becher) der helig geist der luter win, und wie die ganze drivaltekeit ist der volle kopf, und miñe der gewaltige keller, — weis got, so neme ich gerne, das mich die

---

[1]) Greith S. 241.
[2]) Am Rand: An vnsern pinen sind wir schuldig.

miñe da ze huse bete. Nu ich wil noch hie gerne gallen trinken. Eya lieber Jesu, nu lone es inen allen liplich, die mir hie schenkent bitterkeit, wañ si machent mich gnadenrīch. Mir kam ein kopf mit gallen, der was also kreftig, das er min lip und sele al durgieng. Do bat ich sunderlich got fúr minen schenken, das er im wôlte schenken den himelschen win. Werlich das tet er und sprach: Du jungfrówe, gehabe dich wol. Die grôssi mines wunders sol vber dich gan, die lôwen solten dich vôrhten, die beren solten dich sicheren, die wolfe solten dich fliehen. Das sol din geselle sin. Ich bin des gewiss, unde als mir vntzhar ist beschehen, das ich noch manigen kopf mit gallen vs sol trinken, wand leider der túfel hat noch vnder geistlichen lúten vil manigen schenken, die der gift so vol sint, das si es nit alleine môgent getrinken, si mûssen si gottes kinder bitterlichen schenken.

Stephane, ich knúwe bi dir vor dem judeschen herzen vnder den scharpfen steinen, wand si vallent vf mich gros und cleine. Die, welche gûte lúte schinent die steinent mich ze rugge und vliehent und wellent nit dc ich es it wisse, dc es mir von inen si geschehen. Got hat es doch gesehen.

Laurenti, ich was in dir gebunden, mer deñe zwenzig jar uf einen grúlichen rost; doch behielt mich got vnverbrant und hat mich nu me deñe siben jar gelôschen.

Martine, ich wonen mit dir in der vnahteberkeit und dú ware gotzmiñe hat mich gemarteret ob aller arbeit.

Dominice, lieber vater min, ich habe enwenig teiles mit dir, wan ich habe es gegert manigen tag,

> Dc noch mûsse min súndiges herzblût vliessen
> Under der vngelôbigen ketzeren fûssen.

Katherina, ich gan mit dir ze strite, wan die meister von der helle wolten mich gerne vellen. Do einer kam zû mir, schone als ein schin von der suñen, dc ich solte wissen dc er ein engel were und brahte ein lúhtendes bûch und sprach. Nime doch das peize (*pax*) da du zû der messe nit komen maht. Do sprach dí sele mit gezogner wisheit: Der selber keinen vriden hat, der mag mir keinen vriden geben. Do vûr er hin und verwandelt sich und kam wider gelich eim vil armen siechen mañe, dem sin gederme vs wil, und sprach: Eya, du bist also helig, machc mich gesunt. Do sprach aber dú sele: der selber siech ist, der mag nieman heilen. Es ist geschriben: Wer bas mag der sol dem andern helfen. Es ist ǒch geschriben, man sol nieman wider got helfen, dc man wol tůt dc ist nit wider got. Da nit gůtes an ist, da mag nieman nit gůtes antůn. Du hast ein ewig siechi, wiltu gnesen, so var hin und zǒge dich einem priester, oder einem bischof oder einen erzbischof oder dem babest. Ich han en keinen gewalt deñe alleine dc ich súndigen mag. Do sprach er mit grim̃e: das wil ich niemer getůn. Do wart er gelich einem scwarzen růche und zǒgete sich vngezogen und fůr hin. Ich fúrchte mich doch nit von ime.

Maria Magdalena, ich wone mit dir in der wǒstunge wan mir sint ǒlú ding ellende, sunder alleine got. Herre, himelscher vatter, zwischent dir und mir gat ane underlas ein vnbegriflich aten, da ich vil wunders und vnsprechlicher dinge iñe bekeñe und sihe und leider wenig nútze empfahe, wan ich bin so snǒde ein vas, dc ich dinen minsten funken nit erliden mag. Die ungebunden miñe wonet in den siñen, wan si ist noch gemenget mit irdenschen dingen, also dc der mensche růfen mag: In der gnade ist die miñe in den siñen vtlegen und hat noch leider die sele nit erstigen. Der lúten ist vil gevallen, wan ir sele bleip vnverwunt. Salomon und David enpfiengen den heligen geist in iren menschlichen siñen; do sich aber die siñe wandolten, do vielen si in die valschen miñe. Weis got, ir sele war nit gesenket in die niedersten tieffi vnder aller creature, noch gewundet mit dem creftigen teil der miñe,

Von der des besten wines nie enbeis,
Der groieret dike allermeist

die gebunden miñe wonet in der sele und stiget úber menschliche siñe und gestattet dem lichamen enkeines sines willen. Si ist gezogen und vil stille. Si lat ir flúgel nider und hǒret nach der vnsprechlichen stim̃e, und sieht in das vnbegriffelich lieht und wirbet mit grosser begirde nach irs herren willen. Mag deñe der licham veder schlagen, so enmag dú sele dc hǒhste dc menschen geschehen mag niemer eruaren. In diser gebundenen miñe wirt rich die gewundete sele, und vil arme ir vswendigen siñe, wand, je me got richtůmes in ir vindet, je sie sich von rehter edelkeit der miñe tieffer diemůtet. Swelch mensche alsust gebunden wirt mit der gruntrůrunge der kreftigen miñe, den kan ich entkeinen val zů den hǒptsůnden vinden, wan die sele ist gebunden, si můs ie miñen. Gott můsse vns alle alsust binden!

XXV. Von der klage der miñenden sele, wie ir got schonet und enziehet sine gabe, von wisheit, wie dú sele vraget got wer er sî und wie er sî. Von dem bǒngarten, von den blůmen und von dem sange der megde.[1])

O du unzalhaftiger schatz an diner richeit! O du vnbegriffenliches wunder an diner manigvaltekeit! O du endelose ere in diner herschaft diner edelkeit! Wie we mir deñe na dir sie, als du wilt schonen min,

Dc mǒhten dir alle creaturen nit volle sagen,
Ob si můsten vúr mich clagen,
Wan ich lide vnmenschliche not,
Mir tete vil sanfter ein menschlich tot.
Ich sůche dich mit gedenken,
Als ein junkfrǒwe verholn ir liep;
Des můs ich sere kranken,
Wan ich mit dir gebunden bin.
Dc bant ist sterker deñe ich si,
Des mag ich nit werden von miñen vri.
Ich růffe dich mit grosser ger
In ellendiger stiñe.
Ich heiten din mit herzen swer,
Ich mag nit růwen, ich briñe
Vnverlǒschen in diner heissen miñe.
Ich jage dich mit almaht.
Hette ich eines risen kraft,
Dú were schiere von mir verlorn,
Keme ich reht von dir vf das spor.
Eya lieber, nu lǒse mit ir nit ze lange vor
Und růwe ein wenig miñeklich,
Uf dc ich dich begriffe.

[1]) Greith S. 241.

Eia herre, als du mir hast alles enzogen dc ich von dir han, so la mir doch von gnade dieselben gabe, die du von nature einem hunde hast gegeben, dc ist, dc ich dir getrúwe si in miner not ane allerleie widertrutz: Des gere ich sicherlich serer deñe dins himelriches.

Liebú tube, nu hôre mich:
Min gôtlichú wisheit ist so sere úber dich,
Dc ich alle min gabe an dir also ordene,
Als du si an dinem armen libe maht getragen.
Din heimliches sůchen můs mich vinden,
Dines herzen iamer mag mich twingen,
Din sůsses jagen machet mich so můde,
Dc ich begere, dc ich mich kůle
In der reinen sele din,
Da ich în gebunden bin.
Din ser herze súfzende biben
Hat min gerehtekeit von dir vertriben,
Des ist vil rehte dir und mir.
Ich mag nit eine von dir sin.
Wie wite wir geteilet sin,
Wir môgen doch nit gescheiden sin.
Ich kan dich nit so kleine beriben,
 Ich tů dir vnmassen we an dinem libe.
Sôllte ich mich dir ze allen ziten geben nach diner ger,
So můste ich meiner sůssen herbergen
In dem ertrich an dir enbern;
Wan tusent lichamen môchten nit
Einer miñenden sele irre ger volle wern.
Darumbe, je hoher miñe, je heliger marterer.
 O herre, du schonest alzesere mines pfůligen kerkers,
Da ich iñe trinke der welte wasser
Und isse mit grosser jamerkeit
Den eschekůchen miner brôdekeit,
Und ich bin gewundet vf den tot
Mit diner fůrigen miñe strale.
Nu lastu mich herre ligen
Ungesalbet in grosser qwale.
 Liebe herze min kúnegiñe,
Wie lange wiltu also vngedultig sin?
Weñe ich dich allerserost wunden,
So salben ich dich allermiñeklichost in derselben stunden.
Die grôssi mines richtůmes ist alleine din,
Und über mich selber solt du gewaltig sin.
Ich bin dir miñeklichen holt;
Hast du dc gelôte, ich habe dc golt.

Alles das du hast dur mich getan, gelassen und gelitten,
Dc wil ich dir alles widerwegen
Und wil dir mich selben eweklich vergeben
Nach allem dinem willen geben.

Herre, ich wil dich zweier dinge vragen;
Der berihte mich nach dinen gnaden:
Weñe min ŏgen trurent ellendekliche
Und min mund swiget einvaltekliche
Und min zunge ist mit jamer gebunden
Und min siñe mich vragent von stunde ze stunden,
Was mir sie, so ist es mir
Herre alles nach dir,
Und min vleisch mir entvallet, min blůt vertrukent,
Min gebein kellet, min adern krempfent
Und min herze smilzet nach diner miñe,
Und min sele breñet mit eines hungerigen lŏwen stiṁe.
Wie mir deñe si, wa du deñe bist,
Vil lieber das sage mir.

Dir ist als einer nůwen brut,
Der sclafende ist engangen ir einig trut,
Zu dem si sich mit allen trůwen hat geneiget,
Und mag des nit erliden, dc er ein stunde von ir scheidet.
Alse si den erwachet, so mag si sin nit me haben,
Deñe alse vil als si in iren siñen mag getragen,
Davon hebet sich alle ir clagen.
Diewile dc der jungeling siner brut ist nit heim gegeben,
So můs si dikke ein von im wesen.
Ich kum zů dir nach miner lust, weñe ich wil;
Siest du gezogen und still
Und verbirg dinen kumber wa du maht,
So meret an dir der miñe kraft.
Nu sage ich dir wa ich deñe si.
Ich bin an mir selben an allen stetten und in allen dingen,
Als ich je was sunder begiñen
Und ich warten din in dem bŏmgarten der miñe
Und briche dir die blůme der sůssen einunge
Und machen dir da ein bette
Von dem lustlichen grase der heligen bekantheit
Und die liebte suñe miner ewigen gotheit
Beschinet dich mit dem verborgenen wunder miner lustlicheit,
Des du ein wenig heimlich hast erzŏget.
Und da neigen ich dir den hohsten bŏn miner heligen drivaltikeit,
So brichest du dene die grůnen, wissen, roten ŏpfel miner sanftigen menscheit,
Und so beschirmet dich der schatte mines heligen geistes
Vor aller irdenscher trurekeit,
So kanst du nit gedenken an din herzeleit.

So du den bŏn vmuahest, so lere ich dich der megde sang,
Die wise, die worte, den sŭssen klang,
Den die eine an inen selben nút mŏgen verstan,
Die mit der vnkúscheit sint durgangen,
Si sŏllent doch sŭssen wandel han.
Liebú nu sing an und la hŏren wie du es kanst.

O we, min vil lieber, ich bin heiser in der kelen miner kúscheit,
Mere das zukker diner sŭssen miltekeit
Hat min kelen erschellet das ich nu singen mag,
Alsust, herre: Din blůt und min ist ein vnbewollen,
Din miñe und minú ist ein vngeteilet,
Din kleit und min ist ein unbevleket,
Din munt und miner ist ein vnkúst etc.

Dis sint dú wort des sanges der miñe stiñe,
Und der sŭsse herzeklang mŭsse bliben,
Wan dc mag kein irdenschú hant geschriben.

XXVI. *Von diseme bůche und von deme schriber dis bůches.*

Ich wart von disem buche gewarnet,
Und wart von menschen also gesaget;
Wolte man es nit bewaren,
Da mŏhte ein brant úbervaren.
Do tet ich als ich von kinde han gepflegen;
Weñe ich betrŭbet je wart, so mŭste ich beten.
Do neigete ich mich ze minem liebe und sprach:
Eya herre, nu bin ich betrŭbet,
Dur din ere sol ich nu ungetrŏstet von dir beliben.
So hastu mich verleitet,
Wan du hies mich es selber schriben.
Do offenbarte sich got zehant
Miner trurigen sele, und hielt dis bůch in siner vordern hant,
Und sprach: lieb minú, betrŭbe dich nit ze verre,
Die warheit mag nieman verbreñen.
Der es mir vs miner hant sol nemen,
Der sol sterker deñe ich wesen.
Dc bůch ist drivaltig
Und bezeichent alleine mich.
Dis bermint, dc hie vmbegat
Bezeichent mîn reine wisse gerehte menscheit,
Die dur dich den tot leit.
Dú wort bezeichent mine wunderliche gotheit,
Dú vliessent von stunde ze stunde
In dine sele us minem gŏtlichen munde.
Dú stiñe der worte bezeichent minen lebendigen geist
Und vollebringent mit ir selben die rehten warheit.
Nu sich in allú disú wort,

Wie loblich si mine heimlicheit melden
Und zwifel nit an dir selben.
Eya herre, were ich ein gelerct geistlich man,
Und hettistu dis wenig grosse wunder an im getan,
So môhtistu sin ewige ere enphâhn.
Wie sol man dir nu das getruwen,
Das du in den vnfletigen pfûl
Hast ein guldin hus gebuwen,
Und wonest da werlich iñe mit diner mûter
Und mit aller creature
Und mit allem dinem himelschen gesinde.
Herre da kan ich die irdische wisheit nit gevinden.
Tobter, es verlûret manig wise man sin túres golt
Von verwarlôsi in einem grossen herwege,
Da er mitte ze hoher schûle môhte varen;
De mûs jeman vinden.
Ich habe von nature das getan manigen tag.
Wan ich je sunderliche gnade gap,
Da sûchte ich je zû die nidersten,
Minsten, heimlichosten stat,
Die hosten berge môgent nit enpfan
Die offenbarunge miner gnaden,
Wan die vlût mines heligen geistes
Vlússet von nature ze tal.
Man vindet manigen wisen meister an der schrift,
Der an im selben vor minen ŏgen ein tore ist.
Und ich sage dir noch me,
Das ist mir vor inen ein gros ere
Und sterket die heligen cristanheit an in vil sere,
De der vngelerte munt
Die gelerte zungen von minem heligen geiste leret.
Eya min herre, ich súfze und gere
Und bitte fúr dinen schribere,
Der das bûcb na mir habe geschriben,
De du im ŏch welest die gnade geben ze lone,
Die nie menschen wart gelúhen,
Wan herre, diner gabe ist tusend stunt me
Deñe diner creaturen die si môgent nemen:
Do sprach vnser herre:
Si hant es mit guldinen bûchstaben geschriben,
Also sônt allú disú wort des bûches
An irem obersten cleide stan
Eweklich offenbar an minem riche
Mit himelschem, lúhtenden golde
Ober aller ir gezierde wesen geschriben.
Wan dú vrie miñe mûs je das hôhste an dem menschen wesen.

Die wile dc mir vnser herre disú worte saget,
Do sach ich die herliche warheit
In der ewigen wirdekeit:
Eya herre, ich bitte dich, dc du dis bůch wellest bewaren
Vor den ŏgen der valschen vare,
Wan si ist von der helle vnder vns komen.
Sie wart nie us dem himelriche genomen,
Si ist gezúget in lucifers herze
Und ist geborn in geistlichem homůte
Und ist gedruten in dem has
Und ist gewahsen in dem gewaltigen zorne als gros,
Dc si des dunket, dc kein tugent si ir genos.
So můssent gottes kinder vndergan
Und můssent sich mit der smacheit verdruken lan,
Wellent si die hŏhsten ere mit Jesu enpfan.
Ein helige vare
Můssen wir uf uns selber
Ze allen stunden tragen,
Das wir uns vor gebresten verwaren.
Ein miñeklich vare
Sŏn wir ze vnsern ebencristanen haben,
So si missetůnt, dc alleine getrúwelich sagen,
So mŏgen wir manig unnútze rede bewaren. Amen.

Dis ist das dritte bůch.

1. Von dem hiṁelriche und von den nün kören und wer den brüchen sölle erfüllen. Von dem trone der apostelen und Sante Marien und da Cristus iṅe sint. Von dem lône der predieren, martereren und megden und von den vngetöften kinden.

Dů sele sprach alsust zů ir gerunge:
Eya var hin und sich wa min lieber si,
Sag im, ich wolte miñen.
Do vůr die gerunge drahte hin,

.wan si ist von nature snel und kam zů der hohen und rief: Grosser herre, tů uf und la mich in. Do sprach der wirt: Was wiltu dc du so sere breñest?

Herre, ich künde dir,
Min Frŏwe mag nit lange alsust leben,
Wöltistu vliessen so möhte si sweben,
Wan der visch mag uf dem sand nit lange leben
Und frisch wesen.
Var wider ich la dich nu nit in,
Du inbringest mir die hungerige sele,
Der mich lustet ob allen dingen.
Do der botte nu widerkam
Und die sele irs herren willen vernam,
Eia, wie mineklich si es do erkam!
Si hůp sich uf in einem sachten zuge
Und in einem lustlichen fluge.

Do kamen ir zwene engel gemútzet vil schiere, die sante ir got gegen von herzeklicher liebi und sprach ir zů: Vrŏwe sele, was wellent ir sust verre? Ir sint je noch gekleidet mit der vinsteren erden.[1]) Do sprach si: Je herre, swigent des all stille und gruessent mich ein wenig bas, ich wil varen miñen. Je naher ir dem ertrich sinket, je mer ir verbergent ŷwer sůsses himelbliken, und je hôher ich stige, je klarer ich schine. Do namen si die sele zwúschen sich, und vorten si vrŏlich hin.

Do die sele gesach der engel lant,
Da si ane vare ist bekañt,
Do wc ir der himel vfgetan,
Do stůnt si und smaltz ir herze und sach
Iren lieben an und sprach:
O herre, wen ich dich sieh,
So műsse ich dich loben in wunderlicher wisheit.
War bin ich?
Komen bin ich nu in dir verlorn.
Joch mag ich nit gedenken in das ertrich,
Noch an kein min herzeleit.
Ich hatte willen, weñe ich dich gesehe,
De ich dir von dem ertrich vil wôlti clagen;
Nu hat mich, herre, din ansehen erschlagen,
Wan du hast mich úber mine edelkeit
Alzemale erhaben.

Do knúwete si nider und dankete im siner gnaden, und nam ir cronen von irem hŏbet und saste si vf den roseuarwen naren siner fůssen und gerte des, dc si im nahe komen můsste. Do nam er si unter sine gŏtlichen arme, und leite sin vetterliche hant uf ire brúste und sach si an ir antlút. Merke, ob si do ŷt gekússet wart. In dem kusse wart si do vfgeruket in die hŏhsti hôhi ŷber aller engel kôre.

Dú minste warheit,
Die ich da han geschen, gehôret und bekant,
Der gelichet nit dú hôhste wisheit,
Die in disem ertrich je wart genañt.

Ich han da iñe vngehôrtú ding gesehen, als mine bihter sagent, wa ich der schrift vngeleret bin. Nu vôrhte ich got ob

[1]) Am Rand: Gregorius exponit.

ich swige, und vörhte aber vnbekante lüte ob ich swige. Villiebe lüte, wo mag ich des, dc mir dis geschiht und dike geschehen ist? In der demütigen einvaltekeit und in der ellendigen armüte, und in der verdrukten schmacheit hat mir got sinú wunder erzöget: Do sach ich die schöpnisse und die ordenunge gotzhuses, dc er selber mit sinem munde hat gebuwen. Da in het er dc liebeste gesasst, dc er mit sinen henden hat gemaht. Dú schöpnisse des huses heisset der himel; die köre da iñe heissent dc riche, darumbe sprichet man zesamen himelrich.

Dc himelrich hat ende an siner satzunge, aber an sinem wesende wirt niemer ende funden. Der himel gat vmb dú köre, und zwischen dem himel und den liplichen kören sint geordenet die weltlichen súnder jemer danahe gelich hohe den kören, dc si sich besseren und bekerent. Die köre sint so kleinlich und helig und notlich, dc ân küscheit und miñe verzihunge aller dingen nieman darin kumet, wan si waren alle helig die da vs vielen, und danach müssent si wesen helig die wider in koment. Alle westbaren und kint von sehs jaren füllen den bruch nit höher deñe in den sehsten kor. Danach untz in seraphin sönt die megde den bruch erfüllen, die sich besodelten mit kintlichem willen, und doch der tat nie geschach, und die reinten sich danach in der bihte. Si mögen sich doch des nit erholn, si haben die luterkeit verlorn. Die luter geistliche megde sint, die söllent nach dem jungosten tage den bruch erfüllen oben seraphin, da lucifer und sin nehsten von verstossen sint.

Lucifer begieng ze male drie höbetsúnde, has, hofart und gitekeit, die sclugen den kor also geswinde in dc ewig abgrunde, so man mohte sprechen alleluja. Do erschrak alles das riche und erbibeten alle des himelriches süle. Do vielen der andern etliche. Dc ellende ist noch ital und lidig, da ist nieman iñe und ist als luter in sich selber, und spilet von wuñe got ze eren. Ob dem ellende ist der gottes thron gewelbet mit der gotteskraft in blüiender, lühtender, füriger clarheit und gat hernider untz an den himel gegen von kerubin, dc der gotzthron und der himel ein erlich hus sint; und da ist dc ellende und die nún köre beuangen iñe.

Ob dem gottes thron ist nit me deñe got, got, got, vnmesselicher grosser got. Oben in dem throne siht man den spiegel der gotheit, dc bilde der menscheit, dc liht des heligen geistes und bekeñet wie die drie ein got sint, und wie si sich fügent in ein. Niht mere mag ich hievon sprechen.

Lucifers bruch müss erfüllen Johañes Baptista und sin ere besitzẽ in dem süssen ellende ob seraphin, und alle luter geistliche megde mit im, di sint noch behalten gegen dem ellende. An dem throne vnser vröwe Sante Marien da sol enhein bruch erfüllen, wan si hat mit irem kinde geheilet aller menschen wunden, die in selber der gnade gonden, dc si es behalten wolten und konden. Ir sun ist got und si göttinne, es mag ir nieman glich gewiñen. Die apostelen wonent allernaheste got in dem throne und hant dc ellende von seraphin ze lone nachdem dc si reine sint. Johanes Baptista ist öch in dem throne ein fürste. Die engele wonent nit hoher deñe in seraphin. Da obe müssent si alle menschen sin. Die heligen martirere und gottes brediere und geistlichen miñere koment in die köre, alleine si nit megde sin. Ja si komen erlich in kerubin.

Da han ich vngegert der predier lon gesehen
Als es noch sol geschehen,
Ir stüle sint wunderlich,
Ir lon ist sunderlich.

Die vordersten stüle sint zwoei brinendü liehter, die bezeichenent die miñe und dc helige bilde und die getrüwe meinunge (binẽ). Dic lene der stülc ist also sanfte vri und in wuneklicher rüwe also süsse, me deñe man sprechen müsse wider den starken gehorsam, dem si hie sint undertan.

Ir füsse sint gezieret mit manigerleie
Türen gesteine, also schone,
Dc ich mich werlich fröwete,
Wurde mir so erlich ein crone.
Dc haben si wider ir arbeit,
Die hie an ir füssen ist, geleit.

O ir predier, wie regent ir ṽwer zungen nu so ungerne und neigent ṽweri oren so nöte vor des sünders munt!

Ich han vor gotte gesehen, dc in dem himelriche sol geschehen das ein atem sol schinen vs von ẃwerme munde, der sol vfgan vs den kǒren vor dem throne und sol loben den himelschen vatter vmb die wisheit, die er an ẃwer zungen hat geleit, und grůssen den sun vmbe sin ersam gesellesehaft, wan er selber ein predier was, und danken dem heligen geiste vmb sine gnade, wan er ein meister ist aller gaben. So sǒllent die gottes predier und die heligen martirer und die miñenden megde sich vfheben, wan inen die grǒste ere ist gegeben an sunderlichem gewete, und an liplichem gesange und an wunderlichen schappeln, die si tragent got ze eren.

Der megde gewete ist wisse lilienvar,
Der predier gewete ist fúrig suñenclar,
Der martyrer gewete ist lúhtende rosenrot,
Wan si mit Jesu litten den blůtigen tot.
Der megde schappel ist manigerlei var
Der martyrer crone ist gros offenbar.

Der predier schappel ist alles von blůmen, dc sint die gotz wort, damit si in die grossen ere sint hie komen. Sust gant diser drier seligen usspilen fúr die heligen drivaltekeit in einen sůssen reien.

So flússet inen engegen vs von gotte
Drierleie spilende vlůt,
Die erfúllet iren můt,
Dc si singent die warheit
Mit vrǒden ane arebeit,
Als si got an si hat geleit.

Alsust singen die predier: O vserwelter herre, wir han gevolget diner milten gůtin in willeklichem armůte, und haben diná wizelosen schaf ingetriben, die dine gemieteten hirten liessen gan usser dem rehten wege.

Alsust singen die martyrer: Herre din vnschuldiges blůt hat erfúllet vnsern tot, dc wir sint diner marter genos.

Die seligen die nu in dem himel swebent und da so wuneklichen lebent, die sint alle beuangen mit einem liehte, und sint durchflossen mit einer miñe und sint vereinet mit einem willen, jedoch so haben si der wirdekeit noch nit, die an den erlichen stůlen lit. Si růwent in der gottes kraft und vliessent in die wuñe und haltent sich in dem gotzzuge als der luft in der suñen, mere nach dem jüngesten tage.

So got sin abentessen wil haben, so sol man stůlen den brúten gegen irme brútegŏme, und so sol liep zů liebe komen, der lip zů der sele, und besitzen deñe volle herschaft in der ewigen ere.

O du lustliches lamp und woñeklicher jungeling Jesu, des himelschen vatters kint, als du dich deñe vfhebest und alle kŏre durchverst und winkest den megden wunenklichen, so volgen si dir lobeliche in die allernotlichesten stat, dc ich nieman sagen mag. Wie si deñe mit dir spilent und dinen miñelust in sich verzerent, dc ist so himellichú sůssekeit und so notliche vereinikeit, dc ich desgliches nit weis. — Die witwen sollen ŏch volgen in herlicher lust, und in sůsser anschŏwunge lassen si sich begnůgen in die hŏhsten, so si das můssent ansehen, wie sich dc lamp zů den megden fúget. Die ehte sŏllent sich ŏch miñeklich ansehen, also verre, als es in nach ir edelkeit mag geschehen. Wan je me man sich hie sattet mit irdenschen dingen, je me vns da der himelschen woñe můs úberbliben.

Die kŏre hant alle sunderliche lúhtenisse an irem schine und der himel die sine. Dú lúhtenisse ist so seltzen erlich, dc ich nit můs noch mag geschriben. Den kŏren und dem hiñele ist von gotte manig wúrdekeit gegeben,

Do mag ich von jegelichem ein wŏrtelin sagen.
Dc ist nit me deñe also vil,
Als ein bini honges mag
Vs einem vollen stok an sinem fůsse getragen.
 In dem ersten kore ist die lustlicheit
Dc hŏhste dc si haben in allen gaben.
In dem andern kore die sanftmůtekeit,
In dem dritten kore ist die miñlicheit,
In dem vierden sůssekeit, in dem fúnften frŏlicheit,
In dem sechsten edele rúche,
In dem sibenden ist richeit,
In dem achtoden wirdekeit,
In dem núnden das miñebreñen,
In dem sůssen ellende ist dú luter helikeit.

Das hŏhste in dem throne ist dú gewaltigú ere, und die kreftigú herschaft. Dc hŏhste vberal das je wart in dem himele, ist die wunderunge. Dc höchste dc ist, das si mögent ansehen dc nu ist und jemer sol geschehen.

Eya das erliche tůme und dú sůsse ewekeit, und dc kreftig durschauen aller dingen, und die sunderlichú heimlicheit, das zwischent gotte und einer jeglichen sele ane vnderlas gat! Die lît an so notlicher zartekeit, hette ich aller menschen wisheit und aller engele stim̃e, ich kŏnde es nit für bringen.

Dú vngetŏften kint vnder fünf jaren wonen in einer sunderlichen wirdikeit, die inen got vs sinem rich hat bereit.

Si sint nit an irme schŏpnisse
Gewahsen von drissig jaren,
Wan si nit cristan mit cristo waren.
Si haben keine cronen,
Got mag inen nihtes gelonen;
Er hat in doch sine gůti gegeben,
Das si in grossem gemache leben.
Dc hŏhste dc si habent,
Dc ist die vollede der gnaden. Si singent alsust:
Wir loben den der vns geschaffen hat,
Alleine wir in nie gesahen,
Mŏhten wir pine liden, so wŏlten wir es jemer clagen;
Nu sŏllen wir uns wol gehaben.

Nu mag etliche lúte wundern des, wie ich sündig mensche das mag erliden, dc ich sogtan rede schribe. Ich sage v́ch werlich fürwar: hette es gott vor siben jaren nit mit sunderlicher gabe an minem herzen vndervangen, ich swîge noch und hette es nie getan. Nu wart es mir von gotz gůte nie kein schade, dc kunt von dem spiegel miner offenen bosheit, die so rehte gegen miner sele offen stat und von edelkeit der gnaden, die da lit an der rehten gotz gabe.

Doch je hŏher die sele ist gestîgen, je me dem lichamen mit worten und mit gelasse minre lobes sol geben; man sol ŏch sinen kumber vor dinen ŏgen nit klagen, wan er ist von nature ein zage. Man sol in halten als einen alten pfrůndener, der nit me ze hove mag gedienen, so git man ime die almůsen alleine dur die gotz liebi. Dis ist warlich nütze, wan: je edeler hunt, je vester halsbant.

Nu lieber herre, dise rede wil ich diner milten gůti bevelhen und bitte, vil lieber min, mit sufzendem herze und mit weinenden ŏgen und mit ellender sele, dc si niemer kein pharisei műsse gelesen und bitte dich vil lieber herre me, dc dise rede dinú kint műssen also vernemen, als du si, herre, in der rehten warheit hast vsgegeben.

II. Wie die sele lobet got an siben dingen und got si von der salbe beite.

O sűsser Jesu, allerschőneste forme unverborgen in nőten und in liebe miner ellenden sele, ich lobe dich mit derselben, in miñe, in nőten und in liebe mit der gemeinschaft aller creaturen. Des luste mich deñe ob allen dingen. Herre, du bist die suñe aller ŏgen, du bist die lust aller oren, du bist die stiñe aller worten, du bist die kraft aller vromekeit, du bist die lere aller wisheit, du bist dc liep in allem lebende, du bist die ordenunge alles wesendes.

Da lobte got die miñende sele loblich, des luste in sűsseklich alsust: Du bist ein liht vor minen ŏgen, du bist ein lire vor minen oren, du bist ein stiñe miner worten, du bist ein meinunge miner vromekeit, du bist ein ere miner wisheit, du bist ein liep in minem lebende, du bist ein lop in minem wesende.

Herre, du bist ze allen ziten miñesiech na mir,
Dc hast du wol bewiset an dir.
Du hast mich geschriben an din bůch der gotheit,
Du hast mich gemalet an diner miner mőnscheit,
Du hast mich gegraben añ diner siten
An henden und an fűssen,
Eya erlŏbe mir, vil lieber,
Das ich dich salben műsse.
„Ja wa wőltestu die salben neñen herzeliebe?"
Herre, ich wolte miner sele herze in zwői rissen
Und wőlte dich darin legen,
So mőhtest du mir niemer so liebe salben gegeben,
Als dc ich ane vnderlas
In diner sele műste sweben.
Herre, wőltest du mich mit dir ze huse nemen,
So wőlte ich jemer din artedine wesen.
„Ja, ich wil; jedoch min trúwe heisset dich beiten,
Min miñe heisset dich arbeiten,
Min gedult heisset dich swigen,

Min kumber heisset dich armůt liden,
Min Smahheit heisset dich vertragen,
Min gerunge heisset dich not clagen,
Min sig heisset dich an allen tugenden volle varn,
Min ende heisset dich vieles [1]) tragen;
Des hast du ere, swene ich dinen grossen last entlade."

III. Ein clage das die sele maget ist, und von der miñe gotz.

Seele: „O herre, wel ein armů sele dc ist und ellende, die hie in ertriche von diner miñe maget ist! O wer hilfet mir clagen wie we ir ist, wan si weis es selbe nit des si enbirt, was dc ist."

Miñe: Frŏwe brut, ir sprechent in der miñe bůch úwerem liten zů, dc er von ṽch vliche. Berihtet mich notliche, frowe, wie ist ṽch deñe geschehen? wan ich wil lieber sterben, mŏhte es mir geschehen, in der luteren miñe, deñe ich got in der vinsteren wisheit heisse von mir gan. Weñe ich mit minem lieben můs notlichen spielen, so darf mich die wisheit kein vnderscheit leren. Sweñe ich aber arbeite an anderen dingen mit minen fúnf siñen, so nim ich vil gerne, dc si mir die helige messe bringe. Hŏr mich liep gespile [2]). Ich was vrŏliche wan trunken in der miñe, darumbe sprach ich zartlich von siñen. Sweñe ich aber werde ṽbertrunken, so mag ich mines liebes nit gedenken, wan dů miñe gebůtet mir, dc si wil de můs sin, und des sich got getrost, des genende ich mich; wande, nimet er mir den lip, so ist die sele sin.

Wilt du mit mir in die winzelle gan,
So můstu grosse kosten han.
Hastu tusend marche wert,
Dc hastu (in) einer stunde verzert.

Wilt du den win ungemenget trinken, so verzerest du jemer me als du hast, so mag dir der wirt nit volle schenken. So wirstu arm und nakent und von allen den versmehet, die lieber

---

[1]) Handschrift: viele.

[2]) Am Rande sind auffallender Weise von späterer Hand zwei Verse aus Ovidius angeführt.

sich frŏwent in dem pfůle, denne si iren schaz in der hohen winzelle vertůn.

Du můst ŏch das liden,
Das dich dieiene niden,
Die mit dir in die winzelle gant.
O wie sere si dich ettesweñe versmahent,
Wan si so grosse koste nit getŏrrent bestan.
Si wellent das wasser ze dem wine gemenget han.
Liebe vrŏ brut, in der tauerne wil ich gerne
Verzeren alles das ich han
Und lasse mich dur die kolen der miñe ziehen
Und mit den brenden der smacheit sclahen,
Uf de ich vil dike in die seligen winzelle můsse gan.

Hie wil ich gerne zů kiesen, wan ich mag an der miñe nit verlieren. Darumbe der mich piniget und versmehet, der schenket mir des wirtes win, den er selbe getrunken hat.

Von dem wine werde ich also trunken,
De ich allen creaturen werlich wirde als vndertan,
De mich des dúnket na miner menschlichen vnedelkeit
Und na miner angenoñenen bosheit,
De niemer mensche hat so vbel wider mich getan,
De er debeine súnde mŏge an mir vnseligen began.

Harvmbe mag ich min leit an minem viende nit wirken. Jedoch so weis ich das wol, si mŏgent gotz gebot ŏch an mir zerbrechen.

Liebú gespile, weñe de geschieht, de man die winzelle vfschlússet, so můstu in der strasse gan hungerig, arm, nakent, und also versmehet, de du aller spise cristanliches lebens an dir nit me hast wan den gelŏben. Mahtu deñe miñen, so verdirbestu niemer.

Vrŏ brut, ich habe nah dem himelischen vatter einen hunger.
Da iñe vergisse ich alles kumbers,
Und ich han nach sinem sun einen durst,
Der benimet mir allen irdenschen lust;
Und ich han von ir beder geiste ein solich not
Die gat bouen des vatters wisheit,
Die ich begriffen mag
Und über des sunes arbeit
Deñe ich erliden mag,
Und vber des heligen geistes trost
Deñe mir geschehen mag.

Swer mit dirre not wirt bevangen,
Der můs jemer me vngelôst
In gottes selekeit hangen.

IIII. Wie vnser vrowe S. Maria sünden mohte und wie nit, das leret der helig geist.

O Maria, erlichù keyseriñe, gotz mûter und vrŏwe min, Ich wart gevraget von dir, ob du sünden möhtest andern menschen glich, do du were vf disem sündigen ertrich. Nu hat mich berihtet der helig geist, der, vrŏwe, alle din heimlicheit vol weis, also dc du mohtest sünden, wan du wêre ein volgemachet mensche von gotte, in aller vrŏwelicher nature und an aller megtlicher schŏpfenisse, und du wêre nit lā an diner nature. Das machet dù alle lange kùscheit vor gotte edel und türe.

Aber vrŏwe, edel gŏttiñe ob allen luteren menschen, du mohtest ŏch nùt sünden. Dc hattest du von dir nùt, wan der hiṁelsch vatter beschirmde dine kintheit mit der vordahtekeit siner alten erwêlunge, und der helig geist bant din jugent mit der erfüllede siner nùwen liebi, und Jesus gieng dur dinen lip als der tŏwe dur di blûme, also dc dinù kùscheit nie wart berûret. Und die kraft der heligen drivaltekeit hatte din nature also bedruket, dc si sich vor irem schŏpfer nie getorste noch mohte menschlich geregen, und dù ewig wisheit der almehtigen gotheit hatte dir, frŏwe, einen schatten gegeben, da du iñe behieltest din menschlich leben, also dc du pine mohtist liden ane sünde, und dc ŏch dine blûmende mensch eit in der suñen der creftigen gotheit nit verswinde. In dem schatten trûge du Jesum menschlich und zuge in mûterlich. Aber, frŏwe, in des vatters botschaft und in des heligen geistes enpfengnisse und in des sunes wort was, frowe, das fùr der gotheit und das lieht des heligen geistes und die wisheit des sunes also gros an dir, dc du des schatten do wenig mohtest bevinden. Weis got, frowe, da na mûstest du dich mit armûte mit missekomen und mit manger herzen swere ellendekliche kûlen. Jedoch belibe du im herzen an gûten werken grösseclich in fürig von dem fúre dc da breñet sunder begiñe und sunder helfe in sich selben. Dc hat, frŏwe, dine wênde durschinen und hąt alle vinsternisse us dinem huse getriben.

V. *Wie die sele klaget dc sî keine messe noch die zit hôret und wie got si lobet an zehen dingen.*

Sust klaget sich ein ellende sele, do si got hatte verworfen von siner notlichen liebi und miñte si mit grosser pine. O we, wie úbel ein rich man mag liden, dc er nach erlicher richheit in gros armût wirt gewiset und sprach: Eya herre, nu bin ich vil arm an minem siechen lichamen und bin vil ellendig an miner armen sele, also herre, an geistlicher ordenunge, dc nieman din zit vor mir liset, noch nieman dines heligen anbahtes von der messe vor mir pfliget.

Do sprach der miñekliche munt
Der mine sele hat durwunt,
Mit sinen grossen worten,
Die ich nie wirdige horte alsust:
Du bist min gerunge, ein miñe wolnnge,
Du bist miner brust ein sússe kúlunge,
Du bist ein kreftig kus mines mundes,
Du bist ein vrŏlich vrôde mines vundes,
Ich bin in dir und du bist in mir,
Wir mŏgen nit naher sin,
Wan wir zwŏi sint in ein gevlossen
Und sin in ein forme gegossen,
Also son wir bliben eweklich vnverdrossen.

Eya liebú, wie sprichest du mir so nahe; joch getar ich niemer an dise wort vrŏlich gedenken, wand mir der tote hunt, min lichamen ane vnderlas mit jamer zû stinket und ander mine viande so steteklich zû bremen und ich, herre, an minen siñen nit weis wie es sŏlle ergan (an) minem ende. Mer an diner anschŏwunge alleine, so weis ich nit von leide, so hast du, herre, mich mir benoñen und hast dich in mich verstolen. Dc du mir deñe hast gelobet dc mûsse geschehen und mûsse dir noch ze lobe komen. Alsust antwurt vnser herre:

Min tieffú reichunge, min breitú wandelunge,
Min hohú gerunge, min langú beitunge.
Ich mûs dich aber leren:

Die edeln juncfrŏwen kostet ir zuht vil sere,
Si mússent sich twingen an allen iren liden

und mússent vil dike vor ir zuhtmeisterine bibenen, also ist minen brúten in ertriche an irem lichamen gegeben. Ich wart in ertrich dur dini liebi mit nŏten bevangen und mine viende trůgen minen tot vor minen ŏgen griṁeklich in iren handen, und ich leit in schame[1]) vil manig armůt. Darúber getrúwete ich minem vatter vnzellige gůti. Hienach rihte din gemůte.

VI. Wiltu rehte volgen gotte, so soltu hân siben ding.

Swer got volgen wil an getrúwelichen arbeiten, der sol nit stille stan; er sol dike reissen, er sol denken was er was in der súnde und wie er nu si in den tugenden, was er noch werden mag in dem valle. Er sol klagen und loben und bitten naht und tag. Sweñe dú getrúwe brút erwachet, so gedenket si an ir liep; mag si sin deñe nit haben, so gat es an ein weinen. Eya wie dike das gotz brúten geschicht geistlich.

VII. Von siben offenbaren vienden vnser selekeit, die machen siben schaden.

Dú vnnútzekeit ist an uns ein vil schedeliche sitte, und dú bŏse gewonheit schadet vns ŏch an allen stetten, und irdensche girheit verdilgget an uns de helige gotz wort, und der bŏse krieg von můtwillen wirket an vns vil manigen schedlichen mort, und vientschaft des herzen vertribet von uns den heligen geist, und zornig gemúte benimet vns gotz heimlicheit, und die valsche helikeit mag nieṁer bestan, und die luter gotzmiñe mag an nieman vergan. Wellen wir disen vienden nit etwichen, si benement vns me deñe de himelrich; wan de ist ein vorhimelrich, de wir hier leben heleklich. Wellen wir aber disen vienden irer listen und irer gewalt an vns gŏñen, so berŏbent si vns der siben gaben des heligen geistes und si verlŏschent uns de ware lieht der waren gotzliebe. Si verbindent vns ŏch die ŏgen der heligen bekantnisse und leitent vns verblendet in die siben hŏbtsúnde. War gat deñe der weg hin, deñe in de ewige abgrunde?

---

[1]) Handschrift: schaṁe.

VIII. Von siben dingen die alle priester sollent haben.

Der himelsche vatter hat mir siben ding gesagt, die ein jeglich gotz priester an im haben sol, und sprach: Si sollent vnschuldig an in selben wesen, und dc gezúge sol vollekomen wesen. Ist da kein zwivel an, so sol man es lassen und nit tůn. Si sȏllent alle vorhte von in legen und sȏnt der judeschen e vergessen und sȏnt min lamp lebendig essen, und sȏnt sin blůt súfzende trinken, so mȏgen si siner grossen sere reht gedenken. Ist er aber schuldig an im selben, so essent minú kint dc himelbrot und judas vert zů der helle. Und ist das gezúge dc da hȏrt zů der messe nit vollekomen, so stat der gotz tisch ital und den kinden wirt ire spise benomen. Koment si aber ob dem alter in die not ires libes, so ist besser das si ir blůt giessen deñe das mine.

IX. Von dem angenge aller dinge, die got hat geschaffen.

Eya vatter aller gůte, ich vnwirdig M. danke dir aller trúwe da du mich mitte hast gezogen usser mir selber in din wunder, also herre, dc ich in diner ganzen drivaltekeit han gehȏrt und gesehen den hohen rat der vor vnser zit ist geschehen, do du herre were beslossen in dir selben alleine, und din unzellichú wuñe nieman was gemeine.

Do lúhteten die drie personen also schone in ein,
Dc ir jeglicher dur den andern schein, und ware doch gantz in ein.

Der vatter was gezieret an im selber in meñlichem gemůte der almehtikeit, und der sun war glich dem vatter an vnzellicher wisheit, und der helig geist in beden glich an voller miltekeit. Do spilte der helig geist dem vatter ein spil mit grosser miltekeit und schlůg vf die heligen drivaltikeit und sprach im zů: Herre, lieber vatter, ich wil dir vsser dir selber einen milden rat geben, und wellen nit langer alsust vnberhaftig wesen. Wir wollen han ein geschaffen rich und solt die engel nach mir bilden, dc si ein geist sin mit mir, und das ander sol der M. (Mensch) sin.

Wand lieber vatter, dc heisset vrȏde alleine,
Dc man si in grosser meine
Und in unzellicher wuñe vor dinen ȏgen gemeine.

Do sprach der vatter: du bist ein geist mit mir, dc du ratest und wilt, dc behaget mir. Do der engel geschaffen was, ir wissent wol wie es geschach, were der engel val vermitten, der mensch musste doch geschaffen werden. Der helig geist teilte mit den engeln sine miltckeit, dc si vns dienent und sich vröwent aller vnser selekeit. Do sprach der ewig sun mit grosser zuht: Lieber vatter, min nature sol öch frucht bringen. Nu wir wunders wellen beginen, so bilden wir den M. na mir, alleine ich grosses jamer vorsihc; ich müs doch den M. eweklich minen. Do sprach der vatter: Sun, mich rüret öch ein kreftig lust in miner götlichen brust und ich dönen al von mine. Wir wollen fruhtbar werden, vf das man vns wider mine und das man vnsere grossen ere ein wenig erkene. Ich wil mir selben machen ein brût, dú sol mich mit irem munde grüssen und mit irem ansehen verwunden, dene erste gat es an ein minen.

Do sprach der helig geist zû dem vatter: ja, lieber vatter, die brut wil ich dir ze bette bringen. Do sprach der sun: vatter, ich sol noch sterben von minen, du weist es wol; jedoch wellen wir diser dingen in grosser heligkeit vrölichen beginen. Do neigete sich dú helige driualtckeit nach der schöpfunge aller dingen und mahte vns lip und sele in unzellicher mine. Adam und Eva waren gebildet und adelich genaturet na dem ewigen sune, der ane begine von sinem vatter ist geborn. Do teilte der sun mit Adame sin himlische wisheit und sinen irdischen gewalt,

Also dc er hette in vollekomner mine
Ware bekentnisse und helige sine
Und dc er gebieten mohte aller irdenschen creature,
Dc ist vns nu vil túre.

Do gab got ade von herzeklicher liebi ein gezogne, edel kleinliche jungfröwen, dc was eua, und teilte ir mitte sine minckliche eliche gezogenheit, die er selber sinem vatter ze eren treit. Ire lichamen sollen reine wesen, wan got schûf inen nie schemeliche lide, und si waren gekleidet mit engelscher wete. Ire kint sollen si gewinen in heliger mine, als die sune spilende in dc wasser schinet und doch dc wasser vnzerbrochen blibet. Mere da si assen die verbotenen spise, do wurden si schemlich verschaffen an dem libe, als es uns noch anschinet. Hette vns die heligc drivaltekeit alsust engelsclich geschaffen, so enmôhten wir vns von siner edelen nature siner geschafnisse niemer geschamen.

Der himelsche vatter teilte mit der sele sin gôtlich miñe und sprach: Ich bin got aller gôtten, du bist aller creaturen gôttiñe und ich gibe dir mine hant trúwe dc ich dich niemer verkiese. Wilt du dich nit verlieren, so sônt dir mine engel ane ende dienen. Ich wil dir mînen heligen geist ze einem kamerer geben, dc du dich vnwissende in keine hôptsúnde maht gelegen, und ich gibe dir.... vrien willekore. Liep vor allen liebe, nu sich dich eben wislich vor.

Du solt halten ein klein gebot,
Uf dc du gedenkest, dc ich si din got.
Die sele, die vil reine spise,
Die inen got hat gelobt in dem paradyse,
Die solte in grosser helikeit mit iren lichamen bliben.
Mere, do si die vngenemen spise,
Dú nit fúgte irem reinen libe,
Hette gessen,
Do wurden si der vergift so vol gemessen,
Dc si verluren der engele reinikeit
Und vergassen ir megtliche kúschekeit.

Do schrei dú sele in grosser vinsternisse manig jar nach irem lieb mit ellender stiñe und rief:

O herre liep, war ist komen din vbersússú miñe?
Wie sere hast du verkebset din elich kúnigiñe!
(Dis ist der propheten sin.)
O grosser herre, wie maht du erliden dise lange not,
Dc du nit tôtest unsern tot!
So wilt du doch werden geborn.
Mer herre allú dinú getat
Ist doch vollekomen also ist ôch din zorn.
Do hûp sich aber ein hoher rat
In der heligen drivaltekeit.
Do sprach der ewige vatter: Mich rúwet min arbeit,
Wan ich hatte miner heligen drivaltekeit
Ein also lobelich brut gegeben
Dc die hôhste engel ir dienstman solten wesen.
Ja were ôch lucifer an sinen eren bliben,
Si sôlte sin gôttiñen sin gewesen,

Wan ir war dc brûtbette alleine gegeben.
Do wolte si mir nit langer glich wesen.
Nu ist si verschaffen und grülich gestalt,
Wer solte den vnflat in sich nemen?

Eya, do knüwete der ewig sun vor vor sinem vatter und sprach: Lieber vatter, dc wil ich wesen; wiltu mir dinen segen geben. Ich wil gerne die blûtigen menscheit an mich nemen und ich wil des M. wunden salben mit dem blûte miner vnschulde, und wil alles menschen sere verbinden mit einem tûche der ellenden smacheit untz an min ende, und ich wil dir, trut vatter, des M. schulde mit menschlichem tode vergelten. Do sprach der helig geist zû dem vatter: O almehtiger got, wir wellen ein schône procession haben und wellen mit grossen eren wandeln unvermischet von diser hôhi hin nider. Ich bin doch Marien kamerer vor gewesen. — Do neigte sich der vatter in grosser miñe zû ir beider willen, und sprach zû dem heligen geiste: Du solt min lieht vor minen lieben sun tragen in allú dú herzen, dú er mit minen worten sol bewegen, und sun, du solt din crüze vfnemen. Ich wil mit dir wandeln alle dine wege und ich wil dir eine reine juncfrôwe zû einer mûter geben, dc du die unedel menschheit dest erlicher maht getragen. Do gieng die schône processio mit grossen frôden harnider in das templum Salamonis, do wolte der almehtige got nún manode ze herberge wesen.

X. Von dem passio der miñenden sele die sî von gotte hat, wie si vfstât und in den himel vart. Fere XXX partes habet.

In warer liebi wirt die miñende sele verraten, in der süfzunge na gotte. Si wirt verkôffet im heligen jamer nach siner liebi, si wird gesûchet mit der schar der manigvaltigen trehnen na irem lieben herren, den hette si also gerne. Si wirt gevangen in der ersten künde, so got si küsset mit sûsser einunge. Si wirt angegriffen mit manigen heligen gedanken, wie si ir fleisch getôde dc si nit wenke. Si wirt gebunden mit des heligen geistes gewalt, und ir wuñe wirt vil manigvalt. Si wirt gehalsschlaget mit grosser vnmaht dc si des ewigen lihtes sunder underlas gebruchen nit mag. Si wirt vor gerihte gezogen in bibender schemende, das got ir von ir sünden vleken ist so dike vrômede. Si antwurtet ŏch zů allen dingen helekliche und mag das nit erliden, de si sich mit jeman arglichen begrife. Si wirt georschlaget vor gerihte, weñe si die tůfel geistlich anvehtent. Si wirt ze herode gesant, weñe si sich selber untůre und vnwirdig bekeñet, und versmehet sich selber mit den grossen herren al irer danken. Pylato wirt si wider gegeben, weñe si můs irdenscher dingen phlegen, si wirt geschreiget, geslagen mit grosser sere, weñe si sich můs ze irem lichame keren. Si wirt enkleidet mit dē phellere der schônen miñe. Si wirt mit manigvaltiger trůwe sůssecklich gekrônet, weñe si des geret, de ir got alles ires kumbers niemer me gelone, jo vf de hôhste ze sinem lobe. Si wirt verspottet mit heliger italkeit, weñe si so verre in got verdolet, das si verlůret irdensche wisheit. So knůwet man für si in grosser smacheit, weñe si sich in der kleinen demůtekeit vnder aller creature fůsse leit. Ir ŏgen werden verbunden mit irs lichamen vnedelkeit, wan si so sere in ir viusternisse gevangen leit. Si treit ir crůtze in einem sůssen wege, weñe si sich got werlich in allen pinen gibet.

Ir hŏbt wirt geslagen mit einem rore,
Weñe man ir grosse helikeit glichet einem tore.

Si wirt an dem crůze so vaste genegelt mit dem hañer der starken miñe lŏffe, de si alle creaturen nit mögent wider gerůffen. Si důrstet ŏch vil sere an dem crůze der miñe, wan si trunke vil gerne den luteren win von allen gotzkinden.

So koment si al mit alle
Und schenkent ir die galle.
Ir licham wirt getôdet
In der lebendigen miñe,
Weñe ir geist wirt gehôhet
Ueber alle menschlich siñe.
Nach disem tode wirt (vart) si zů der helle
Mit irer maht und trôstet die betrůbeten selen
Mit irme gebette von gotz gůti
Sunder irs lichamen wissenhaft.
Si wirt gestochen von einem blinden
Der vnschuldiger miñe durch ire siten
Mit eime sůssen spere;
Da vliessent vs irem herzen manig helig lere.

Si hanget ŏch hoch in dem sŭssen luft des heligen geistes, gegen der ewigen suñen der lebendigen gottheit an dem crûze der hohen miñe, das vollen dûrre wirt von allen irdenschen dingen. So wirt si deñe in einem heligen ende von irem crûtze genomen. So spricht si: Vatter enphalhe minen geist. Nu ist es alles vollekomen. Si wirt geleit in ein besclossen grab der tieffen demûtekeit, so si sich stetekliche die vnwirdigoste weis under allen creaturen. Si stât ŏch vf vrŏlich an eim ostertage weñe si mit ireme lieben hat gehabet in dem notlichen brûtbette ein sŭsse miñeclagen. So trŏstet si ir juncherre des morgens frû mit Marien, weñe si enphât von gotte dû ware sicherheit, de got alle ir sünde in der miñe rûwe hat vertilget. Si kunt zû iren jungern wider in besclossener tûr, weñe ire fünf siñe die heligen gotzlere so dikke vorsaget. So gât sî vs von Jerusalem des heligen cristantûmes mit manger tugenlicher schar. So betrûbet sich der lichame, der mit allem sinem wesende nach aller siner unedelkeit gerne allen sinen willen neme. So spricht si: Ich bin ŭwer meister, ir sŏnt mir volgen und in allen dingen gehŏren. Vŏre ich nit zû minem vatter, ir belibet alse toren. Vi vert ŏch vf in den himel, weñe ir got in heliger wandelunge alle irdensche ding benimet. Si wirt enphangen in einer wissen wolken der heligen beschirmunge, weñe si miñecliche vêrt und vrŏlich widerkunt ane allerleie kumber. So koment die engel wider und trŏstent die man von galylea, weñe wir gedenken an gots vserwelte frûnde und an ir helig bilde. Dise marter lidet ein jeglich sele, die in heliger temperunge alles irs tûndes ist werlich durchvlossen mit warer gotzliebi.

XI. Zwischent got und der miñenden sele sint alle ding schŏne.

Weñe die miñende sele sihet in den ewigen spiegel, so spricht si: herre, zwischent dir und mir sint alle ding schŏne, und zwischent dem tûvel und siner brût, der verdampneten sele, sint alle ding egenslich und also grûwelich, weñe si gedenket an den minneklichen Jesum, so erbibeñet si und wirt irnûwet alle ir hellepin.

XII. Du solt loben danken und geren und bitten. Von dem lúhtere und dem liehte.

Eia lieber herre, wie arm ich doch was, do ich aller diser worte nit mohte gedenken, noch gebetten, noch miñen. Do kriegete ich doch zů dir mit minen ellenden siñen und sprach alsust: Eya lieber herre, wamit sol ich dich nu eren? Da sprichestu den vnwerdosten zů, den du je geschůffe alsust: Du solt mich loben miner getrúwen beschirmunge. Du solt mir danken miner milten gaben. Du solt geren mines heligen wunders. Du solt bitten vmb ein gůt ende.

Do vragete dú sele mit edelen worten: Vil lieber, was wunders sol ich geren? Dis můs ich fúrbas alweinende scriben. Got helfe mir allerermesten menschen, das ich mit Jesu blibe. — Do sprach min lieber alsust: Ich wil das licht vf den lúhter setzen, und allú dú ǒgen, dú dc lieht angesehent, den sol ein sunderlich strale schinen in dc ǒge ir bekantnisse von dem liehte. Do vragete dú sele mit grosser vndertenekeit ane vorhte: vil lieber, wie sol der lúhter sin. Do sprach vnser herre: Ich bin das lieht und din brust ist der lúhter.

XIII. Von sehszehenhande miñe.

Dú milte miñe von heliger barmherzekeit
Vertribet ital ere und die bǒsen krankheit.
Dú ware miñe von gotlicher wisheit
Bringet genůgunge und vertribet die unlobliche girheit.
Diemůtigú miñe von heliger einvaltekeit
Gesiget alleine vber die hoffart
Und bringet die sele mit gewalt
In helige ware bekantheit.
Die stete [1]) miñe von gůten sitten
Mag keiner valscheit gephlegen.
Dú grosse miñe von kůner getat
Weis ir in allen dingen gůten rat.
Die beuintlich miñe von gottes heimlicheit
Verblendet dis ertrich sunder arbeit.
Dú gebunden miñe von heliger gewonheit
Dú růwet niemer und lebt doch in ir selber sunder arbeit.

---

[1]) Handschrift: steste.

Dú ingende miñe von grosser ṽberflůt,
Dú liget alle stille und ir sint alle ding bitter sunder alleine got.
Dú růffende miñe von edeler vngedult
Die swiget niemer und si hat seleklich vergessen aller schult.
Die dûtesche miñe von gotz lere.
Dú bôget sich noch zů einem kinde vil gerne.
Dú schóne miñe von hoher gewalt,
Dú iungert dú sele und der lip wirt alt.
Dú miñckliche miñe von offener gabe
Vertilget des suren hertzen clage.
Dú verborgen miñe treit túren schatz
Von gůtem willen in heliger tat.
Dú clare miñe von spilender flůt
Tůt der sele sůsse not;
Si tôdet si ŏch sunder tot.
Dú windesche miñe von ṽbermaht,
Das ist die nieman geduldén mag.

XIIII. Von zwein valschen tugenden, swer da iñe wonet der lebet der lugenen.

Ich han einen meister, de ist der helig geist, der lert mich vil saufte was ich wil, und das ander behaltet er mir. Nu spricht er alsust:

Die wisheit sunder vestenunge des heligen geistes,
Die wirt ze jungost ein berg des hohen můtes.
Der vride sunder bant des heligen geistes,
Der wirt vil schiere ein itel tobekeit.
Diemůt sunder vúr der miñe
Wirt ze jungost ein offenbarú valscheit.
Dú rehtekeit sunder tieffi gotz diemůtekeit
Die wirt vf der stat ein grúwelich has.
Armůt mit steteklicher girheit
Das ist in im selber ein súntlich ṽberflůssekeit.
Dú grúwelich vorhte mit warer schult
Bringet egestlich vngedult.
    Schône gelas mit wolves siñen
Des werdent die wisen schier in iñe.
Heilige gerunge von ganzer warheit,
Das geschichet nieman sunder arbeit.
Gůtlich leben sunder bagen
De wirt zů unůtzen dinge vil tragen. [1])

---

[1]) Handschrift: trâge.

Dû vermessen tugent ane gotzgabe
Dû wirt mit dem hohen mûte verslagen.
Schône gelûbde sunder trûwe tat,
De ist valscheit und des tûvels rat.
Gûte trost sunder ware sicherheit
Der sele und des heligen geistes volbûrt,
Der wirt an dem jungosten ende ein vnvrôlich tot.
Grosse gedult sunder neigunge des herzen in got
Das ist ein heimlich schuld,
Wan alle, dû an allen dingen
In gotz warheit nût hangent,
Die mûssen dem ewigen gotte
Mit grosser schande entvallen.
Die miñe sunder mûter der demûtekeit
Und sunder vatter des heligen vorhten,
Die ist vor allen tugenden verweiset.

XV. Mit aht tugenden soltu gân zû gottes tische. Mit den lôsepfanden lôset ein mensche sibenzig tusend selen von dem grûwelichen vegefûre, de manigvaltig ist.

Die vil torehtigen beginen, wie sint ir also vrevele, de ir vor vnserm almehtigen rihter nit bibenent, weñe ir gotz lichamen so dikke mit einer blinden gewonheit nement! Nu, ich bin die minste vnder ŷch, ich mûs mich schemen, hitzen und biben. In einer hohgezit was ich also verblôdet das ich sin nit getorste nemen, wan ich miner besten fromekeit vor sinen ôgen scheme. Da bat ich minen vil lieben, de er mir sin ere daran wôlte wisen. Do sprach er: Werlich gast du mir vor mit demûtigem jamer und mit heligen vorhten, so mûs ich dir volgen als die hohe flût der tieffen mûlen. Gast du mir aber gegen mit blûender gerunge der vliessender miñe, so mûs ich dich gemûssen und mit miner gotlichen nature berûren als min einige kûnigiñe. Ich mûs mich selber melden, sol ich gotz gûte werlich môgen verbringen. De hinderte mich werlich nit mer deñe einen heissen ouen das hinderte, das man in al vol wisser simelen schûbe. Do gieng ich zû gotz tische in einer edeln schar. Die bewarten mich viltrûwelich und hielten mich doch vil sere ze vare. Dû warheit zûgete mich, die vorhte schalt mich, die schame geiselte mich, die rûwe vertûmete mich, die gerunge zog mich, die miñe fůrte mich, der cristangelŏbe schirmete mich, die getrůwe meinunge zů allen gůten dingen bereite mich, und allú minú gůten werk schrúwen waffen vber mich. Der gewaltige got enpfieng mich, sin reine menscheit vereincte sich mit mir, sin heiliger geist troste mich.

Do sprach ich: herre, nu bist du min, wan du bist mir hútte gegeben, und ŏch an der stat do man spricht: *Puer natus est nobis.* Nu gere ich, herre, dînes lobes und nit dines fromes, also dc hútte din here lichame den armen selen ze trost kome. Du bist werlich min, nu solt du, herre, hútte den gevangenen ein lŏsepfant sin.

Do gewan si also grosse maht, dc si în fůrte mit siner kraft, und kamen an ein so grúwelich stat die min ŏge je gesach, so eigesclich ein bat gemachet, gemischet von fůr und von beche, von pfůle, rŏch und stanke. Ein dike vinster nebel gieng darúber als ein swarzú hůt gezogen. Da lagen die selen iñe gelich als die krotten in dem horwe. Ir geschŏpfnisse war menschen gelîch, si waren doch geistc und hatten des tůvels gelichnisse an în. Si sutten und brieten mit einander. Si schrúwen und hatten unzallich jamer vmb ires fleisches willen, das si so tieffe hat gevellet. Dc fleisch hatte verblendet iren geist, darumbe sutten si allermeist. Do sprach des menschen geist: O herre, wie mange ist diser armen, du bist min ware lŏsepfant, du můst dich nu erbarmen. Do sprach vnser herre: Der ist ane menschenzal und du maht ir zal nit begriffen, diewile din fleisch irdenshen teil mit dir haben sol. Si sint alle zerbrochenú vas gewesen und hant in ertrich geistliches lebeñes vergessen. Si sint von allen lebeñe und von allen landen.

Do fragete der menscheliche geist: Eya lieber herre, wa sint die klosenere, der wirde ich hier keiner gewar? Do antwurtc vnser herre: Ihre sůnden waren heimlich, nu sint si in disem grunde alleine mit den tůuelen gebunden. Do betrůbete sich des menschen sele vil sere und leite sich vf die fůsse vnsers vil lieben herren und gerte krefteklich arbeiten miñeklich und sprach: Vil lieber, du weist wol was ich gere. Do sprach vnser herre: Du hast mich mit rehte harbraht, ich lasse si nit unbedaht.

Do stůnt vmbe si ein vil grossú schar der tůfeln, die ir pflagen in dem ungesegenten bade. Die waren ŏch über mîn zal, die si riben und twůgen und vrassen und gnůgen (nagen) und si mit fúrinen geiseln schlůgen. Do sprach inen des menschen geist also zů: hörent ir sündenfresse ~~(freise?)~~, sehent an das lôsepfant, ist es iht túre das úch daran begnüge. Do erschraken si al bibende in grúwelicher schemede un sprachen: Ja, nu vôrent si von hinan. Wie vnselig wir sin! wir můssen ých der warheit jehen. Do gap unser herre einen sůssen wunsch der armen selen us sinem gôtlichen herzen. Do hůben si sich vs mit grossen frôiden und liebe. Do sprach die frômbde sele: Eya vil lieber herre, wa sônt si nu hinkeren? Do sprach er: Ich wil si bringen uf einen blůmenberg, da vindent si me wuñe deñe ich gesprechen kúne. Do dienete în vnser herre und was ir kamrer und ir villieber geselle. Do seite mir vnser herre, das ir da sibenzig tusent werin. Do vragete aber die sele, wie lange ir pine weri. Do sprach vnser herre: Inre drissig jaren kamen si nie zů iren lichamen und zehen jar solten si noch ze pine wesen, were ein so edel pfant für si nit gegeben. Die tůfel fluhen, si getorsten es nit nemen. Vil lieber, sprach aber die sele, wie lange sôllent si hie wesen? Do antwurt unser herre und sprach: als lange als uns gůt dunket.

XVI. Nach der gabe volget geissele und nach der smacheit ere.

Dise sele ermanet vnsern herren siner alten worten alsust: Herre, du hast gesprochen, es si enkein gabe vf disem ertrich, da lige ein geisel uffe. Das hast du mir vorgeseit mit dins selbes munde und hast mir es nachgeleistet zů maniger stunde. Du seitest mir ŏch vor über sehs jar, mich solten geistliche lúte noch vil sere versmahen; das tůnt si nu vlissecklich und hant es dikke arglich getan. Ist dis, herre, das wunder, des ich geren sol. Do antwurte mir vnser herre und sprach: Min vatter gab mir die gewalt siner warheit und gab mir dú wissenschaft siner helikeit, und danach gab er mir vil manige smaheit. Aber danach gab er mir grosse ere und unzellich wirdekeit. Alsust wil ich dir geben min helig drivaltikeit.

XVII. Von eis geistlichen menschen vegefür, von siner fúnfhande helfe vs der pine und von edelkeit predier-orden.

In pinen han ich ŏch gesehen einen geistlichen man;
Zů dem hatte ich bi sinem leben gůten wan.
Ich bat drie manode fúr sine sele
Mit herzelicher sere,
Dc im das nie mohte geschehen,
Dc ich sine not mŏhte besehen.
Untz an dem abent in dem jungsten tage.

Als er sinen geist vfgap, do wart er mir vil schiere gewiset in minem gebete, dc ich fúr die armen selen tet. Ich sahe (in) alleine und sine pine mohte er mir nit erzŏgen. Er was bleicher varwe in einem wissen nebele. Do vragete ich: O we, warumbe bistu nit ze him̄ele? Do antwurt er al mit verborgen worten in rúwelicher schame, und er las ein bůch al weinende und alle die wort schrieten, das ruchte úber în, und dazů allú dú bůch, dú er je hatte gelesen. Do sprach er: Mir war zů der welt alze liebe an gedenken, worten und gelâsse. Zwene drakken lagen zů sinen fůssen, die sugen im aller den trost vs, den er enphahen solte von der heligen cristanheit wider den sincranken [1]) gehorsam, das er sunder not nach sinem willen und nit nach siner prelaten lere wolte gan. Ich vragete in: Wa sint dine viende, die dich solten pinegen? do antwurte er: Von der edelkeit mines ordens mohte mich nie kein tůfel berůren. Ich hatte grossen strit in minem lichamen, und ich hatte eines dinges willen, were dc vollegangen, das were vil unnútze gewesen, darumbe lies mich got nit langer leben. Ich brin̄e in mir selber, min eigen willen můs mich qwelen. Do vragete ich: Eia sag mir, wamitte mag man dir helfen? Do sprach er: Der mir ein jar alle tage hundert venien und zwŏlf disciplinen und vil trehnen mit rúwigem herzen us reinen ŏgen gebe, das solte min bůsse sin und wesen. Messen sol man doch lesen. Eya, sage megden und priestern, dc si wellen fúr mich bitten. Dc ende miner pine wil ich dir nút sagen, wan ich wil mine brůdere damit nút

[1]) Handschrift: sicranken.

betrůben. Nu var von mir. Do enpfieng er des tůfels gelichnisse an sich unde brante und wart stumē gegen mir.

XVIII. Von des ritters strite mit vollen waffenen wider die begerunge.

Ich bat fůr einen menschen, als ich was gebetten, dc im got des lichamen berůrunge wôlte benemen, dc doch ane sůnde geschiht, des der bôse wille dazů nit bringet. Do sprach vnser herre: swig. Behagete dir, dc du ein ritter were mit vollen waffenen und von edeler kunst unde mit warer mankraft und mit geringen henden, dc der lidig were und versumete sines herren ere und verlůre den richen solt und den edeln lobes schal, den beide, der herre und der ritter in den landen behaben sol. Mere, wa aber wêre ein ungetrierter man, der von vngetete nie ze strite kam, wolte der in fůrsten turneien komen, dem were schiere sin lip benomen. Darumbe můs ich der lůte schonen, die so lihte ze valle koment. Die lan ich striten mit den kinden, vf dc si ein blůmenschappel ze lone gewiñen.

XIX. Von zweierleie armen lůten, (die) miñenklich unde pinliche arme sint.

Ich habe zwôigerleige lůte arm gesehen, die einen sint miñenklich arm und hant jemer angst, dc inen ze vil werde diser armen erden. Die andern sint ane iren dank vil pinlich arm und lôffent jemer vmbe und hant grossen angest, dc în nit môge werden diser armen erden. Hie zů antwurt vnser herre und spricht: Die pinlich armen stant in miner gerehtekeit, wan, hetten si vil irdenscher dingen, si wôlten mich doch nit wider miñeklich miñen noch heileklich bekeñen, darumbe můs ich si mit dem hertosten gewinnen. Den miñeklich armen gib ich me deñe si getôrren begeren, wan ich mag den stôb an în nit erliden, dc si sich mit irdenschen dingen ze verre besweren, und ich gere, dc ir herze jemer offen stande gegen mir, und dc ich ane hinderunge und ane vnderlas môge lůhten und schinen dur das mine.

XX. Von fúnf propheten die dis bůch erlúhtent.

Unser herre hat mir gelobet, er welle das bůch erlúhten mit fúnf liehten: Moyses grosse heimlicheit und sin helig arbeit und sunderliche smacheit, die er ane schulde treit und sine erlich zeichen und sin sůsse lere, und das vserwelte miñereden, das er dikke gegen dem ewigen gotte vf dem hohen berge tet. Das sol alles ein liht wesen und got hat und wil mir dc geben, das ich dur aller miner vienden bŏsen list in siner beschirme ane schuldige scheme sol gan und miñeklich sweben. Als Moyses mit sinen frúnden tet dur dc rote mer. Und pharao und sin frúnde,

Die sŏnt vns nit volgen alze verre.
O we, wie sint si ertrunken in disem mere!
Eya erbarme dich, lieber herre,
Dc unser viende sich bekeren!

Kúnig David ist in disem bůche das ander liht mit dem salter, da iñe er vns leret und klaget, bittet, manet und got lobet.

Salomones wort lúhtend und sine werk nit, wan er selber vervinstert ist, in dem bůche canticis, da dú brut so trunken kuene vunden ist und der brútegŏme so rehte nŏtlich ir zů sprichet: du bist alles schŏne, min frúndine und kein flekke ist an dir.

Jeremias lúhtet ŏch sin teil, do er sprichet von unser frŏwen heimlichkeit.

Wañ also het mir got geseit,
Dc hette die luter kúscheit,
Die hŏhi der miñe und dc er die marter leit
In cristanen gelŏben,
Den er nie gesach mit sinen fleischlichen ŏgen.

Daniel lúhtet ŏch in wunderlicher wisheit, das im got von gnaden vnder allen sinen vienden gab die spise an sele und an libe. Also ze glicher wis ist mir unwirdigen in minen nŏten geschehen.

Des hant mine viende ein kleine gesehen
Und mŏgent das nit erliden
Darumbe gehen si mir manige pine.

XXI. Von der helle, wie si drû teil hat. Wie lucifer und sehszehenhande lûte sint gepinet. În wirt kein helfe. Von lucifers cleide.

Ich habe gesehen ein stat,
Ir name ist der ewige hass.
Si ist gebuwen in dem nidersten abgrunde
Von manigerlei steine der hŏptsúnden.
Die hoffart war der erste stein,
Als es an lucifer ist wol schein.

Vngehorsami, bôse gitekeit, v̂beressen, unkúschekeit, das waren vier stein vil swere, die sante allerersten vnser vatter Adam dar.

Zorn, valscheit und manslaht,
Die drie steine hat caym darbraht.
Lugi, verrateñisse, verzwivelen,
Die sich selben machen liblos, [1])

Mit disen vier steinen mordete sich ŏch der arme Judas. Dú súnde von sodoma und valsch helikeit,

Dc sint die notlich winkelstein,
Die an dem werke sint geleit.
Dú stat ist gebuwet manig jar,
We allen den, die ir helfe senden dar!
Je me si da hinfúr sendent,
Koment si selber nach, si werdent
Dest mit merer schaden enpfangen.

Die stat ist alse verkert, dc je die hohsten sint geordent in die niderste, und unedelste stat. Lucifer sitzet in dem nidersten abgrunde mit siner schult gebunden, und im flússet ane vnderlas von sinem fúrigen herzen vs und usser sinem munde alle die súnde, pine, súche und schande, do die helle, dc fegfúr und dis ertrich so jemerlich mitte ist bevangen.

In dem nidersten teil der helle ist dc fúr und die vinsternisse und stank und eisunge und allerleige pine allergrost, und da sint cristanlúte na iren werken ingeordent. In dem mittelen teile der ist allerleie pine meslichor. Da sint die juden nach

---

[1]) Handschrift: liebkos.

iren werken ingeordent. In dem oberosten teil der helle ist allerleie pine allermiñest, und da sint die heiden nach iren werken ingeordent.

Die heiden clagen alsust:

O we, hetten wir gehabet ein ê
So were vns nit eweklich sust grôslichen wê!
Die juden clagen ŏch alsus:
O we, hetten wir gotte gevolget an Moyses lere,
So weren wir nit verdampnet alsus sere!
Die cristan klagent noch mere,
Das si die grossen ere
Von mûtwillen hant verlorn,
Do si Christus mit grosser liebi hette zû erkorn.
Lucifer sehen si ane vnderlas mit grossem jamer an,
Und mûssent offenbar mit all irer schulde nakent fûr in gan.
O we, wie schentlich werden si von im emphahn!
Er grûsset si grûwelich und spricht bitterlich:
„Ir verflûchten mit mir,
Was frôden suchtent ir hier?[1])
Joch gehortent ir nie gût von mir gesagen;
Wie mochtent ir ÿch deñe sowol behagen?“

So begriffet er den homûtigen allererst und druket in vnder sinen zagel und spricht alsust: Ich bin nit so versunken, ich welle es noch ÿber dich han. Alle die sodomiten varent im dur sinen hals und wonent im in sinem buche. Weñe er sinen atten zûhet so varent si in sinen buch, weñe er aber hûstet, so varent si wider vs. Die valschen heligen setzet er in siñe schos und kûsset si vil grûwelich und spricht: Ir sint min genos. Ich was ŏch mit der schônen valscheit bezogen, danâ sint ir alle betrogen. Den wocherer naget er ane vnderlas, und verwisset im, dc er nie barmherzig wart. Den rôber berŏbet er selber und bevilhet in deñe sinen gesellen, das si in jagen und schlahen und keine erbermede ûber in haben. Der diep hanget mit sinen fuessen vf und ist in der helle ein lûhtevas; die vnseligen sehent doch nit deste bas. Die hie zesamen sint vnkûsche gewesen, die mûssen vor lutzifer in solicher ahte gebunden ligen; kunt er aber alleine dar, so ist der tûfel sin gumpan.

---

[1]) Handschrift: hie.

Die vngelôbigen meister sitzent vor lutzifers fûssen, vf das si iren vnreinen got reht ansehen mûssen. Er disputieret ŏch mit in, dc si geschant werden mûssen. Den gitigen frisset er, wan er iemer wolte haben mer. Als er in dan verslukket hat, so tût er in dur sin zagel varn. Die morder mûssent blûtig vor im stan, und mûssent fúrig swert sclege von dem túfel empfân. Die hie des grimen hasses enpflegent, die mûssent da sin trisemvas wesen, und hangent iemer vor siner nasen. Die hie den vberatz und den vbertrank so flisseklich begant, die mûssent mit ewigem hunger vor Lutzifer stan und essent glûiendige steine. Ir trank ist swebel und bech. Da wirt alles sûr wider sûssen geben, wir sehen wes wir hie pflegen. Der trege ist da mit allen pinen beladen. Der zornig wirt da mit fúrinen geisseln gesclagen. Der vil arme spilman, der mit hohem mûte súntliche italkeit machen kan, der weinet in der helle me trehnen, deñe alles wassers si in dem mer.

Ich sah vnder Lucifer der helle grunt, das ist ein hart swarz vlins stein, der sol tragen das werk iemer mere. Alleine die helle hat weder grunt noch ende, si het doch an der ordenunge bede tiefi und ende.

Wie dû helle briñet und in sich selber greñet, und wie die túfele sich mit den selen vnderschlân, und wie si siedent und bratent, und wie si swiñent und wattent in dem stanke und mûre, und in den wúrmen und in dem pfûle und wi si badent in swebel und bech — das mŏgent si selber, noch alle creature, nie mer volle sprechen. Do ich von gotz gnade ane arbeit dise not hett gesehen, do wart mir armen von stanke und von vnirdenischer hitze so vil wê, dc ich nit mohte sitzen noch gan, vnde was aller miner fúnfe siñe vngewaltig drier tage, als ein mensche den der tunre het gesclagen. Min sele leit do doch keine not, wan si hatte der sûhte dar nit braht, die da heisset der ewige tot. Doch were das múglich dc ein reinû sele dabi in were, dc were în ein ewic lieht und ein grosser trost. Wan dû vnschuldige sele mûs von nature iemer lûhten und schinen, wan si ist geborn usser dem ewigen liehte sunder pine. Niñet si aber des túfels glichnisse an sich, so verlúret si ir schŏn lieht.

Mag in der ewigen helle von gebette
Von almůsen, den verdampneten ein einig trost komen,
Dc han ich nit vernomen,
Wan si sint stetcklich in so grim̄eklichem můte,
Dc inen grůwelt vor allem gůte.
Na dem jungesten tage sol lucifer
Ein nůwe kleid anziehen,
Dc ist gewahsen in sich selben
Vsser dem miste aller vnfletigen sůnden,
Die je menschen oder engel brahte in kůnde,
Wan er ist das erste vas aller sůnde.
So ist er den̄e enbunden,
Und ist doch sin grim̄i und sin vreislicheit
An allen selen und in allen tůfeln also gemischet,
Das man siner gegenwůrtekeit niena vermisset.

So sol er sich ze stunden derinten (*sic*) also gros und sin grans wirt im vil wit; da versluket er mit eime zuge sines atemes in̄e die tůfel, juden und heiden. Den̄och hant si ire volle lon in sinem buche und ir sunderliche hochgezit. We den̄e sele und lip! das menschenmunt hievon nit gesprechen mag! Das ist alles niht wider der vnzellicher not, die in da geschiht. Wan werlich ich mag des nit erliden, dc ich so lange gedenke daran als man gesprechen mag Ave Maria. O we, also grůwelich ist es da!

Die helle hat ein hŏbet oben, dc ist also vngefůge und hat an im vil manig ŏge grůwelich, da die flammen vs slahent und die armen selen al vmbevahent, die do in der vorburg wonent, do got adam und ander vnser vetter vs hat genomen. Dc ist nu das grŏssest vegfůr, dar ein sůnder mag komen. Da han ich gesehen bischofe, vŏgte und grosse herren in langer not mit unzellicher sere. Alle die dar koment, kume hat in got die ewige helle benomen, wan ich han nieman da funden, der an sinen ende je luter bihte gesprach mit sinem fleischlichen munde. Do în von des todes nature die vsseran sin̄e wrden benomen, do lag der licham stille, noch da hatten sel und lip einen willen. Do hatten si verlorn die irdenische vinsternisse, do gab în got in de schulen̄e ware bekantnisse! O wie enge ist da der weg zů dem himelriche! Do sprach die gemeinschaft libes und sele noch den vngescheiden alsust: Warer got, begnade mich, min sůnde sint mir werlichen leit. Das ist ein kurze stunde, in der hat got vil manig offenbar verloren sele heimlichen widerfunden. Ich han des nit funden, dc dis je menschen geschehe, er hette etwas gûtes mit gûtem willen getan. Die túfel fûrent die befleketen selen von dem licham zû dem vegefúr, wan die reinen engel mögent si nit berûren, diewile si in einer klarheit inen nit gelich schinent.

Ein sele mag aber in ertrich die helfe han von fründen,
Das es die túfel wol bewaren,
Das si die túfel jemer angeuaren.
Ist si sere schuldig, si mûs doch andere pine haben,
Das mag si alles bas betragen,
Wan dc si die túfele mûstin gevangen
Und ane vnderlas ze spotte haben.

Do vnsere heilige vettere zû der helle fûren, das si mit in brahten, dc was ware hoffunge in kristan gelöben mit heliger gotzliebin vnd vil manigi diemûtigú tugent und getrúwi arbeit. Alle fûren si zû der helle, si waren doch zû dem himelrich bereit; do mohte inen in der helle nit gewerren, das si mit in brahten, dc mûste si da breñen. Dc was die miñe, die sol eweklich breñen in allen gotzkinden.

Komen si zû dem himelrich niemer,
Dis hat got alsust gemessen:
Was wir mit uns hinan fûren,
Das mûssen wir da trinken und essen.
Aber die versumeten, die mit so grossen sünden
Nu vngewandelt von hinan varent,
Die mögent es niene vnverdampnet han so böse,
So vor der helle munde,
Da ze allen stunden
Lucifers atem mit aller pine ussclât,
Und si so jemerlich durgat,
Dc die armen so sere vereinet sint
In der flame und in dem manigvaltigen grime,
Als die vil seligen vereinet warent
In der suessen bekanten gotzmiñe.
Ich sach da aller fröwen nit mere
Dan die hohen fúrsten, die hie allerleie súnde
Glich mit den fúrsten miñeten.
Dú helle hat öch oben vf irem höbet einen munt,
Der stat offen ze aller stunt.
Alle die in den munt komen,
Den wirt der ewig tot niemer me benomen.

XXII. Ich han (gehört) von gotz barmherzekeit, von siner bekorunge und gerehtekeit.

Ich han so vnmessige barmherzekeit von gotte gehôrt und gesehen dc ich sprach: Herre wie mag dis geschehen?

Joch ist din rehtekeit diner barmherzekeit genos,
Wie ist din gûti alsust gros?
Do sprach vnser herre ein vilgetrúwes wort alsus:
Ich sage dir bi miner gôtlichen trúwe,
Das der me ist in der heligen cristanheit
Die von dem munde ze himelrich varent,
Deñe der sie, die zû der ewigen helle varent.
Die rehtekeit hat doch stete ir gewalt.
Swas ir mit schulden vorgevallt,
Dc wirt ir von mir niemer benomen.
Ich wil aber allererst als ein vatter zû der beswerten selè komen.
Hab ich ŷt gûtes vnverzwivelt von ir vernomen,
Das kunt von der grossen bekorunge,
Die ich nach minen kinden han.

Do sprach die sele: Eia vil lieber, woltest du mir dine bekorunge sagen, vf das din lust und min gerunge úberein komen? Do sprach vnser herre:

Nu hôre wie ich bin bekort.
Min gûti und min miltekeit, min trúwe und min barmherzekeit
Twingent mich so sere, dc ich si lasse vliessen
Ueber die berge des hochmûtes und úber die tal der diemûtekeit
Und ŷber die bûsche der verrikeit
Und úber die slehten *(graden)* wege der reinekeit.
Und noch serer twinget mich min gûti,
Deñe dem bôsen menschen tût sin vngemûte.
Und grôsser ist aber min rehtekeit
Deñe aller túfeln bosheit.
Do sprach dú sele:
Herre, din rehtekeit
Fûget dir als reht wol in der lebendigen warheit,
Dc si mir git unzelliche frôde ane herzeleit
Swar si ŏch hin schleit
So frôwet sich je dú warheit.

XXIII. Die kraft der gerunge benimet die wort. Jungfrōwen mag got nit enbern. Gotz angesiht umbevahen und sin lust úberwinden tusent tōde.

Swer do brant in der creftigen miñe für, der mag des nit erliden, dc er sich mit den sünden iergen ergliche (*sic*) kůle. Eya vil lieber, weñe sol dich des lusten des mich lustet? Alsust sprach ein ellendige sele, do antwurt ir der vil liebe und sprach, ass er nit wiste was si wōlte. Wes lustet dich? Do sprach si aber: Herr, dú kraft der gerunge hat mir benomen die stiñe der worten. Do sprach er: Die juncfrōwen kōnent nit wol vrīen, wan ir scheme ist von nature edel. Do klagte si: O we herre! Joch bist du mir alzelange vrōmde. Kōnde ich dich, herre, mit zōfere gewiñen, dc du nit mōhtest geruhen deñe an mir. Eya so gienge es an ein miñen, so můstest du mich deñe bitten, dc ich füre mit siñen. Do antwurt er und sprach alsust:

O du vnbewollen tůbe,
Nu góñe mir des, dc ich dich můsse sparen,
Dis ertrich mag din noch nit enbern.
Do sprach si: Eya herre,
Mōhte mir das ze einer stunt geschehen,
Das ich dich nach mines herzens wunsche mōhte angesehen
Und mit armen vmbevahn,
Din gōtlichen miñe lúste
Můssen dur mine sele gan,
Als es doch mensch in ertrich mag geschehen!
Was ich danach liden wōlte,
Das war nie von menschen ōgen gesehen,
Ja tusent tōde weren ze lihte,
Mir ist, herre nach dir also we;
Nu wil ich in der trúwe stan.
Maht du es herre erliden,
So las mich lange jamerig nach dir gân.
Ich weis dc wol, dich můs doch, herre,
Der erste lust nach mir bestân.

XXIV. Zweierleie lüten wirt gebotten zweierleie geist. Von got und von dem túvel. Von sibenhande miñe.

Nu wil ich vch schriben von einer waren geistlichen swester und von einer weltlichen beginen, die vndersprechent sich alsust.

Dú geistliche swester sprichet: Usser dem waren lihte des heligen geistes sunder herzeleit; aber die weltlich begiñe sprichet vs von irem fleische mit lucifers geiste, in grúwelicher arbeit. Zwôigerleie geistliche lúte sint vf disem ertrich; den wirt geborn zweigerleie geist. Got bútet sinen heligen geist den reinen geisten, die hie lebent in getrúwer heliger meinunge alles irs wesens. Do komen zwo reine nature zesamene, dc heisse für der gotheit und dc vliessende wahs der miñenden selen. Ist da deñe ein reine dahte der steter diemútekeit, so wirt da ein schôn lieht, da man verre davon gesiht. O miñende sele, so wirstu also riche, das dich nieman mag verarmen, und bist du allerarmest. Von diemútekeit wirt man rich, von wolgezognen, von gûten sitten wirt man edel und wolgeborn, von miñe wirt man schône und lobesam, von smacheit wirt man vil hohe in gotte erhaben. Hie añ gedenke, geistliche swester, und la dich nieman von dinen gûten sitten triben, so maht du helig beliben.

Der túfel bútet ŏch sinen geist den geisten,
Die mit hasse und mit hochmútiger girekeit
Zû den ergsten sint bereit.
Die wissent nit wc dú miñe alles gûtes treit;
Si werdent also arm von bôsem hasse und von túfels grimi,
Dc es vnmúglich were,
Dc si jemer bevunden oder gevolgeten gotz miñe.
Die getrúwe miñe hat zû gotte ein stete lop;
Die gerende miñe tût den reinen herzen vil manig sûsse not;
Die sûchende miñe ist ir selbes alleine;
Die bekañte miñe git sich allen creaturen gemeine;
Die lúhtende miñe ist noch gemenget mit trurekeit;
Dú swigende miñe gebruchet sunder arbeit.
O was si stille wirket, dc es der lichamen nit enweis!
Dú luter miñe ist in got alleine stille,
Wañ si habent beide einen wille
Und ist enkeine creature so edele die si môge hindern.
Dis hat dú bekantnisse us dem ewigen bûche geschriben.
Das golt wird dikke mit dem kupfer beflekket vil sere;
Also tût die valscheit und ital ere,
Die vertilget alle tugenden von des menschen sele.
Dú unedel sele, der zû zergenglichen dingen ist so liep,
Dc si von miñe nie erschrak,
Und dc got nie miñeklich in ir gesprach,
O we, leider! der ist dis leben alles nacht.

Dis ist das vierde bůch.

I. Fúnf ding sônt die lutern megde hân.

Wilt du den magetům zieren,
Den got also sere geheret hat,
Das er dur dine liebi einer megde sun wart;
(Eya gedenke we sprichet das!)
So solt du diemůteklich swigen
Und miñeclich kumber liden
Und in allen stetten
Alle din tage megdlicher schemede pflegen,
So maht du an der kúscheit genesen.
O maget, was dir deñe gôt wil geben,
Er wil dir ein schôner jungling wesen,
Und wil den hiñelreigen mit dir treten.
O ich vnselig lamer hunt!
Ich húlze ŏch mit dir.
Průve wie ich dis meine,
Der luteren megde *(zal)* ist kleine.

II. Dis bůch ist von gotte komen. Die sele lobet sich an mangen dingen. Ir sint zwen engel geben und zwen bôse túfel und zwôlf tugenden stritent wider das vleisch.

Allen minen lebtagen, e ich dises bůches began, und ob sin von gotte ein einig wort in mine sele kam, do was ich der einfaligosten menschen eines, das je in geistlichen lebende erschein. Von des túfels bosheit wiste ich nit, der welte krancheit kañte ich nit, geistlicher lúte valscheit was mir ŏch vnkundig.

Ich mûs sprechen got ze eren und ôch durch des bûches lere. Ich vnwirdige sûnderin wart gegrûsset von dem heligen geiste in minem zwôlften jare also vliessende sere, do ich was alleine, dc ich das niemer mere môhte erliden, das ich mich zû einer grossen teglichen sûnde nie mohte erbieten. Der vil liebe grûs was alle tage und mahte mir miñeklich leit. Aller welt sûssekeit und ere wahset noch alle tage. Dis geschach vber ein und drissig jar.

Ich wuste von gotte nit mer denen cristanen glôben alleine, und da stûnt ich je mit flisse nach, dc min herze werde reine. Got ist selber des min vrkûnde, das ich in nie bat mit willen noch mit geren, das er dise dinge wôlte mir geben die in disem bûche sint geschriben. Ich gedahte ôch nie, dc es menschen môhte geschehen. Diewile ich wc bi minen tagen und bi minen frômbden frûnden, den ich je die lieboste wc, do hatte ich diser dinge keine kûnde. Do hatte ich lange vor gegert, dc ich ane mine schulde wûrde versmâhet. Do fûr ich dur gotz liebi in ein stat, da nieman min frûnd was, deñe ein mensche alleine. Vor demselben hatte ich angest, dc mir die helige smacheit und die luter gottes liebi werde mitte entteilet. Do lies mich got niergen eine, und brahte mich in so miñekliche sûssekeit, in so helige bekantheit und in so vnbegriflich wunder, dc ich irdenscher dingen wenig gebruchen konde. Do wart erst min geist vs minem gebette bracht zwischent den himel und dem lufte. Do sah ich mit miner selen ôgen in himelscher woñe die schône menscheit vnsers herren Jesu Cristi, und ich bekante in an sinem heren antlûte, die heligen drivaltekeit, des vaters ewekeit, des sunes arbeit, des heligen geistes sûssekeit. Do sach ich den engel, dem ich bevolhen wart in dem tôffe und minen tûfel. Do sprach vnser herre: Ich wil dir disen engel nemen und wil dir zwene widergeben, die sôllent din in disen wundern pflegen. Do dû sele die zwene engel ansach, o wie sere si in diemûtiger amehtikeit erscrak, und leite sich vf die fûsse vnsers herren, und dankete im und klagete im vil sere, dc si also vnwirdig were, dc sogetane fûrsten solten wesen ir kamerere. Der eine engel was von seraphin, und er ist ein mine breñer, und der verweneten sele ein helig lúhter. Der ander engel wc von cherubin; der ist der gaben ein behalter und ordenet die wisheit in der minenden sele.

Do lies unser herre zwen túfel harvúr komen, die waren grosse meister und waren usser lucifers schůle genomen, und warent ŏch selten vskomen. Do dú sele die vil grúwelich túfel angesach, do erbibete si ein clein und frŏwete sich zů vnserm herren und nam si doch vil gerne. Der eine túfel ist ein trugener mit schŏnem engelschen gewete. O wc von einis er mir ze erste manige valsche liste vúrleite! Er kam ze einer stunt in der messe von der hŏhi harnider und sprach: Nu bin ich vil schŏne, wŏltest du mich anbeten? Do antwurt dú sele: Man sol got alleine anbetten in allem gůten und in aller not. Do sprach er: Wŏltest du doch vfsehen, wer ich si? Do wisete beniden der luft ein schŏne valsche clarheit, die mangen ketzer hat verleitet, und sprach: In dem trone vf dem stůle solt du alleine die hŏhste juncfrŏwe sin und ich der schŏneste jungeling bi dir. Do sprach aber si: Er were nit wise, der wol zů dem besten keme, dc er deñe dc ergeste neme. Do sprach er: Nu du mir dich nit wilt geben, du bist also helig und ich also demůtig, ich wil dich doch anbetten. Do sprach si: Dir wirt keine gnade davon gegeben, das du einen pfůl anbetest. Do wiset er gemalet die fúnf wunden an fůssen und an henden und sprach: Nu sihst du wol wer ich bin; wiltu mines rates leben, ich wil dir gros ere geben. Du soltost den lúten dise gnade sagen, so keme da vil gůtes von. Do sprach si und si verdros vil sere siner unnútzen mere; jedoch so horte si die gerne vf dc si dester wiser were: Du seist mir dc du got siest, nu sage mir, wer deñe der sie, der jetzent hie des lebenden gotz sun in des waren priesters handen si. Do wolte er enweg, und si sprach:

In dem almehtigen gotte mane ich dich,
Das du nu hŏrest mich.
Ich weis dine meinunge wol;
Solte ich allen lúten min herze sagen,
Es solte ein kurze wile wol behagen,
So wolltestu mit flisse danach stan,

Das sich das spil músse verschlan.
Das woltest du darumbe tůn,
Das ich fiele in zwivel und in trurekeit
Und in vngelŏben und in vnkúschekeit,
Und danach in ewig herzeleit.
Und darumbe tůst du es ŏch,
Das ich sŏlle wenen dc ich helig si,
Das du sust kumest zů mir.
Ja du vil alter trugener,
Diewile das mir got bistat
So verlúrest du alle dine arbeit.

Do rief er: Waffen úber deinen zŏuer, las mich nu von dir varen, ich wil dich niemer besweren.

Der ander túfel mir wart gegeben, der ist ein fridenbrecher und ein meister der heligen (*heimlichen*) vnkúscheit. Jedoch so hat im got dc verbotten, dc er selber niemer zů mir mag komen. Er sendet mir aber verkerte lúte ze botten, die mir gůte ding verkerent, und nement mir was si múgent mit worten miner ere; ŏch ramet er damite, do gůte lúte zesamene sint, und redent si iht vnútze nach vnkúscher wise, so mag ich arme da nit unbetrůbet bliben. Das geschah mir nie.

In einer naht was ich den ersten sclaf in minem gebette, do kam diser selbe túfel in dem lufte gevaren und nam des sündigen ertriches vil grosse war. Er was gros als ein rise, er hatte einen kurzen zagel und ein krumbe nasen, im was sin hŏpt gros als ein zuber und kamen us sinem munde gevaren fúrige funken in swarzer flam̄e bezogen. Do lachete er mit valscher grim̄e ein vil grúweliche stim̄e: Do vragete in die sele, wes er lachete, wc er sůchte und was er pflege. Do antwurt er und sprach: Ich frŏwe mich doch des, sider ich dich selber nit mag pinen, dc ich der also vil vinde, die engel schinent und es gerne fúr mich tůnt, dc si dich pinent. Nu spricht er aber: Ich bin geistlicher lúte kamerer und ich sůche an in zweigerleie krankheit die si allerschierost vo gotte scheident; das ist helige oder heimliche unkúscheit. Swen̄e ein mensche in einem heiligen leben gemach sines fleisches ane rehte notdúrftekeit und an allen sinen fúnf sinen sůchet, so werdent si vnkúsche, dc ist grob und las, und wirt verkaltet dú ware gotzmiñe. Das ander ist verborgen has in der offenbaren zwidrahtikeit, das ist mir also nútze súnde, swa ich die beschlafen vngewandelt vinde, da ist es min gewiñen, wan dis ist ein fundament langer bosheit und verlust aller helikeit.

Do sprach dú sele: nu hastu von nature nihte niht gûtes an dir; wie mag dis wesen, das du dise nútze rede vor diner bosheit maht fúrgelegen. Do sprach er aber: Swar ich hin wende, got hat mich so vaste in sinen henden, dc ich nút mag tûn, er wise mich darzû.

Ich vnselig mensche! ich hatte in miner ersten kintheit so grosse súnde getan, were ich ane rúwe und ane bihte beliben, ich mûste zehen jar ze vegfúr sin gewesen. Nu liber herre, sweñe ich stirbe, ich wil durch dini liebi gerne noch dariñe qweln.

Das spreche ich nit von siñe,
Es heisset mich die miñe.
Do ich zû geistlichem leben kam
Und zû der welte urlop nam,
Do sach ich minen lichamen an,
Do war er gewaffent sere
Uf mine arme sele
Mit grosser vollede der starken maht
Und mit vollkomener naturen kraft.
Do sach ich wol, das er min viend was,
Und sach das ŏch: solte ich dem ewigen tot entgan,
So mûste ich mich darnider sclân,
Do mûste es an ein striten gân.
Do sach ich ŏch miner selen wafen an;
Dc was die here marter vnsers herrn Jesu Christi,
Damitte werte ich mich.
Do mûste ich steteklich in grossen vorhten stan,
Alle mine vient grosse schirmeschlege
Uf minen lichamen schlân.
Das was súfzen, weinen, bihten, vasten, wachen,
Besiñen, schlege und betten steteklichen an.

Dis waren dú waffen miner sele, da ich den lip mit úberwant also sere, da bi zwenzig iaren nie die zit wart ich were mûde, siech und krank allererst von rúwen und von leide, danach von gûter gerunge und von geistlicher arbeit, und darzû manig swere siechtag von nature. Hiezu kam dú gewaltige miñe und beschafte mich so sere mit disen wundern, dc ich es nit getorste verswigen. Alleine, do wart mir an miner einvaltekeit vil leide. Do sprach ich: Eya, milte got, was hastu an mir gesehen? Joch weistu wol, dc ich ein tore, ein sündig und ein arm mensche bin an libe und an sele. Disú ding soltestu wisen lüten geben, so möhtest du sin gelobet wesen. Da zúrnet sich vnser herre wider mich armen vil sere vnde fragete mich eines urteiles. Nu sage mir, bistu doch min? — Ja herre, das gere ich an dich. — Mûs ich deñe mit dir nit tûn dc ich wil? — Ja allerherzeliebester vil gerne, sölte ich ioch ze nihte werden. — Do sprach vnser herre: Du solt mir an disen dingen volgen und getrúwen, und du solt ŏch lange siech wesen und ich wil din selber pflegen und alles des du bedarft an lip und an sele, das wil ich dir geben.

Do gieng ich armú bibende, in diemútiger schame zû minem bihter und seite ime dise rede, und gerte ŏch siner lere. Do sprach er, ich sölte frölich volle varn; got der mich hette gezogen, der sölte mich wol bewaren. Do hies er mich das, des ich mich dikke weinende scheme; wan mine grossú vnwirdekeit vor minen ŏgen offen stat, das was, das er eim snöden wibe hies vs gottes herzen und munt dis bûch schriben.

Alsus ist dis bûch miñenklich von gotte harkomen und ist us menschlichen siñen nit genomen.

III. Die sündere enpfallent gotte. von drien gaben der wisheit. Von dem steine. Von der jungfröwen lob, dc ist die cristanheit.

Alse man dc liebe kint stillet, so slahet man das leide; also tût vnser lieber herre vnde spricht alsust: Der nit gûtes an im hat, der kunt niemer in min riche, und der nit kan vol werden vergenglicher dingen, der sol gesattet werden mit dem ewigen hunger. Und we dem, der das gût hat, dc an sim herzen klebet und der sich vber ander lüte setzen wil, der sol mir enpfallen in dc grundelose tal. Hiezû antwurt dú helige bekantnisse, dc vns got gegeben hat drierleige gabe an der waren wisheit, daran wir vns mitte söllen satten und allen unsern schaden bewaren. Das erste ist pfeffelichú wisheit und cristanliche lere, als mir got gezôget hat in grosser ere. Ich sach mit waren ôgen miner ewekeit, in sûsser wuñe sunder arbeit, einen stein, der we gelich einem gefûgen berge und was von im selber gewahsen, und hatte an sich geformieret allerlei varwe und smakete vil sûsse von edelen himelschen wurtzen. Do vragete ich den vil sûssen stein, wer er were. Do sprach er alsust: *Ego sum Jesus.* Do kam ich miñenklich von mir selber und leinte min hôbet an in. Do sach ich, dc vswendig ime wc beslossen alle vinsternisse und inwendig was er erfûllet mit dem ewigen liehte. Uf dem steine stûnt dû allerschôneste juncfrowe, die je wart gesehen, sunder vnser lieben frôwen sante marien, jedoch ist si ir gespile. Ire fûsse sint gezieret mit einem steine, heisset jaspis. Der stein hat so grosse kraft, dc er vertribet die bôsen gitekeit von den fûsse ir gerunge. Er git ôch reinen smak und reisset *(reizet?)* den heiligen hunger. Er verwiset alle vinsternisse von den ôgen. Diser edelstein dc ist cristan gelôbe. Die juncfrowe stûnt vf zwein fûssen, der eine ist das bant, der ander die lósunge an heiliger gewalt, die haben alle cristane gelôbige priester. Si treit in irer vordern hant einen kelch mit rotem wine, den trinket si alleine in vnzellicher wuñe, die engele versûchent sin niemer. Dc ist des ewigen sunes blût, dc erfûllet iren mût so sere, dc si vns git vil manige sûsse lere. In ir lingen hant hat si ein fûrin swert, das hanget alles vol guldiner cinbalen; die klingent also sûsse, dc alle die zû ir komen mûssent, die der heligen drivaltikeit gerûchent.

Do vragete ich die juncfrowe, wie das were, dc si ir swert in der linggen hant trûge und den kelch in der rehten hant? Do sprach si: Ich sol trôwen, wan ein jegliches menschen jungsten tage, so schlahet got sin sclag. Ich sol ôch sin blût schenken mit miner vordern hant, als cristus sinem vatter ze eren ist genañt. Si hat ôch eine grosse craft in iren henden, damit zûhet si zû ir alles dc got erwelt, und wirfet ôch von ir alles das sich dem tûfel hat gegeben. Eya, si treit ein also schône antlit, ich mag si ansehen jemer deste bas. Ir flûsset olei vsser ir kelen, dc ist barmherzekeit, salbe der sûnde. Si hat ôch in irem munde guldin zên, da kûwet si mitte die himelschen kranwurtzen, dc sint der propheten sprúche. Ir trúfet honig vs ir zungen, dc die snellen binen, die heiligen aposteln, vs den sûssesten veltblûmen hant gesogen. Si treit vor irem munde die blûienden rosen, und ir naselôcher sint verstopfet mit sûssen violen. Si treit an irem vorhŏpte die grûnen wissen lylien, dc bezeichent: Si ist ein mûter der wittewen, ein vrúndin der elichen und ein ere aller megden. Ir ŏgen spilent alles von wuñe als dc wisse grûne morgenrot, wor sich tribet die spilenden suñe. Und also ir ŏgen sint von nature drivalt und doch gantz, also ist es vmb die heiligen drivaltekeit gestalt. Das wisse bezeichent den vatter, dc grûne den sun, die cleinliche suñe den heligen geist.

Sweñe si sich von herzen ansehen,
So mag kein grôsser frŏde geschehen.
Dise juncfrowe treit ŏch vf irme hŏbet eine crone,
Dú ist gewúrchet von rotem golde.
Das ist der hohe rat
Und die heilige tat,
Die man von den heiligen meistern hat.

Dise crone ist gelich einer gezinneten burg, davor lit ein gros armes her und die hant einen vil vngetrúwen herren, dc ist der túfel und sine volgere, der ist arm und vngetrúwe. In der cronen wonet ein loblich her in voller maht mit richer wer. Die hant einen getrúwen herren, dc ist Jesus vnser lôser, der wiset die bekerten je zû der gewer und die verarbeiten in dem wînkelre. In dirre cron lît ein drivaltig cron, da mûssent die starken inne wesen. Die der grossen miñe pflegent, die mûssen schûtzen und wartman wesen, sôllent die nidersten genesen. In der crone ist ŏch ein turn.

Die seligen, die da vffe wellent wonen,
Die bedôrfent nit vil gestrîte komen.
Da mag aber nieman vf komen,
Im werde von miñe
Aller sin irdenscher wille benomen.
Die crone hat oben an iren ziñen
Vil manigen edeln túren stein.
Dc sint die, die nu von hiñen
Zû dem himelriche gevaren sint.
In dirre juncfrŏwen herze inwendig
Sach ich einen lebenden bruñen entspringen.

Dazů trůg man der heidenen kint,
Die warent alle ussetzig nnd blint.
Ob disem bruñen stůnt ein vil geistlich man;
Da mohte anders nieman în griffen,
Dc wc Johañes Baptista.
Er wůsch in dem bruñen die kint,
Dc si werden sehende und schône gesunt.
Do vragete ich die juncfrŏwe, wer si were.
Si sprach, ich bin die, die du so liep hast
Und ich bin din gespile.
Ich bin die heilige cristanheit,
Und wir haben bede einen brůtgŏme.
Dis ist der seligen pfaffen juncfrowe,
Die si so dikke lieplich anschŏwen.
Die ander wisheit ist von natúrlichen siñen;
Da man beide mitte tůn, verlieren und gewiñen.
In dirre wisheit wonen vil verkecerter leien
Und valschen pfaffen und swinder geistlicher lúten.
Es wirt niemer mensche also heilig,
Dc er sich kône vor den drien volle hůten.
Also arg ist ir gemůte,
Dc si verkerent alle gůti.
Nieman wirt geistlich von dirre gabe,
Er si je dabî ein tore durch die gotzliebe,
Wan reinú heligú einvaltekeit
Ist ein můter der waren gotteswisheit.
Was hilfet, das ein fúrnem man vil pfeñige hat,
Und kŏffet doch nit deñe hunger und turst, und lange smacheit
Und darzů ewig herzeleid!
Die dritte wisheit ist von gnaden
Und dú verrihtet sich an allen gotz gaben.
Si enwirt niemer also riche,
Dc si sich den minsten creaturen getúrre gliche.
Vmbe ir vngemach betrůbet si sich niemer mere;
Si frŏwet sich alleine in gotz willen.
Si mag ŏch des nit erliden,
Dc ein einig tugent vs ir túr beschlossen belibe.

IV. *Von zwein vngelîchen wegen, der ein gât nider zû der helle, der ander stigt vf in den him̃el.*

Die richeit zergenglicher dingen ist ein vngetrúwe gast,
das heilige armůte bringet vor gotte túren last.

Die italkeit gedenket nit an iren schaden,
die stetekeit ist aller tugenden vol geladen.

Die tumpheit behaget ir alleine selbe,
die wisheit kan niemer volle leren.

Der zorn bringet in die sele grosse vinsternisse,
die heilige sanftmûtekeit hat alle gnade gewisse.

Dû hochvart wil je dû beste wesen,
diemûtikeit mag nit gerûwen,
si mûsse sich allen creaturen ze dienste geben.

Die ital ere ist vor gotte tôb und blint,
die vnschuldigû smacheit heiliget allû gotzkint.

Die valschheit hat den schônsten glas,
die vollkomenheit ist von den hôhsten lûten versmehet.

Die girheit het jemer einen grellen munt,
die selige masse hat je einen sûssen grunt.

Die tragheit versumet richen schatz,
der heilige vlis sûchet nit ze sere sin gemach.

Dû untrûwe git jemer valschen rat,
ganze trûwe versumet niemer gûte getat.

Die ware geistlicheit mag sich an nieman rechen,
Das vngebuwete herze wil je den vriden brechen.

Die gûte andaht mag nit bôses begân,
Der bôse wille ist nieman vntertan.

Die argheit hat von nature einen bôsen grunt,
die gôtliche gnade hat ein miñeklich antlût und einen sûssen munt.

Die weltlichen herren sint gerne ahtbar,
die geistlich sele wil jemer anderswar.

Die verborgene griñekeit hat einen schlichten munt,
die offenbar miñesamkeit hat den gottesfunt.

Die vngetrûwe fare wonet dem hasse vil nahe,
die helige barmherzekeit sol alleine mit gotte gestan.

Die lugni ist ussen schône und iñan grûwelich getân,
des wirt si von iren gnossen vil lieplich enpfân;

Die warheit ist verstossen dur ir vnahtbarkeit,
die mûssent alle, die si miñent, liden mit Jesu manige smacheit.

Der has grimet jemer ane vnderlas,
die miñe briñet ane sere, ir ist von allem jamer bas.

Der bôse abergunst hasset gotzmiltekeit;
das reine herze vol miñe frôwet sich aller selekeit.

Die aftersprache schemet sich vor den lûten und vor gotte nit,
der doch alle ding hôret und siht.

Der zwivel ist ein grúwelich val;
die ware hoffen behaltet es al.

Der valsche trost wirt niemer vro;
die ware schult betrûbet in so.

Hienach sprach unser lieber herre, do er mir das gezôget hette, vil schier alsust: Der da gedenket wie gût ich si, der haltet sich vaste je an mich. Dazû hilf uns herre dur din selbes ere!

V. *Vnser súnde zûkúnftig val, irdenisch wesen, dc himelrich, gottes gabe, sôllent stân offen vor vnseren ôgen.*

Herre, min schult, damite ich dich verloren han,
Die stat vor minen ôgen gelich dem grôsten berge
Und hat lange vinsternisse gemachet zwischent mir und dir
Und ewige verrunge von dir und von[1]) mir.
Eya liep vor allen liebe,
Zûch mich wider in dich.
Aber herre, der zûkúnftige val
Stât ôch vor minen ôgen, gelich
Einem fúrinen trakenmunde,
Der mich ze allen ziten gerne verslunde.
Eya min einiges gût, nu hilf mir, dc ich
Vnbefleket môge vliessen in dich.
Herre, min irdensch wesen stat vor minen ôgen,
Gelich einem dûrren akker,
Da wenig gûtes uffe ist gewahsen.
Eya sûsser Jesu Christe,
Nu sende mir den sûssen regen diner menscheit,
Und die heisse sunen diner lebendiger gotheit
Und den milten towe des heligen geistes,
Dc ich verclage min herzeleit.
Herre, din ewig rich
Stat offen vor minen ôgen gelich
Der edelstein brutlofte und der grôsosten hochgezit
Und der langesten wirtschaft.
Eya min trut,
Dar solt du ane vnderlas
Zu dir vôgen din miñelustige brut.
Herre, alle dine gabe,
Die ich enpfangen habe
Von dir, die ist vor minen ôgen

[1]) Handschrift: owe.

Glich einem ellendigen orschlage an mich,
Wan mich nideret hie din hoheste gift.
Alsus antwurt got, der es alles gibet:
Din berg sol versmilzen in der miñe.
Dine viande sollen keinen teil an dir gewiñen.
Dinen aker hat heisse suñe durschinen,
Und din fruht ist doch vnverdorben bliben,
Und in minem riche soltu ein núwú brut wesen,
Und da wil ich dir ein sûsses muntkûssen geben,
Das alle min gotheit
Dur din sele sol sweben,
Und minú drivaltigen ŏgen
Sôllent jemerme ane vnderlas
In dinem zwivalten herzen spilen.
Wa ist deñe din truren bliben?
Betest du deñe tusent jar,
Ich wôlte dir nit einen súfzen geben dar.

VI. Gotz vswelunge mag nieman stôren. Rehtú rúwe hat ablas (von) gottes gnade und ist ane vegefúr.

Ein betrûbet mensche bat mich, dc ich für in bete, das tet ich mit vorhten sunder mich. Do gehorte mich got mit siner ansehunge, mit sinen worten und mit siner warer stiñe und sprach alsus: Es ist kein lamp also wis noch so reine, es si betwungen vor der wollen, und min vserwelunge mag nieman zerstôren, dc han ich im bezôget mit drin dingen: dc erste, dc ich barmherzig was über sine schulde, dc ander, dc ich im mine gnade han gegeben, dc dritte, dc ich nie wolte gestatten, dc vngetrúwe lúte je einig gewalt môhten an im began. Do klagete ich für în alsus: Herre, er vôrhtet noch sere, dc du im sine schulde nit gentzlich habest vergeben. Sus antwurt got: Das were vnmûgliche. Dem sin sünde leit sint, dem vergibe ich si; den si aber mit jamer rúwent, dem gib ich min gnade, und den si also rúwent, dc er sin lip gebe, eb er es me tete, und blibet also stete, der wirt nach disem libe dur die schulde ze keiner pine me gezihet, er entue grosse tegeliche sünde und der vngewandelten wirt gewunden. (sic)

VII. Wie ein vriú sele sprichet zû gotte in ganzer liebin.

Herre darumbe dc ich vndertenig bin gewesen aller creaturen, so hast du mich gezogen vber allú ding zû dir, und darumbe, herre, dc ich keinen irdenschen schatz habe, so enhan ich kein irdensche herze. Wan du, herre, min schatz bist, so bist du ŏch min herze und du bist alleine min gût und ich bin wandelbar an allen dingen.

VIII. Von gotz licham, der siechen, der verlassent und der craft.

Das ein sieche gotz lichamen nit mag enpfân der verlasset, (ist), da was ich also einvaltig an, dc ich mich (mit) minen siñen und mitte minem glŏben nit volle konde entrihten, wan man got nit mag verlieren, wan alleine mit sünden. Do vragete min sele in der vereineten liebi vnsern herren wie es darumbe were. Do antwurt unser herre alsus: Du hast war, er mag mich nit verlieren deñe mit sündcn; aber sin licham mag von krankheit minen lichamen verlieren. In disen worten sah ich in der heligen drivaltekeit dise glosen: Sweñe wir gotz lichame enpfân, so vereinet sich die gotheit in vnser unschuldige sele, und mischet sich gotz menscheit mit vnserm grüwelichen lichame, und so machet der helig geist sine wonunge in vnserme gelŏben. Dis selig einunge sŏllen wir mit grosser hûte behalten.

IX. Von vierhande opfer der priesteren.

Hienach seite mir vnser herre, dc die priester ir opfer sont enphân an vier enden und anders niergen: Von dem altar, von der bûsse, mit gotz lichamen, wr (für?) den siechen. Aber sol der sieche opfern vf die ŏlunge nach sinen statten, und nach sinem mûtwillen. Und vf dem velde sol er nemen dc man im da wil geben. Der priester sol nit kiesen und sol nit vordern, wan dc der sieche geoppfert hat, dc sol er alles enpfân, von gnaden und nit von rehte.

X. Von der leien oppfer nach iren statten.

Die leien, die da oppfernt, die sŏllent sich in irem oppfer also dike bewaren vor der bŏsen kargheit, als der priester sich sol bewaren vor der geswinden girekeit, das ist uns beiden vil not, wan der leie sol oppfern mit grosser liebi und mit einer lachenden sele got in sin milten hant. Der priester sol es mit diemůtigen vorhten und bibenden herzen us gotz henden nemen, und sol es in allen sinem tůnde got lobelich widergeben, wan dis irdensche gůt ist schalkhaft, so man es nimet; es ist aber harte fri, so man es gibet.

XI. Wie cristan gegen den juden sich sôllent halten an vier dingen.

Hienach lerte mich got, wie sich die cristane sônt halten gegen den juden. Man sol ir ê nit halten. Man sol mit inen nit wonen. Man sol ŏch über naht mit inen nit wesen. Man sol mit inen kŏffen und verkoffen ane früntliche gesellescbaft und ane valsche girekeit.

XII. Wie die brût, die vereinet ist mit gotte, verwirfet aller creaturen trost, sunder alleine gotz, und wie si sinket von der pine.

Dis spricht gotz brut, die gewonet hat in der besclossenen triskameren der heligen gantzen drivaltekeit. Eya, stant bi und gant von mir alle creaturen, ir tůnt mir we und ir môgent mich nit getrôsten. Die creaturen sprechent: warumbe? Dů brut spricht: Min lieber ist mir in minem schlafe engangen, do ich in siner einunge růwete. „Mag ůch disů schonů welt und alles das si gůtes hat nit getrösten?“ Nein, ich sihe den sclangen der valscheit, der valschen list sclindet în *(ein)* alle wollust dirre welte. Ich sih ŏch den angel der girekeit in dem ase[1]) der unedelen sůssekeit, da si manigen mitte vahet. „Mag ůch de himelrich nit getrôsten?“ Nein, es were in im selber tot, weñ tete der lebendige got (sic). „Nuñe, vrŏ brut, mógent ůch die heiligen nit getrôsten?“ Nein, sollten sie von der durvliessunge der lebendigen gotheit scheiden, si solten seror weinen deñe ich, wan si über mich sint komen und tiefer in got wonen. „Mag ůch gotz sun iemer getrôsten?“

[1]) Handschrift: asse.

Ja, ich vrage in wol; weñe wir wellen gan
In die blůmen der heligen bekantnisse
Und ich bitte in vil gerne,
Dc er mir vſchliesse
Die spilende vlůt,
Die in der heligen drivaltekeit swebet,
Da die sele alleine von lebet.
Sol ich getrôstet werden nach miner edelkeit,
So sol mich gotz aten in sich ziehen sunder arbeit,
Wan die spilende suñe der lebendigen gotheit
Schinet dur dc clare wasser der vrôlichen menscheit,
Und der sůsse lust des heligen geistes
Us in beiden ist komen.
Der hat mir alles das benomen,
Dc beniden der gotheit wonet.
Mir smekket nit, wan alleine got,
Ich bin wunderliche tot.
Dis smakes wil ich allerdikost gern enberen,
Vf dc er wunderlich gelobet werde.
Wand, weñe ich vnwirdiger mensche
Mit miner maht got nit kan geloben,
So sende ich alle creaturen ze hove
Und heisse si, dc si got für mich loben
Mit aller ir wisheit, mit aller ir miñe,
Mit aller ir schône und mit aller ir gerunge,
Als si vnverbôset von gotte waren geschaffen
Und ŏch mit aller ir stiñe als si nu singent.
Sweñe ich dis grosse lob ansich
So ist mir niergen we.

Ich mag ŏch des nit erliden dc mich ein einig trost berůre, deñe alleinig min lieber. Min irdensche frůnt miñe ich in einer himelscher geselleschaft und mine viende miñe ich in einem heiligen jamer nach ir selekeit. Got hat alles dinges genůg, sunder alleine der berůrunge der sele wirt im niemer genůg.

Do dis wunder und dirre trost hette gewert aht jar, do wolte mich got alzusere trôsten vber miner sele edelkeit. Eya nein, lieber herre, hôhe mich nit so sere! Sus sprach die vnwirdige sele: es ist mir alzegůt in dem nidersten teile; da wil ich jemer vil gerne sin durch dine ere. Do viel dů arme harnider vnder die verhangenen und vnder die verworhten selen und dunkte ir alze gůt. Dar volgete ir vnser herre nach als solicher getane, als si erliden mohten, die in der nidersten frôde warent, wand got schinet in allen darnach schône, als si hie geheiliget sint in der miñe und geedelt an tugenden. Sant Johans spricht: wir sôllen got sehen als er ist. Das ist war; aber die suñe schinet nach dem wetter. Maniger hande wetter ist vnder der suñen in ertriche, also ist manigerleie wonunge in dem himelriche. Mere wie ich in mag erliden und sehen, also ist er mir.

Do sprach vnser herre: wie lange wiltu hie wesen? Die brut: Eya, entwich mir lieber herre und la mich fürbas sinken dur din ere. Hienach kam beide, sele und lip in so grosse vinsternisse, dc ich dú bekantnisse verlor und das lieht, und vm gottes heimlicheit wiste ich nit, und dú vil selige miñe für ŏch ir strasse. Do sprach dú sele: War sint ir nu vrŏ trúwe? Ich wil ůch nu der miñe ambaht bevelhen, und ir sônt gotz ere an mir bewârn. Darvnder vant sich dise kamererine ir vrŏwen mit so heliger lidunge und so vrŏlicher beitunge, dc ich lebte sunder kumber. Do kam der vngelŏbe und vmbvieng mich alumbe mit einer grosser vinsternisse und rief mich an mit so grossem griñe, dc mich sere grúsete vor siner stiñe und sprach: Were dise gnade von gotte gewesen, er hetti din so sere nit verzigen.

Do sprach dú sele: wa sint ir nu vrŏ stetekeit? heisset den waren glŏben zů mir gan. Do sprach der vatter von hiñelriche zů der sele: Gedenke was du bevunden und gesehen hast, do niht zwischent dir und mir wc. Do sprach der sun: gedenk was din licham von minen pinen gelitten hat. Dis sprach der heilig geist: Gedenk wc du geschriben hast. Do antwurt beide, sele und lip mit des waren gelŏben der stetekeit: Als ich habe gelŏbet, gemiñet und gebruchet und bekant, also wil ich unverwandelt varen von hinan.

Hienach kam die stete vrômedunge gotz und bevieng die sele so sere alumbe, dc dú selig sele sprach: Siest willekomen, vil selig vrômedunge. Wol mir de ich je geboren wart, dc du, vrowe, nu min kamerin solt sin, wan du bringest mir vngewone vrŏde und vnbegriffenlich wunder und darzů vntreglich sússekeit! Aber herre, die sússekeit solt du von mir legen, und la mich dine vrômedunge han. Eya wol mir trut got, dc ich si muos nach der miñe wandelunge tragen wan in dem gûme miner sele. Hiezu gerte ich dc alle creaturen lobten vnsern herren mit *Te deum laudamus.* Des wolten si nit tûn, und kerten mir den naken zû. Do wart dû sele vnmassen vro und sprach dis selbe: Dc ir mich nu versmahent und ẃeren naken zû mir kerent, sehent, und wol mir! dis lobet vnmesseklik vnsern herren. Nu gat es an mir an sin ere, wan nu ist got wunderlich mit mir, nu mir vrômedunge bekemer ist deñe er selber. Dis wiste dû sele wol, do si got wolte trôsten in der grôsten vrômedunge. Do sprach si: gedenk herre, wie ich si, und enthalte dich von mir. Do sprach vnser herre zû mir: gôñe mir dis, dc ich die hitze miner gotheit, dû gerunge miner mônscheit und den lust des heligen geistes mit dir kûlen mûge. Dazû antwurte si: Ja herre, also bescheidenliche, dc dir, herre alleine damitte wol si und mir nit.

Hienach kam dû brut in so grosser vinsternisse, dc der licham swiste vnde kramp in der pine. Do wart si von menschen gebeten, dc si wêre ein botte fûr si ze gotte. Do sprach ich: Vro pine, dis beuilhe ich ẃch, dc ir mich lôsent nu, wan ir nu dc hôhste an mir sint. Do hûp sich dû pine von der sele und von dem libe gelich einem vinstern schine und vûr[1]) ze gotte mit wisen siñen und rief mit grosser stiñe: Herre, du weist wol wc ich wil. Do begegente ir vnser herre vor des riches tûr und sprach, willekomen vro pine. Ir sint das nehste cleit, dc ich in ertrich trûg an minem libe und aller der welt smacheit was min hôhstes vmbecleit. Swie sere ich ẃch dôrt miñte, ir koment doch nit harin. Mere dû juncfrôwe dû zwôi ding wil tûn, der wil ich zwôi ding geben. Si sol sin steteklich gezogen und wise, so hilfet si, das du ir botte siest, und so wil ich ir geben min vmbehalsunge und min herzeeinunge. Do sprach dû pine alsust: Herre, ich mache manigen selig und bin ich doch nit selig, und ich verzer manigen heligen lichamen und bin selber bôse, und ich bringe manigen zû dem himelriche, und

[1]) Handschrift: vor.

knm doch selber niemer dar. Hiezů antwurt vnser herre alsus: Pine, du bist vs dem himelriche nit geborn, darvmbe maht du nit wider harin komen. Mere du bist vs lucifers herze geborn, da soltu wider in komen und solt mit im eweklic wonen.

Eya selige gotzvrômdunge, wie miñenklich bin ich mit dir gebunden! Du stetigest minen willen in der pine und liebest mir dů sweren langen beitunge in disem armen libe. Swamitte je ich mich me zů dir geselle, got, je got grôsser und wunderlicher uf mich vallet. O herre, ich kan dir in der tieffi der ungemischeten diemůtikeit nit entsinken,

Owe ich dir in dem homůte lihte entwenke.
Mere, je ich tieffer sinke,
Je ich sůsser trinke.

XIII. *Die schrift dis bůches ist gesehen, gehôret unde bevunden an allen lidern.*

Ich enkan noch mag nit schriben, ich sehe es mit den ŏgen miner sele und hôre es mit den oren mines ewigen geistes und bevinde es in allen liden mines lichamen die kraft des heiligen geistes.

XIV. *Von der heligen drivaltekeit, von der geburt und von dem namen Jesu Cristi und von des menschen edelkeit.*

Ich sach und siehe drie personen in der ewigen hôhi, e gottes sun enpfangen wart in Sante Marien libe. Do waren si bekant und mit vnderscheide angesehen von allen heligen engeln an ir ganzheit und an irem namen und wie die drie ein got waren. Swie clar ir ŏgen waren, si sahen doch noch weder bein noch vleisch noch varwe noch den herren namen Jesum. Dis was Ĩn wunderlichen verborgen in des ewigen vatters brust. Si namten den vatter den vngeschaffen ewigen got, den sun die vnbeguñene wisheit. Ir beider geist nanten si die rehte kunst der warheit. Die heissen engel von dem hôhsten rate, die do hangent gegen die miñe der gotheit in eime zuge des atems der ganzen drivaltekeit, die dienten und sahen an den wunek-

¹) Handschrift: owe.

lichen rat do got gotmensche wart. Gabriel fůrte den namen Jesu mit dem grůsse alleine hernider. Im war weder bein, noch vleisch, noch blůt mitte gegeben. Die ander persone dc wc je der ewige sun, alleine hette der die menscheit noch nit angezogen; er was je vnser und wart vns nie gegeben, e Gabriel dů botschaft tet. Were die selbe an der persone vor der botschaft dur vns gewesen ze lôsende, so můste er ein beginne wesen, dc geschach nie. Die selbe ander persone was ein nature worden mit Adames menscheit, ê er sich verbôsete mit den sůnden. Alleine was adames nature zerbrochen und verwandelt und sin teil jemer mer verlorn, do enkos got nie zů, darvmbe mohten wir, und môgen noch widerkomen. Got hat sin edel minnende nature gantz behalten, darumbe mohte er sich nit enthalten. Got warf lucifer zehant von im in den ewigen kercher; mere adam gieng er nach und vragete in, wa er were, und brahte in wider ze wege. Lucifer hatte nit wan ein einig nature in gotte, do er die zerbrach, do mohte er niemer widerkomen.

Der mensche hat volle nature in der heligen drivaltekeit, und den gerůchte got ze machende mit sinen gôtlichen henden. Do er die vilheiligen arbeit an vns verlor, do wart er betwungen in im selber mit einer drivaltiger lust. Darumb wolt er vns widerbringen mit sinen fůssen und mit sin selbes henden, dc wir so grosse einunge mit im hetten. Were der mensch in dem paradys bliben, got der were ze stunden sůnlich mit im gewesen und hette gegrůsset sin sele und gevrôwet den lip. Also sach ich got komen von dem himel in dc paradys, einem grossen engel gelich. Dieselbe nature twinget got noch dazů, dc er uns grůsset hie mit bekantheit, und mit heliger innekeit, als verre wir sint mit heligen tugenden und mit warer vnschuld bereit.

Swenne ich dc gedenke, dc gôtlich nature nu an ir hat bein und vleisch, lip und sele, so erhebe ich mich mit grosser vrôde verre über min wirdekeit. Aber der engel ist etlicher masse gebildet na der heligen drivaltekeit; doch ist er ein luter geist. Dů sele ist mit irem vleisch alleine hus vor dem himelriche, und sitzet bi dem ewigen wirte, im selber allerglichest. Da spilet ǒge in ǒge und da flússet geist in geiste, und da rúret hant zehande und sprichet mund ze munde, und da grůsset hertz in hertzen. Alsus eret der wirt bi siner sîten die husfrǒwen. Mere die fúrsten und die dienstherren, dc sint die heligen engel, die hat der wirt vor sinen ǒgen. Aller der dienst und alles das lop, des die engel pflegent, dc ist alles der husfrǒwen mit dem wirt gegeben. Jemer darnach als wir hie rich sint an heiligen tugenden, also sint vnser dienstmañ edele.

XV. Die rehte luter miñe hat vier ding. Gibest du dich gotte, so git sich got ǒch dir.

Dú rehte luter gotzmiñe hat vier ding an ir, die růwent niemer. Dc erste ist dú wahsende gerunge, dc ander die vliessende qwelunge, dc trit die briñende bevindunge sele und libes, dc vierde stetú einunge mit grosser hůte gebunden. Hiezů kan ǒch nieman komen, er tůge ein gantze wehselunge mit gotte, also dc du got gebest alles dc din ist, inwendig als vswendig, so git er dir werlich alles was sin ist, inwendig und uswendig.

Weñe dú selig stunde ist vergangen,
Als got der miñenden sele
Sinen v̇berheren trost hat getan,
Eya, so ist deñe dú miñeklich so wol gemůt,
Dc si alles dc dunket gůt
Dc vrǒmeden selen we tůt.
Bistu deñe grel, so ist da grossú angest,
Ane das dich der túfel gesalbet hat.

XVI. Die grosse miñe hat mê deñe zehen stuke und zwiegerhande clage.

Hienach hat die grosse miñe ir nature, si vlússet nit mit trehnen, mere si breñet in dem grossen himelfúre. Da iñe vlússet si allerverrost, und stat doch in ir selber allerstillost. Si stiget gotte allernehest und blibt an ir selber allerminst. Si begriffet allermeist und behaltet allerminst. O allerseligste miñe, wa sint die, die dich bekenent. Si sint gentzlich verbrant in der heligen drivaltekeit, si wonent nit in ſu selber. Dise seligen mǒgent niemer vallen in hǒptsúnde. Warumbe? Si sint mit gotte durvlossen und umbevangen so sere; je me si besůchet werdent,

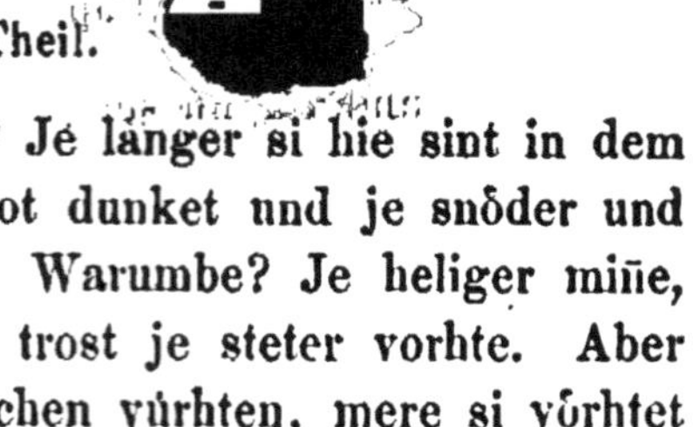

je starker si werdent. Warumbe? Je langer si hie sint in dem strite und miñent, je edeler si got dunket und je snôder und unseliger si sich selber dunkent. Warumbe? Je heliger miñe, je grôsser angst und je maniger trost je steter vorhte. Aber dû miñende sele mag nit grûwelichen vúrhten, mere si vôrhtet edellich. Zwôi ding kan ich niemer verklagen, dc eine, dc gotz so sere vergessen ist in der welte, dc ander, dc geistlich lûte so unvollekomen sint. Harvmbe mûs manig val beschehen, wan vollekomen lûte vielen nie.

XVII. Von einer vrôwe, die ze hove gerne was, von irme túfel der ir siben bosheit riet.

Ein vrowe hette sich begeben
Und wolte deñoch ze hove dienen,
Do bat ich fúr si mit aller miner maht,
Bede tag und naht,
Wan ich sach iren schaden also gros,
Dc si nach disem libe, eb si do blibe
Jemerlich múste wésen der túfel genos.
Si miñete ir herschaft alze sere,
Und hielt sich nit zû gotz ere;
Mere si ordente die vnnútze hofzuht
Und hette jemer vor den ôgen
Die edellicheit irs herren und ir vrôwen.

Hienach kam ein grosse túfel, fúrig, blûtig, swartze mit takken und mit hornen glasôgen, und gieng vor mir hinstan. Ich vorhte in nit, doch segente ich mich und entsclief. Do walterte er úber mich als ein balg vol wassers und pingete mich also sere, dc ich sûchte gnade zû vnserem herren. Do kam mir ein wis engel ze helfe, der was von dem vierden kore der engelen, und was derselben vrôwen hûter. Den vragete ich wer dirre viande were und wc er mir wisse. Eya da sprach der liepliche engel mit himelscher stime: Es ist der bôsosten túfeln einer, den die helle mag geleisten und hat das ambaht, dc er der lúte herze, die doch gût wellent sin, zesamen knúpfet mit schedelicher liebi, und pineget dich darumbe, dc du in wilt verstossen von diser vrôwen. Eya, sol er mich vf lange pinigen? — Nein, got der wil sin gûti alsus zeigen. Hienach kam der túfel aber und schos uffen mich mit fúrigen stralen, die schutzzen achter mich hellesche pine an libe und an sele. Do sprach ich: Alles dc dir got gestattet dc tů mir. Do erwachete der túfel und sprach: Nu du dich diemůteklich zů der pine gibest, nu verlúre ich alle min kraft. Do sprach dú sele: bi dem lebenden got mane ich dich, dc du mir sagest dinen namen und wc din ambaht an dirre vrŏwe si. -- Minen namen? Ja den wil ich dir nit sagen, wan es mŏhte mir alzesere schaden. Du můst bi dem jungesten tage (es wissen). Ich pflege an ir des griñen hochmůtes und der geswinden wisheit und der kreftigen girheit, und ich heisse zornige grellekeit, die geistliche herzen stŏret.

XVIII. Der geistlich Mensche ist glich eim tier an drissig dingen siner nature.

Alsus klaget sich ein betrůbtú sele und sprach ellendeclich zů irme lieben: Eya herre, ich habe lange zwŏier dinge gegert, der bin ich noch nit gewêrt. Das eine ist ein getrúwes geistlich leben. O we mir, herzeliep, dc ist alles vnderwegen bliben. Dc ander ein helig ende; darzů frŏwe ich mich also sere, dc ich minen trurigen ernst verliere. Hiezů antwurt vnser herre und zeigete mir ein snŏde vnahtbar tierlin und sprach: Sieh an, disem cleinen tier bist gelich. Do sach ich wie dc tier wart gezelet an einem eilande in dem mere von dem schlîme der sich súveret vs dem mere, zwischent der heissen suñen und dem mere. Also dc di suñe wc des tieres vater und dc mer sin můter und der schlîm sin materie.

Also wart adam von gotz craft vf der erden von kranker materie gemacht. Dis tier betútet ware geistlich lúte. Weñe der mensche enphât einen geistlichen geist, so wird er gezelet mit der heissen gotheit und wirt enpfangen in siner můter, der gotes menscheit, so ist sin materie der heilge geist, der sine súntliche nature in allen dingen vertilget. Dis tier wahset gegen der waren suñen. Also tůt der geistliche mensche, der gotz geist enpfangen hat. Dc ist ein so edel sât, si kimet und wahset vntz an des seligen menschen ende.

Dis tier isset nit mere, es hat einen grossen zagel, der ist vol honiges, den suget es alle tage. Es hat ŏch guldine grañe, die klingent also schone als es suget, das im die sůsse stiñe und der vrŏliche klang spiset in sin herze, und der lip wirt gespiset von des sůssen honiges trank. Dirre zagel ist heiliger lůten ende, den si mit gůten werken und mit steten tugenden vrŏlich und wislich vor iren ŏgen habent und doch gerne grosse trůwe an langer beitunge tragent. Die guldine grañe, das ist die edel gotzmiñe, die dur das miñende herze in die edel sele klinget. Wol îm, dc er je mensche wart, der das rehte einist enpfindet.

Das tier hat etweñe ein natúrliche lust, dc es des meres trinke dur einen unnútzen turst, so mag es niemer genesen, es můsse das bitter merwasser vslassen und widergeben. Also ist es vmb vns súnder gelegen. Sweñe wir trinken den pfůl der welte und nútzen dú unedelkeit vnsers vleisches na dem rate des bŏsen geistes; o we! so ist uns selben mit vns selben vergeben. Wellen wir deñe jemer genesen, so můssen wir vns selben verlassen, und der welte schult widergeben.

Dis tier hat grosse oren, dú stant im offen gegen dem himel, und es hŏrt nach der vogel sange, es flúhet dú egeslichen tier und vŏrhtet dú irdensche slangen. Dc tůt ŏch werlich dů miñende sele: si vlúhet steteklich bŏse gesellschaft und si hasset valsche wisheit und ir oren sint bereit ze hŏrende gotz wisheit.

Dis tier hat ein edel gemůte. Es mag nit bliben in dem mer, so dú tier reient und dc wasser wŏtet. Es miñet ŏch kúscheit und lŏffet vf den hŏhsten berg, den es weis und kúset da den allerschŏnesten boun und kliñet daruf mit vrŏlicher arebeit und behalset deñe den hohen stañe, und so růwet es mit grosser liebi in hoher vriheit. Alsus tůt die miñende sele: îr ist bitter dú itelkeit und flúhet sere zergenglicheit, die als ein wasser hinan vert. Si weis ŏch wol, wie si mit grossen tugenden und mit heiligen arbeiten lŏffen sol vf den hŏhsten berg des schŏnen himelriches. So kliñet si fúrbas in die gnade sunder arbeit, uf den schŏnesten bŏn der heligen gotheit, da behalset si den hŏhesten stañen und wirt selbe vmbehalset von der heligen drivaltekeit.

Dis tier hat ŏch zwŏi scharpfū horn, damitte wert es sinen lip mit so grosser wisheit, das es von allen tieren vri hiñan gat. O miñende sele, was du dis wol verstâst? Du vertribest dû tûfel mit gotz wisheit von dir, und lebest in heliger luterkeit von allen sûnden vri.

Dis tier hat zwŏi schŏnû menschlich ŏgen, dû vliessent îm vol trehenen na dem schŏnen berge; da were es aber gerne. Eya miñende sele, wie schŏne sint die ŏgen diner bekantnisse, wan du hast gesehen in den ewigen spiegel, und dir sint dû sûssen trêhne vil lieplich bereit; du lidest doch gerne des sündigen meres biterkeit.

Dis tier hat einen reinen munt und ein reine zungen. Es enhat ŏch keine zêne, es kan nit grinen noch bissen. Der miñende mensche hat ŏch einen nûtzen munt, er leret und berihtet ze aller stunt gerne, und sin zunge ist von allen schedelichen worten gezogen und gebunden. Er hat ŏch kein bissende zêne, er trŏstet dû betrûbten jemer gerne. Er hat ŏch enkeinen grim, wan alleine vf die sûnde und vf gotz smacheit, ja îm ist kein pin so leit. Des tieres mund ist oben offen und niden klein. Die grŏssi vnsers mundes ist das vnbegriffenlich lop, dc wir got leisten sŏllen mit der gemeinschaft aller creaturen, allem unserm tûnde und an allen dingen, zû allen stunden. Das niderste teil vnsers mundes sprichet alzegerne von der sûndigen erden. O we ob allem sprechen! Wc sol der valschen heligen werden, dû mit heliger lûte gabe valschlich iren sûndigen lip generent, und bewisent sich reht, als ob si es alles in der rehten gotzwarheit haben ervaren. Der getrûwe got, der allein die warheit het gemiñet, der mûsse sine reine frûnt vor în bewarn.

Dc tier hat snelle fûsse und hat kein stiñe, es ist in îm selber stille. Dieselbe nature hat die gezogen sele; in der hŏhsten miñe ist si béide, snell und stille.

Dis tieres hût und hâr ist unedeler varwe, wan es ist vâl vnde snŏde anzesehende. Es jaget ŏch nieman dur sine gegenwirtige schŏni, mere nach sinem tode, so andrû tier fulent, so wirt sin hut also edel und sin hâr so mangerleie schŏni, dc alle die hŏhisten, die es mŏgent haben, sine hût fûr die edelsten zobele tragent. Vollekomener lúte vride und ír nútze sitten und ir helige lere, der ahtot man bi ireme libe leider alzeklein, mere nach irme tode, swa wir súndigen kuṁen in nôte und wir deñe gedenken, wie heleklich si lebten und wie getrúwelich si vns warneten, so komen wir in súntlich schemede, dc wir ín waren so vrômede. So wirt ir leben ein schône zobel, den wir súndigen vor vnsern ǒgen vil schône in vnserm herzen tragen. Aber bi irme seligen libe vôrhten wir je das vngebe kupfer, dc wir dis edel golt nit mögen berůren.

Dis tieres vleisch isset maṅ an dem fritag. Es stirbet ǒch nit, es werde von des meres vinden tôt geschlagen. Heliger lúte leben dc sint alles fritage, wan si vastent alles von súnden, und si essent nit die verbotten spise, mere si lebent nach götlicher wise. Die grossen bulgen der stůrmenden miñe tůt si sterben aller dingen und leben got alleine; ja deñe erste sint allú ding ir alleine in der miñe mit gotte gemeine, so hat ir miñe nútze krefte in gottes lobe ze allen dingen.

Dis tieres gebeine ist eis edelen visches grât, do machet man schôni cleinot abe, dc edel lúte zů iren eren habent. Wie edel ein cleinôt dc si, dc ein helig licham miñevol und súnden si vri, dc wiset vns got an sinen liebsten frúñden, als wir dú waren zeichen an vinden. Got hat vns an sinen heligen vrůnden manig nûtze kleinôt gegeben; loben wir in nit darumbe so mögen wir nit der heligen ein werden, die man erhebet hie vs von der erden. Dises tieres namen sprichet ze tûte alles nútze. Wol ím, das er je mensche wart, der disen namen vor gotte hat!

XIX. *Das ambaht der gebenedigten miñe ist manigvalt.*

O gebenedeite miñe, dc was sunder begiñe
Din ambaht und ist noch,
Dc du got und des menschen sele zesamene bindest,
Dc sol din ambaht sunder ende sin.
Gegrůsset siest du vrǒwe min,
Und beware dc ich nit klage
Mime schönen herren vber dich.
Wil er ze lange von mir sin,
So erfrúre ich ze sere;
Dc bewar, herzefrǒwe, kúnegin!

Du hast mich in gotte verleitet,
Dc ich seleklich gebunden bin.
O mine frŏwe, hilf du mir,
Dc ich an sinen armen verscheide,
Da ich mit ime bevangen bin.
Jedoch wil ich gerne liden des todes pin
An dem súndigen lichamen min.
Miñe, du hast den grŏssosten gewalt
Vor allen tugenden jemer me,
Des wil ich got danken,
Du benimest mir manig herzensere.
Ich habe kein tugende mere,
Er dienet mit den tugenden sin.
Dc were mir swerer als der tot,
Dc ich iht gůtes mŏhte getůn sunder den herren min.
Alles dc ich von miñe spriche,
Dc getar ich mir leider nit zůziehn,
Mere got der meinet alle die damitte,
Die in sinem herzen erwelt sin.[1])
Den dis angât der bevindet es wol;
Die miñe machet ital herzen vol.
Mere weñe wir werden vol wranges unde surekeit,
So ist vns der miñe spil vil vnbereit.
Gůte naht, miñe, als ich schlaffen welle. Alleluia.

XX. Von sehs tugenden S. Dominicus.

In sant Dominicus tage bat ich vnsern herren fúr der predierorden gemeine. Do gerůchte des vnser lieber herre, dc er selber zů mir kam und brahte Sant Dominicum, den ich miñe vber alle heligen. (Ich vrage) eb ich getar sprechen, (da) sprach vnser herre: Dominicus, min sun, hatte in ertriche vier ding an im, die solten alle prior an in haben. Er hatte sine brůder also miñeklichen liep, dc er dc nie mohte erliden, das er sie betrůbete mit den sachen, die von sinem eignen můtwillen kamen. Das andere dc er dikke sin spise bŏsorte, sinen brůdern ze helfe und ze liebe, vf dc junge brůder wider in dehten in die welt, und dc die alten nit erlegen in dem wege. Dc dritte dc er inen mit heliger wisheit das bilde gab, dc si dazů dur got solten messig sin in allem irem wesende und an allen iren sitten und an aller irer notdurft. Dc vierde dc er so barmherzig was, dc er sine

[1]) Handschrift: sint.

lieben brůder nie wolte besweren mit dekeiner bůsse, die im der orden nit wisete nach der schulde. Aber sprach vnser herre: Noch sage ich dir zwöi ding. Swenne Dominicus lachete, so lachete er mit warer sůssekeit des heligen geistes, so er aber weinete, so weinete er mit so grosser trůwe, dc er jemer alle sine brůder zevorderste an siner gerunge trůg vor minen ŏgen, und dazů mit aller maht die helige cristanheit. Das einige lachen sunder italkeit mag bŏse sin, des wiste ich êdes nit.

XXI. *Dur sehszehen ding hat got predierorden liep.*

Hienach sprach unser lieber herre alsus: Zwöi ding minne ich also sere in der Bredier orden, dc inen min gŏtlich herze zů lachet ane vnderlas. Das eine ist dů helikeit irs lebens. Das ander ist der grosse nutz der heligen cristanheit. Darzů grůssent si min-heligen drivaltekeit mit siben dingen, die sprechent alsus: Crefteklichen sůfzen, herzeclichen weinen, lebendige gerunge, herten twang, kumberlich ellende, getrůwi demůtekeit, vrŏlichů minne. Aber sprach vnser herre: Si êrent ŏch mine drie namen mit siben dingen vswendig: an lobelichen sange mit warer predeunge, mit rehter losunge, mit minneklicher trŏstunge, mit frůntlicher helfe, mit heligem bilde, und ŏch sint si ein heilsám bant des heligen Cristan gelŏben. Mere sprach vnser herzelieber herre alsus: Ire almusen, dů si gebent den armen dur min liebin, die ist also helig, dc der armen lůte sůnden geminret werdent, die si enpfant, und das ŏch der tůfel da niergen bliben mag, da man ir almůsen isset. Dis kunt von der helekeit irs gevelligen armůtes. Eya ewiger brunne der gotheit, da ich vsgevlossen bin und allů ding, ich vnwirdigů creature lobe dich mit alle dem das vnder dir ist, dc ich, herre, doch alsus von dir getrŏstet bin. Amen.

XXII. *Von vierhande crone brůder Heinrichs und von der wirdekeit S. Dominicus.*

In predierorden starb ein brůder an eim hêren ostertag, do er hatte geprediet, messe gesungen und den lůten hette gegeben vnsers herren heligen lichamen. Und do er alle sin pfliht hatte vollebraht, da hies er sich oleien, und vůr gegen naht. Do er wac begraben, do gieng ein mensche zů sinem lichame und grůssete beide, sele und lip. Des pflag si alle zit nach geistlicher lůte ende. Und do machte got in ir sele eine gǒtliche hochgezit. Und also wart ir sin sele in gotes vmbehalsunge in grosser ere bewiset. Do sach si wol, dc sin ere noch nit wc vollekoṁen und fragete vnsern herren, wie lange er also wǒlte wesen, und eb er dehein vegefůr hette gelitten. Do sprach vnser herre: Er sol alsus sin vierzig stunde, dc waren siben tag und siben naht.

Er hatte sich geneiget vf gotz brust
In vnzellicher wollust
Wider die geistlichen iṅekeit,
Die im hie was vil vnbereit;
Und also snelleklich
Wc er do ane pine komen,
Als ein můter ir liebes kint
Vs der eschen in ir schosse hat genoṁen.
Do sprach er: sag miner swester,
Ich wil si trǒsten inront vierzig tagen
Mit gotte. Das geschach.
Si starp vierzehen naht danach.
Do ladet er mich zů siner hochgezit
Als er solte enpfân sin ere.
Darzů bereite sich alles himelsch here
Und schareten sich in ein schǒne procession.
Sant Dominicus kam mit einer ganzen schar,
Die waren alle predier, und si trůgen alle guldine krenze
Die in dem orden sint hingevarn,
Danach edel als si in dem orden helig waren.
Sant Dominicus brahte brůder heinrich
Zegegene ein lůhtende crone,
Die spilete in ir blikunge also schone
Als die suṅe in irem liehtosten done;
Die gab er im von gotte ze lone,
Dc er sinem heligen bilde hat gevolget
In der predier orden.
Sant Dominicus ist vor den andern vnzellich schǒne,
Wan er hat von jeglichem brůder sunderlich wirdekeit ze lone.
Ich sach in sunderlich gekleit
An drierleie wirdekeit.
Er treit ein wisses kleit

Der angebornen[1]) küscheit,
Darzů ein grůn kleit der wahsenden gotzwisheit
Und dazů ein vnbesprenget rot kleit,
Wan er die marter geistlichen leit.
Si haut ein hėrzeichen von des ordens wirdekeit,
Das nieman me treit.
Ein schônů baner gat in vor,
Dem volgent alle die nach,
Die hie an irme rate stant.
Vnser herre sas in siner almehtekeit
Und krônte disen brůder mit drierhande wirdekeit.
Dc was einvaltigů gehorsami,
Willigů armůt, stetů unahtibarkeit.
Do dankete brůder Heinrich vnserm herren alsus:
Ich danke dir herre, dines fundes
Und diner behaltnisse und zůneñunge.
Do neig er vnserm herren
Und kerte sich zů sinen brůdern.
Do sprach sant Dominicus:
Sist willekom̃en lieber sun,
Nu gang in die ere dines herren, alleluja.[2])
Dc mir disů gnade môhte beschehen
Und dis môhte besehen,

dc was sunderlich davon dc ich dur got ellende was und von gotz frůnden steteklichen arglich versmåhet.

XXIII. *Von Sante Johañes ewangeliste begrebde.*

Sant Johans ewangelisten lichamen han ich gesehen werlich mit den ôgen miner vnwirdigen sele. Er lit in grosser wuñe und begraben ob allen zergenglichen dingen und der schôpfnisse des ewigen riches. Sin licham hat nu der gôtlichen ewekeit also vil enpfangen, das er lůhtet als ein fůrig kristalle. Er lit reht also miñeklich menschlich geschaffen, als er were in eim himlischen jubilo geistlich entschlafen. Sin ôgbrawen sint im alleine brun und hat sin ôgen zůgetan und lit vf sinem ruggen. Vnder im, ob im und alumbe ime ist es alles klar, und je ze siben stunden koment die heligen engel zů dem lichamen mit lobelichem sange, der lutet alsus: helig lůter, einvaltig wise, gotte

---

[1]) Handschrift: andergebornen.

[2]) Am Rand:

Dc we der sibende kor
Dc we an ende.

von herzen liep. Süsser wise hat der sang, deñe tusent seiten oder harpfenklang. Zwischent sinem lichamen und der schôpfnisse des himelriches ist nit me deñe ein dûñû want als eines eies hût, und ist doch als ewig veste, das dar kein lichame me dur mag, untz an den jungosten tag.

XXIV. Wie got in himelriche die selen enpfahet und wie er drierleie lúte crônet, und wie er si grússet, zieret, lobet und inen danket.

Das himelriche hat manige porten schôn und hat doch enkeine. Die manigvaltigen porten ist der herlich vnterscheiden lon, da got ein jeglich sele mit enpfat, und sich der gantze himel vf tût gegen der wuñeklichen gotzbrut. Got der gat hernider dur die kôre alle, der sele engegen und im volget alles himelsch her, alles da nach schône dc si mag empfahen ze lone. So vart[1]) dû sele vro vs dem vegefür oder vs disem elende, so volgent ir ŏch vil manig schône engel. In der himelporten koment die zwene gelieben zesañene, got und die sele. Sin edel ansehen, da er si mitte enpfahet, hat so grosse kraft an ir, dc si niemer me mag gedenken an iren schaden noch an dekein ir herzeleit.

Ein gemeine krone des riches kunt vf ir hôbet in der porte, das ist gotz wille; damitte leitet er si erlichen in. Darumbe heisset si des riches krone. Dem verworchten sünder vntz an sin ende, dem got rûwe sendet, dem wirt anders kein wirdekeit ze lone. Got krônet drier hande lûte mit sinen vetterlichen henden, megde, wittewan und Elûte. Als er si hat mit allem lob enpfangen, so krônet er si deñe. Die wittewen und die an der ê krônet unser herre sitzende an siner almehtigen ere; aber gegen den megden stat er vf und krônet si stênde, als ein keyserlich juncherre. Er grüsset si iñewendig mit siner lebendigen gotheit, er êret si vswendig mit siner almehtigen menscheit, er zieret si mit sines heligen geistes miltekeit. Er lônet in ŏch ane ende mit siner gantzen drivaltekeit, ordenlich in sinem riche alles des dc si da mit in bringent. Er danket în allen sunder-

[1]) Handschrift: wart.

lich, dc si wolten komen und si lobent got, wunnelich, dc er inen den ewigen tot hat benomen.

XXV. *Wie vnser gegenwirtekeit si nu in dem himelrich, in dem vegefür und in der helle.*

Unser gegenwirtekeit ist nu zem himelriche reht. Als wir nu hie sint bekleidet mit den tugenden und gezieret und durflossen mit der heligen gotzmiñe, also sin wir jezt da allen seligen offenbar, und si lobent got und vrôwent sich an vns, als ob wir jetzent mit în da werint. Das vns aber zûgat, dc sehent si nit vor, mere das wir wahsen an der edelkeit und dien andern klarheit und stigen vf an der hôhin. Dc geschiht den seligen die noch hie sint von stunde ze stunden. Hievon meret sich der heligen und der engeln wuñe. O we, so wir aber in grosse tegeliche sünde sinken, so erlôschet vnser schône himelbliken. So gerent die engel und die heligen bittent an vnsern lieben herren, das wir bekerten und wider luter werdent. Unser gegenwirtekeit ist ŏch in dem vegefür, also schier wir es hier erarnent. Das tût allen den wê die da sint. Si môgent vns doch nit gehelfen, wan si selber so jemerlich smelzent. Es ist manig armú sele ze sogetanem vegefür mit sogetaner schulde, dc si nit wissen mag, ob si jemer sol werden erlôst. Warvmbe? Si wolten nit bihten mit irem vleischlichen munde. Wie si aber behalten mögen werden, das haben wir an einer anderen stat funden.[1])

Des sünders gegenwirtekeit ist ŏch offenbar in der helle. Dem volget gotz barmherzekeit nach, also sint si hütte da, morne sint si der engelen gesellen. Alsus so vart vnsere gegenwirtekeit vs und în zû dem himelriche, in dc vegefür und zû der vnseligen helle, danach dc wir vns mit mûtwillen zûgesellen.

XXVI. *Von dem gotztrost eis beswêreten brûders Baldewinus.*

Ein brûder in der predierorden, der was so sere beswert mit einem gûten ambahte in der gehorsami, als vil maniger ist, dc

[1]) Am Rand: l. 3. c. 21.

im entgieng sin jugentlichù maht, und verlor sine menlichen kraft; doch tet er es mit gûtem willen. Do bat ich vnsern herren, dc er sine gnade dazû wölte keren. Unser herre wisete mir und sprach. Ich horte und sach alsus alle die arbeit die er lidet, und dc er liset und schribet; dc sol alles von miñesingen min lop vor minem ewigen gesinde alsus: Grosser got, ewig, kreftig, wunderlich, alleluja! und ich wil sin höbet vfhaben und alle sine maht, als ich die habe getan nit alleine von nature mere ŏch sere von gnaden.[1])

XXVII. Von dem ende predierorden, von dem endecrist, Helya und Enoch.

Der predierorden wart sere angevohten in valschen meistern, darzû von manigem girigen sünder. Do bat ich vnsern lieben herren, dc er an inen wölte behüten sin selbes ere: Do sprach got: Alle die wile dc ich si haben wil, so mag si nieman vertilgen. Do vragete ich: Eya lieber herre, sol der orden stân untz an dc ende der welte. Do sprach vnser herre: Ja, si söllent wesen untz an dc ende der welte; Aber so söllent koñen einerhande lüte, die söllent si vor verwisen, also dc die lüte die deñe koment, wiser söllent sin und gewaltiger und armer von irdenscher notdurft und füriger von dem heligen geiste dur die ellendige not die der heiligen cristanheit deñe zûgat.

Do sach ich dise lüte und ir cleider und ir leben und darzû, dc îr we ein grossû mengi. Si hant nit me deñe zwöi kleit, dc nehste ist wis und dc oberste rot, nach der reinen menschheit vnsers herren und nach sinem heligen tode. Ir har und ir bart blibet inen so lang als es wirt. Ir gürtel ist gemachet von baste eines olei bömes, nach der heligen barmherzekeit, die si tragent zû der verwiseten cristanheit. Si gant alles barfûs, mere in dem lande da es vrüset, da tragen si rote schûhe mit wissen riemen und enheine hosen. Ir höbet twahent si ze suñer selber in dem walde mit wasser und ze winter niht, wan si hant kein

[1]) Am Rand: Año dñi MCCLVI.

eigen wonunge. Si sint in allen stetten geste und lident manigen kumber. Si enhant weder hus noch hof, silber noch golt niergen behalten. Ir jeglicher gat mit einem stabe, der ist wis geverwet (und) rot. Der stab hat ein kruken, die ist einer spangen lang und ist von helfenbein. Bi dem helfenbein sont si wesen kúsch und in allen dingen reine. Der stab ist wis und rot, dabei gedenkent si christi tot. Einhalb an dem stabe ist die marter vnsers herren gegraben, anderhalp sin himelvart. Den stab můssen si an allen stetten bi în haben, so si essent oder sclaffent, bettent oder predient oder messe singent oder bihte hôrent, und wa si den stab vs der hant lassent, da můssent si în in die erden stossen vor iren ŏgen, dc si christi marter steteklich anschŏwen.

Sweñe ir weg ist drissig milen lang, da si hin můssent dur nutz oder not, so můssent si zwene einen esel mit în vôren. Da si etweñe riten, so môgentz iren stab nit vôren bi iren siten, mere si můssent în in der hant vor inen vfgerihtet vôren als ein gottescrúze. Darumbe můssen si dc snôde tier riten, dc si sich got an der demůt gelichen, und ŏch ir fůsse werdent inen also ser, dc si die leugi nit môgent vollegan. Aber die schůhe tragent, dc mag nit langer weren deñe von aller heligen tag vntz sant peters tag als er Bapst wart.

Si sôllent nieman nit bitten ze bůche noch ze kleiden; mere als man inen dc brot nút bútet, so sônt si es diemůeteklich bitten, und sônt bi den gemeinen lúten essen und trinken alle die spise die si inen gebent, ane vleisch alleine. Si sônt ŏch nit me vasten, deñe dc dú cristan ê gebútet und sônt also herbergen, dc si môgen betten und sclaffen von den lúten vnder einem sunderlichen tache.

Als die lúte dis helig leben erkeñent und angesehent, so werden si sin also sere gebessert, das si inen gerne ir notdurft willeklich mit grosser liebi gebent. Si sônt ŏch mit keiner witwen ze herberge wesen. Die lúte sônt în ir herte vůsse wúschen mit grosser iñekeit und sôllent des got sere danken, dc si da gên und salbent die verweisete cristanheit, als Maria Magdalena tet vnserm herren. Si salbent si ŏch na, dc sôllent mañes namen tûn, (sic) wan si nit got sint. Als die lûte dc geschent, dc ir kleider ze krank sint, so gebent si inen nüwi. Vil wôlte man inen gerne geben; si sônt es nit nemen; mere si ratent barmherzekliche ze gebende an alle nûtze stette.

Ir gros kapittel ist zwûrent im jare vsgeleit dur nutz und notdurft der cristanheit ze sum̃er in dem walde, ze winter in der stat vf der burger rathus. Wer in disen orden wil varen, der sol selber zweierleie bûch haben: Vs dem grossesten bûche sol er predien. Dc erste dc an dem bûche ist geschriben, dc spricht: „Credo in deum", und darnach sint es alles meisterliche sermoñe, alles geordent mit dem cristan gelôben. Vsser dem minsten bûche sol er sine gezit vom jare leisten vnserm herren. Der erste meister der dis leben sol erheben dc sol des kûnges sun von Rome wesen. Sin name spricht vor gotte ze tûte alleluja. Dem sol der Babest sinen nehsten gewalt geben, und danach kûset er selber und enpfât von dem Babest dis leben. So begebent sich alles hohe meister mit im; die sôllent nit junger den von vier und zwanzig jaren wesen. Si enpfant ôch nieman, er si deñe gesunt und habe ze hoher schûle gelernet, und sie mûssent alle priester, bihter und hohe vserwelte lerer wesen. Den ersten meister sont si heissen ir vürste und sol gan selbe vierde brûdern, wan der cristangelôbe wirt allerdikost an im versûchet, und die vierzehen sônt einen meister vnder în han, den sônt si heissen iren hûter, und der sol gan selb dritte brûdern. Ir gewalt ist vil gros, wan kein Bischof ist ir genos. War si komen, da ist inen predien, bihte hôren und messe singen und lesen vnverboten. In jeglichem bistûme sônt ir siben wesen, nach den siben gaben des heligen geistes; in eim erzbistûme driezehen, nach dem heligen convent vnsers herren. Ze Rome sônt ir drissig wesen, na dem seligen kôffe der an Christo wart gegeben. Ze Jerusalem sol îr wesen allermeist, do Jesus dur vns den tot leit.

Ir minste capitel sont si haben ze drien wochen, nach der ganzen einunge der heligen drivaltekeit mit fûnf brûderen nach dem bilde der heligen fûnf wunden oder mit sibenen, nach den siben gaben des heligen geistes und danach me als si zesamen mögent komen. Swa si essent oder trinkent, da sol diewile der eltest in dem orden etwas sprechen von cristi wandelunge und von sinem heligen leben und die andern söllent swigen.

Ich sach öch ir bette, wi si söllent ligen vf dem ströwe zwischen zwein wissen wollentüchern, und ein küssen ist in vnder dc höpt gegeben, dc sol vf dem vndern tüche, vf dem ströwe ligen. Ir lenden söllent niemer sanfte sitzen noch ligen, wan si sönt alle ir tage gesunt wesen untz an die helige marter, als cristus tet. Mere jeglich alt meister, der vil nütze ist gewesen und vor alter nit mag volle herten untz an das ende des ordens, er werde krank oder siech, den sol man sanfte legen und lieplich halten, wan si kōnen noch den vil heligen rat geben; und der besten spise sönt si deñe leben.

Dis helig leben sol stan mit gûtem vride drissig jar; dazwischent sont die si cristanheit so sere erlühten und leren, dc von vngelerter einvaltekeit nieman darf von cristangelöben keren. O we, dana sol es an die not gan. So kunt der endecrist und vnderwindet sich der weltlichen vürsten mit golde und mit dem edelsten gesteine und mit grundelosen valschen listen, da inen nu vil liep ist. Harvmbe volgent si im vil gerne und sprechent, er sî ir got und ir herre, und gebent îm grosse geleite, ir ingesigel und ir brieve. O we, so kunt er zû geistlicher gewalt, da vindet er öch die gitekeit und bringet also grosse valsche wisheit, dc der Bischöven und Bröpsten und der pfaffen al ze kleinen gestat. So tragent dise seligen brüder iren lip veil und predient vil sere cristan gelöben, und gebent ein gewaren aplas aller sünden, allen den, die in cristanem gelöben in warer rüwe sterbent, dc si sunder vegefür behalten werdent. Dur dc dise helige brûdere mit den lüten also helekliche vor habent vmbegangen, so sol manig helig martrer mit inen werden. Manig jude und semlich wise heiden sönt von disen brûdern den heligen töf und cristan glöben enpfān. Dis sol den endecrist so sere besmahen, dc er sin gros gebot und sweren twang vf alle die legen sol, die zû irre predie gant. Der deñe dar gât und mit inen gestât, der ist ein seliger man.

So gat es an die not, so scheident sich die gûten vs den

bösen, und verwegent sich des libes und alles des dc si hant. So koment des endecristes boten dar und durstechent allererste den heligen predier dur sine cristane lere mit einer isenstangen; da mûs der gottestrût an hangen und winden zû den armen gotteskinden. So tragent si in dene zwischent în gespisset, den heligen man für alle die welt gemeine; die gûten weinent. So singet er mit des heligen geistes stime: Credo in deum, und trôstet und rûffet: Volgent mir, helige gotteskinder. Alle, die îm dene volgent die werdent gevangen, und ir ögen verbunden, und werdent mit geiselen geschlagen und getriben als die schâf in dem röbe in ein stat, da ein gros wasser gat. Da schlahet man în allen ir selig höbet abe und wirfet si in das wassere. Da des wassers nit ist, da tribet man si uf dc velt und martert si da. Got der git den bösen in sin, dc si den gûten die ögen verbindent, dc si in ir gevengnisse nit mögen gesehen die grosse zierde und die vnmessigen herschaft und ere die die vnseligen hant von dem Endecrist irem herren, durch das si deste bas gestanden, wan si öch menschen sint als si. Den seligen predier nement si also tot und setzent in vil hohe in derselben stat, da er dc gotzwort sprach und gemartert wart.

Die danach den Cristangelöben predien wellent, die müssent wesen lebende marterer und hohe helige. Des Endecristes gewalt ist also gros, dc nieman ist sin genos. Als der babest wider in nit me mag gestriten, so kert er sich zû den heligen brûdern, und lidet dc si lident. So kunt inen ze helfe Enoch und Helyas, die nu sint in dem süssen paradyse, und leben da mit selen und mit libe in derselben wune, und essent dieselben spise die Ade wc gegeben, eb er da ine were beliben. Si müssent öch in gotz gehorsami denselben bön miden, do Eva und Adam den öpfel von assen, do si gotz gebot brachen. Disen bön han ich gesehen; er ist nit gros und sin fruht ist vswendig vil schöne und lustlich als ein rose, aber inwendig ist si von nature vil sur. Dc bezeichenet den bittern schaden der sünden, den got nie menschen gonde. Darvmbe dc dise fruht dem edeln menschen als vnbekeme ist, dc si noch vnser vergift ist, so leite got sin gebot da vf, wan er den menschen nie vngemach erschûf.

In der jungesten not, als disc seligen brůder das gemeine volk also lange hant getrôstet, das nieman gûtes ist beliben, er habe dur got die marter gelitten, so lebent noch dise brůder allermeist. So ist irú vnschuligú not also gros, dc ir gebet ist also helig, dc inen deñe erste got Enoch und Helyam sendet, die *(si)* deñe trôstend und von dem walde leitent und gant aber predien und sīch zem tode bereiten. Dise zwene herren, die deñe komen sint vs dem paradys, die sint von gôtlicher warheit also wise, dc si den Endecrist mit gewalt vmbetribent. Si sagent īm rehte wer er si und von welcher maht sin zeichen sint und wie er harkomen si und welich ein ende *(er)* sôlle nemen. Als dis die verkerten vernement, wie unselig ein got īn ist gegeben dur ir grosse gitekeit und dur ir wollust maniger bosheit, die got an irme herze weis, so bekeret sich deñe manig edel man und manig schône frowe, die von den cristan *(dem)* endecrist waren gevolget.

So můssent die seligen gemarteret werden, wan dem Endecrist ist deñe in ertriche der grôssest gewalt gegeben. Er heisset samnen alle die man, die er (an) Cristum gelôben geprůfen kan. So bereitet man vffen der strasse siedende pfañen und tribet si deñe zemale dar zů und sendet na iren husvrowen und na iren schônen kinden. So heisset man die man kiesen, weder si lieber behalten in dem vngelôben die schôner vrôwen und ir lieben kint, richtům und ere, oder si in Cristum gelôben, in den pfañen sieden und iren liep verlieren. So sprechent dú man: Eya lieben wip und kint, gedenket nit an mich, mere gedenket, dc ir cristan sint und opfernt got einen lip, so scheiden wir vns nit. — So bindet man den mañen ir fůsse und hende und wirfet si in die pfañen. So sprechent vrôwen und kint ôch: Herre Jesu, o marien kint, dur dine liebi so wellen wir gerne liden dieselbe not. So machet man ein grůben vol vúres, da in wirfet man die kint und die můteren sint und wirfet vf si fúr, holtz und strowe und verbreñet si also.

Der engel geleitet Enoch und Helyam vs dem paradyse. Dú clarheit und die wuñe, die si nu han an irme libe, dú můs alle alles da bliben. Do si dc ertrich angesehent, so erschrekent si, als die man tůnt, die dc mer ansehent, und sich vôrhtent wie si ṽberkomen sôllent. So enpfahent si den irdenschen schin und můssent tôtliche menschen sin. So essent si honig und vigen und trinkent wasser gemischet mit wine und ir geist wirt ŏch von gotte gespiset.

XXVIII. Von fúnferleie craft der miñe. Dur krenket und der lúte valscheit můs man swigen der warheit.

Dis bůch ist begoñen in der miñe, es sol ŏch enden in der miñe, wand es ist niht also wise noch also helig, noch also schône, noch also stark, noch also vollekoñen als dú miñe. Do sprach vnser herre Jesus Christus: Sprich Vatter, ich wil nu swigen alse du swigest in dem munde dins sunes albriñende dur die krankheit der lúten; und min menscheit sprach albibende durch die valschheit der welte, wan si lonete mir mit dem bitteren tode.

Dis ist der fünfte teil des bůches.

I. Von drierleie rúwe und zehenhande nútze und von dem wege der engelen und der túfelen.

Es ist drierhande rúwe damit sich der sünder weget wider in de ingesigel dc am crúze was gegraben, als vns die súnden zerbrochen haben. Das erste ist der rúwe der schulde, die hat drie dinge an ime, dú bitterkeit in dem herzen, da dú súnde vsgeflossen ist, schame in den siñen, die der súnde gebruchet hant, gůt bilde des lebendes, wa sich der mensche verbôset hat. Dise rúwe versúnet den himelschen vatter und die súndigen sele und lôset si von der ewigen helle pine. Das ander ist rúwe der bůsse; dú hat ôch drú ding an ir: Vlissig arbeit und stete sicherheit und lutern sig über alle bekorunge. Dise rúwe lôset den súnder von allem vegfúr. Die dritte ist rúwe der miñe, wan si ist got alleine getrúwe. Ir ist vil leider gotz smacheit deñe ir schade oder ir herzeleit. Si wollte ôch lieber mit lip und mit sele zů der ewigen helle varn, eb si irn lieben mit einer hôptsúnde wôlte betrúben. Dis miñerúwe heliget und machet vollekomen lúte in ertrich und hôhet si in hiṁelriche vor gotte. Sweñe die selig sele an diser abte stat, so ist ir got vber ir selber liep und die súnde vf das hôhste leit. Der selige der diser dreier rúwen hat, dem geschiht hie in ertrich die ere, dc got sunder vnderlas sinen vúrigen geist vs siner heligen drivaltekeit schinen lat in die miñende sele, glich als ein schôner suñenstral, der alswebende vs der heissen suñen schinet vf einen núwen goltvarwen schilt. Der gegenblik gotz und der miñenden sele, der vs von în beiden so wuñenklich blikket, der hat also grosse kraft und also offenbaren schîn,

Vor allen die in dem himelriche
In vegefúr und in der helle sin.
Das die hôhsten engeln, cherubin und seraphin
Der miñenden sele mûssent heimlich sin
Und wandelen hernider búrnende in unzellicher liebin
Zû der miñenden, vúrigen sele in demselben schin.

Dc ist der edelen fúrsten weg zû der verweneten sele in disem armen libe, wan der engel und dû miñe der sele sint von gotte ein ganze nature von angeborner kúscheit und von der miñe vúre in seraphin. Aber die angenomen kúscheit, gezieret und verlúhtet mit dem vliessenden fúre der gôtlichen miñe, die bliben in cherubin. In *(ihnen)* gat aber harnideren gen ein fúrig klare miñelust vs von seraphin, wan si miñen fúrig sint.

Darumbe zûhet der edel schin harnider,
Dc si von miñen blikkent wider.
Die engel die vns in dem tôffe werdent gegeben,
Die môgent nit der breñenden miñe pflegen,
Wan got hat inen nit die hitze gegeben,
Mere si sint vns darzû gegeben,
Dc si vnser tugenden pflegen. —

Ire edlû gegenwirtekeit und vnser beste mûtwillen, die heiligent allû vnsre werch und vertribent des túfels list und sinen gewalt von unsern fúnf siñen. Aber der grosse fúrin schin, der alles lúhtende harnider gat vs von der heligen drivaltekeit in die miñende sele, den fúrhtent die túfel also sere, dc si niemer getôrent gevaren dur die heligen strale. Des lident si manige smacheit die wege, die în got in den lúften hat gegeben, das inen die ein irdensch mensehe mit der gotzeinunge mag benemen.. Si môgent alle ir wege vollevaren, di si von bosheit wellent haben, und wa si einer miñenden sele in einem licham werden gewar, da mûssent si vnder die erden varen. Och môgent si den luft nit entreinen, wa si die seligen vindent, die werliche lebent sunder hôptsûnde. Alle die sûnde, die sie vns anbringent, der műssent si zen ersten begiñen. So műssen wir deñe mit cristan gelőben in vnsern besten siñen vf zů got stigen, so verlierent si alle ihr maht und műssent vor vns vliehen.

II. Von zweierleie pine und von vierleie nutz und von der manigvaltigen schar der sünden.

Ich danke got aller gůti, und klage ѷber mich selber alle die wile dc ich lebe, wan got der pinget nit vergeben. Diewile dc der mensch sünden mag, so bedarf er der pine alsowol als der tugenden. Die pine ist vil nütze, die der mensche îm selber anleit dur got mit rate. Die pine ist aber also vil nützer und edler die vns got anleit mit sinen vienden oder mit sinen vrűnden, als got edelor ist an allen pinen. Christus lőste vns nit mit der pine, die er im selber anleit, mere er lerte vns, wie wir im solten dienen mit arbeiten und mit pine. Aber er lőste uns mit der pine, die im sine viende anleiten ane schulde, und mit dem jemerlichen smehlichen ende, do nieman was sin getrűwe frűnt, deñe ein maget alleine. Maria sin můter, die im was vereinet werlich inwendig, dů gestůnt alleine uswendig mit im.

Do mich vngetrűwen menschen erdros miner pine, do gab mir got disen trost und sprach: Nu sîch, der pine mag nieman enberen, wan si lütert den menschen je von stunde ze stunde von sinen manigvaltigen sünden. O we, do sach ich vns mittevolgen ein also gros grűwelich schar der manigvaltigen sünden, als ob alle berge, alle steine, alle regenstropfen, alles gras, bőme, lőp und sant, alles lebende personen werin und vns verdruken wőltin, dc wir niemer vf ze gotte kemin. O we der leidigen stőbsünden, die wir nit zen worten bringen kőñen! dawider wirt uns hie die pine gegeben, die wir heimlich an vnserm armen libe tragen. Das ander, die bitterkeit der pine beschirmet vns vor dem zůkunftigen valle, davor dik ein rein herze bebet, dc gotz geist in im treit besclossen. Das dritte, die edelkeit der pine machet vns wirdig der gnade gottes ze enpfahende, wan weñe ich alles min gemach, mine notdurft und allen minen irdenschen trost mit angest und mit vorhten und mit ellendigen herzen enpfân, so ist got mit sinem trost da.

III. Got wil wêgen alle vnschuldige pine und ŏch drierleie lûte blût.

An dem jungsten tage so wil Christus Jesus vor sinem vatter uf haben ein herliche wage, da sol sin helig arbeit und sin unschuldige pine ufligen und da iñe und dabi allú dú vnschuldigú pine, smacheit und herzeleit, das je dur Christi liebin von menschen wart gelitten. Ja so gat es an die rehte wage, so vrŏwent sich die allermeiste, die da iñe vil habent. Der megde blût von nature, der martrer blût dur den cristanen gelŏben und ander man mansclahtige blût, das ane schult geschihet in rehter not, das wil der helige gotz sun mit sinem blûte wegen, wan es ist in warer vnschult vs geben. Dc rehte blût kunt nit in die wage? Warvmbe? Es ist vor bewollen, aber es lŏschet dieselben sünden, die da kunt von des vleisches künde.

IV. Der wunderlichen miñe ist manigvaltige craft. Wie die smeket. Von vierhande diemût. Von sibenleie schŏni der miñenden seele.

O wunderlichú gottesmiñe,
Du hast heilig grosse kraft,
Du erlúhtest die sele und lerest die siñe
Und gibest allen tugenden volle maht.
Wol mir armen dŏrperiñe,
Dc ich dich vrŏwe je gesach.
Eya miñe, du bist wuñeklich
Und zû allen werken lobesan,
Dc bevinde ich in der sele min,
Dir sint alle tugende undertan.
Aber die sinkende diemûtekeit,
Die nit ist vndersnitten mit hohenmûte in der geistlicheit
Und die angebornú küscheit
Oder angenomen, die gliche lúter vollestan,
Dise zwo tugende mûssent mit der miñe gan,
Doch sint si ir vndertan.

Die miñe wandelet dur die siñe und stúrmet mit ganzen tugenden vf die sele. Diewile dc die mine wahset an der sele, so stiget si mit girekeit vf zû gotte und breitet sich alvliessende gegen das wunder dc ir gemuszet. Si smelzet sich dur die sele in die siñe; so mûs der lichamen ŏch sin teil gewiñen, also dc er wirt gezogen an allen dingen.

Mag man mit der gottesmiñe bŏse sitten haben, dc kan ich niergen vinden, also gros kraft hat die vngevelschete gottes miñe. Mere dic sele wirt niemer so sere durflossen mit gŏtlicher miñe, si werde dikke bekort mit irdenschen dingen. Dc kañ die sele nit enpfahen, die mit der valschen miñe ist durgangen. Als dû miñe volle wahsen ist an der sele, so hat si ŏch vfwert vollestîgen, als verre es muglich von menschen mag wesen, wan die miñe hat masse an ir ordenunge. Hette si nit masse, eya sûsser got, wie manig rein herze in sûsser wuñe brêche!

Sweñe die sele mit der miñe zuge und mit maniger girikeit irs jagenden herzen nach gotte uf den hohen berg der gewaltigen miñe und der schŏnen bekantnisse komen ist, so tût si als der bilgeri, der berge ufgestigen hat mit grosser gerunge, so stiget er anderhalp nider mit grosser vorhte, dc er sich nit vberwerfe. Dc ist, dc die sele so sere durschinen ist in der hitze der langen miñe, und also unmehtig worden ist in der vmbehalsunge der heligen drivaltekeit so begiñet si ze sinkende und ze kûlende

Als die suñe von der hohsten stat hernider gat
Und sinket untz in die naht.
Weis got also wirt es an der sele
Und ŏch am libe vollebraht.

Die miñenriche sele sinket harnider in dem zuge der vngruntlichen diemûtekeit und wichet je vor. Wc ir got ze liebe tût das ist ir vilbekeme von der edelen nature, di got und si in einer meinunge erfûllent. Aber si kert dc ŏge der wollust von allen dingen, vf das si gotte vil lobes mŏge gewiñen.

Der licham sinket ŏch vil sere, weñe er sinem viande dienet und verswiget und sine vrûnde got ze eren vermidet. Die sele sinket noch fûrbas wan si merer maht hat deñe der licham; si sinket mit grossem vlisse in die nidersten stat, die got in siner gewalt hat. O wie getar ich dise stat den [1]) nemen, die der sinkenden diemûtekeit nit erkeñent.

---

[1]) Handschrift: dem.

Die erste Demûtekeit lit vswendig an den kleidern und an der wonunge, dc die messig und geistlich gesnitten und geneiet sin, und doch reine. Die ander lit an den sitten in der gesellescbaft, das die miñesam sin in allen nöten vnd zû allen dingen. Hievor wahset dú helige gotzmiñe. Dú dritte demûtikeit lit an den siñen, also dc si aller dinge nach sinem rehten gebruche und ordentliche miñet. Die vierde diemûtikeit wonet in der sele, dc ist die sinkende diemûtikeit, die also manig sûsses wunder an der miñerihen sele begat. Si jaget si vf in den himel und zûhet si in dis abgrunde nider. Si leitet dú sele zû allen creaturen sunderlich und sprichet: Nu sîch, dis ist alles besser als du bist! und bringet si deñe an ire stat, da si nit fúrbas mag, dc ist unter lucifers zagel. Möhte si deñe in der gerunge nach irem willen gotte ze eren da wesen, da wölte si nút fúrnemen.

Alsus sere wirt die arme, miñerich sele mit der diemútigen miñe gebunden, dc si sich nit vorhtet noch schâmet deñe alleine in gezogener wise, als man pfleget in himelriche ze vörhtende. Mere der arme licham mûs sich vor vinsternisse sines herzen und vor krankheit siner vswendigen siñe beide, vörhten und schemen, wan er noch vnverwandelt ist vom tode. Aber die sele ist also schöne in irme lichamen als in himelriche, si ist aber also gewis nit. Si ist also kûne, si ist aber also stark nit. Si ist also gewaltig, si ist aber also stete nit. Si ist also miñesam, si ist aber also vrölich nit. Si ist also milte, si ist aber also rich nit. Si ist also helig, si ist aber also unschuldig nit. Si ist also gnûglich, si ist aber vol nit. Dis ist alleine dú sele dú hier durvlossen ist mit der diemûtekeit got ze liebe.

Als si alsus vfgestigen ist in dc höhste das ir geschehen mag, diewile si gespañen ist ze irme lichamen, und harnider gesunken ist in dc tiefeste dc si vinden mag, so ist si deñe vollewahsen an tugenden und an helikeit. So mûs si deñe gezieret werden mit pine in der langen beitekeit.

So gat si vf die trúwe stan
Und sihet alle ding mit grosser wisheit an,
So mag ir enkein ding entgan,
Si gewiñe je got sin lob daran.

V. *Von einer begîne vegefür, die dur eigen Willen kein gebet half.*

O we sünde, dc du so schedelich bist sider dem male dc heligü werk also schedelich sint, die man tůt ane rât; also dc man sprichet: Nein, Ich bin komen über menschen rat. „Ich wil leben nach gotz rate;“ vor disen worten grüwelot mir je und je. Wan sich kein mensche an keiner stat also rehte nützlich diemůtigen mag, als dc er mit vndertenigem herzen cristanliches rates volget.

Das han ich funden an einer Frŏwen: Die hatte vnsern herrn von herzen lieb, und der liebi gebruchete si mit also vnmenschlicher arbeit, dc ir nature verdorret also sere dc sü můste sterben. Da bat ich für si in cristanlicher gewonheit. In dem zuge mines geistes sach ich iren geist, der was clar an im selber als die sunne. Dc hatte si von irme reinen herzen in getrüwer meinunge. Si wc bevangen mit einer grossen vinsternisse und begerte vil sere zů dem ewigen lichte. Si wc in eim ufzuge, so wc je dü vinster naht davor. Das was der eigen wille ane rat der disen vollekomenen menschen also sere gehindert hat.

Ich vrage si: wamit mag man dir gehelfen? Do antwurt si alsus: Ich wolte in ertriche keines menschen rat volgen nach cristanlicher ordenunge, darumbe mag mir keines menschen gebet noch gerunge helfen. Do kerte ich mich zů vnserm lieben herren und vragete în, wie das jamer were, dc ein mensche ze pine möhte komen, der sich hie dur sine liebi so heliger pine hette angenomen: Do sprach vnser herre: Alle tugenden sint mir vnmerer die ane rat geschehent; wan ich kam in ertrich mit rate und ich diente vf dem ertrich mit grosser vndertenikeit minem vatter und allen menschen, und do für ich ze himmele in ganzer vriheit; mere das ich nie getet, da volgete mir nieman mitte. Die gerunge, gebet und alle arbeit, die man hie für si tůt, da wirt si mitte gezieret, wenne si ze himmele vert. Die sele: wand alles das vns in dem wege zum himelriche wirt gegeben, dc ist mit rehte vnser. Als wir aber dar komen, so wirt es den gemeinen selen. Dc tût vns got ze liebe, dc si deste ê zû vns komen und helfen uns got in der ewigen ere loben.

Die rehtekeit ires lidens dc waren sibenzehen jar; aber die erbarmherzekeit gotz hat es ir gelassen vf sibenzehen manode, wand si es von also herzelicher liebi tet. Got helfe vns rehter masse. Amen.

VI. Wie die sele lobet die helige drivaltekeit.

Herre Jesu Christe, der du bist gevlossen sunder begine us dem herzen dines ewigen vatters geistlich, und geborn von einer lutern ganzen maget, Sante Marien fleische, und der du bist mit dinem vatter ein geist, ein wille, ein wisheit, ein gewalt, ein oberste craft ṽber alles dc je wart sunder ende! Herre, ewiger vatter, wan ich, aller menschen vnwirdigeste, ŏch vs dinem herzen gevlossen bin geistlich, und ich, herre Jesu criste, geboren bin us diner siten vleischlich, und ich, herre, Got und Mensche, mit ṽwer beder geist gereinget bin, — so spreche ich armer, betrûbter mensche alsus: Herre himelscher vatter, du bist min herze! Herre Jesu Christe, du bist min lip! Herre heliger Geist, du bist min atem! Herre, heligú drivaltekeit, du bist min einigú zufluht und min ewig rûwe.

VII. Wie got widerlobet die sele.

Du bist ein gruntvestunge mines gŏtlichen vleisches, du bist ein ere megetlicher bestandunge, du bist ein blûme der hohen wuñe, du bist ein vŏgtin der túfelen, du bist ein spiegel der ewigen anschowunge.

VIII. Drú kint sol der mensche haben, für die er bitten sol.

Nieman weis was trost oder pine oder gerunge ist, er werde selber ê gerûret mit disen drîn. Ich sûche helfe, wan mir ist leider alzewe. Ich habe drú kint, da ich grossen jamer an sihe. Dc erste sint dú armen sûnder, die ligen in dem ewigen tode, da ist nit me trostes an, deñe dc si den menschlichen lip hant. O we, dis kint sihe ich mit blûtigem herzen an und ich miñe es mit weinenden ŏgen an miner sele arme, und trage es für die füsse sines vatters, da ich es bi gewuñen habe. So sihe ich dises kint an, bitte sinen getrúwen vatter Jesum, dc er dis kint erwekke mit derselben stiñe siner gőtlichen barmherzekeit, da er Lazarum mitte erwahte.

Hiezu antwurt got alsus:

Ich wil des kindes siechtagen wandelen.
Wőlte es nit wider in disen fot vallen,
So sol es mir jemer gelich wesen
An miner schőnin, an miner edelkeit,
An miner richeit,
Vmbevangen und durchgangen
Mit aller wollust in der ewigen ewekeit.
Stant uf liep kint min, du bist genesen,
Den frien willen ker, den ich dir han gegeben,
Den wil ich dir niemer benemen.
Wan dagegen
Wirt allú din wirtekeit gewegen
In dem schőnen himelrich
Den heligen gelich.
O we, noch lit dis stille
Vf sinem eignen mûtwillen!

Min ander kint, das sint die armen selen, die in dem vegefúr qwelent, den mûs ich min herzeblût ze trinkende geben. Weñe ich fúr si bitte, und ich die manigfaltige not und den bitterlichen gesmak ansihe, den si von jeglicher súnde sunderlichen lident, so han ich mûterliche pine, doch ist mir liep dc si mit rehter schulde pine got zû eren liden.

Si lident ir pine mit grosser gedult,
Wan sie sehen offenbar alle ire schuld.
Si lident ir not in gezogner wisheit
Und trinkent in sich selber vil manig herzeleit:
Sol dis kint vil schiere genesen,
So mûs die mûter vil getrúwe und erbarmherzig wesen.

Min dritte kint, dc sint vnvollekomen geistliche lúte. Weñe ich allú minú kint ansihe, so ist mir enkeinem also we als von disem alleine, wan es sich leider mit vswendigen siñen in vergenglichen dingen also verre und also sere von himelschen dingen hat geteilet, das es die edele gewonheit und die sûsse gotzheimlicheit alles hat verlorn, dar es got mit sunderlicher erwelunge iñe hatte gezogen. Hienach werdent si also sere verkert, dc si nieman mit worten vmbe getûn kan, so bescheltent si dú iñekeit und verkerent gottes sûssekeit, und haltent ŏch alles das zenarc dc si gesehent und hôrent. So schinent si vswendig wise, und sint doch alle leider inwendig toren. Dis kint mag allerwirst genesen, wan es vallet allererst in mûtwilligen krieg, darnach in tragheit, danach in valschen trost, danach in missetrost, darnach wirt es leider aller gnaden los. So craset dis arme kint deñe in süntlichen lebeñe untz in sin ende; so ist es vil sere gewaget war die versumete sele hinwende.

IX. Von der êre sibenzig mañe, die mit Cristo stûnden ze gezúge.

An dem heren ostertage, da vnser losunge also sere geoffenbaret wart, dc Jesus Cristus also gewalteklich erstûnt und also erlich rumete sin grap, dc die juden und die heidene verluren ir mankraft und alle ir ere, und die waren cristenlúte wurden gebenediht mit des vatters willen und wurden gesegent mit des sunes gewalt und wurden geheliget mit des heligen geistes lere jemer me, —

Do erstûnden mit vnserm herren uf sibenzig man,
Die waren gewesen gotz geboten also vndertan,
Do si den gotzstrit hatten getan —
Do wurden si gerehte lúte vunden.
Do si besûchet wurden,
Do si dc wasser in irem grossen turste
Mit den heiden wurfen zû irem munde.

Ir sele wart inen von got in irem lichamen wider gegeben, also dc man das wol merken môhte, dc si tote lúte waren gewesen. Aber dc sündliche menschliche saf, das adam vs dem ôpfel beis, dc noch natürlich allú unsre lider durgat, und darzû dc verflûchte blût, dc Even und allen wiben von dem ôppfel entstûnt, das wart inen nit widergegeben, wand ire wandelunge solte gôtlich, ein gezúge mit got wesen, dc der ewige tot tot was. Darumbe sturben si nit me, do si diser zweier dingen an inen nit hatten. Do teilte sich aber ire sele von irem libe ane pin und ane we. Ir lichame ligen vil schône obe dem lufte und ob den sternen. Darumbe dc si anderwarbe nit menschlich sturben, so mohten ir lichamen nit me zû der erden bestatet werden. Adam behielt dc saf an ime und danach alle man.

Eva und allú wip behielten dis vil schemlich blůt. Dis ist das alleine pinget natúrlich vnser vleisch und vnser siñe und zu jungest in vns bitterlich sterben můs, wan Jesus Cristus hat vns nach Ades valle alle pine nit me benomen, deñe den ewigen tot nnd dazů, dc wir mǒgen mit rúwe widerkomen. Er hat uns aber vil mangen trost und rat und lere gegeben, davon wir aller unser súche wol mitte mǒgen gesehen.

X. Wie die súnde si gelich gottes grǒssi.

Der almehtigen gottes grǒssin ist kein grǒssi so gelich so dú súndige grǒssi miner bosheit.

XI. Geistlich namen sol gehǒhet werden. Von der swestern Gelas. Wie si betten und erbitten sǒnt mit gotte.

O geistlich namen, wc du edel bist úber alle irdenschen namen! darumbe wolte dich Jesus cristus selbe in allem sinem lebende also getrúwelich tragen, dc alle hohe namen, kúnge, keyser, grauen und alle namen die edel danach sint genañt. Die namen můssent alle verwlen, mere geistlich name alleine, der sol erhǒhet werden, darnach dc er hie edel getragen wirt. Ja er sol wunderlich, sunderlich, heleklich gehǒhet werden, bi brůderei Jesus und bi swester Marien, die dú allerersten waren, die je ein geistlichen namen getrůgen in so grosser verdampnisse ussewendig.

Dis ist vil sere wider di lúte, die sich hie geistlichen also sere vswendig zierent mit so heligem gelasse und mit so tiefer bǒgunge, und behenkent sich vor den offenbaren lúten mit schǒnen worten, das man rehte wenen mag, das si iñewendig haben des heligen geistes vlůt, der es alles also hervúr tribe. Nein, es ist etsweñe leider ein vil gros geswinde bekorunge, die der mensche von můtwillen an sich niñet, dc er ane arbeit hatte ein gůt wort, und enpfindet doch in sinem herze nit des heligen geistes volle geburt. Dis wird an der stat wol schin, da er wirt ein griñig bere und ein brůmende lǒwe, bi sinen heimlichosten genossen, da er ein lamp an der sanftmůtekeit und ein tube an den tugenden solte sin.

So ist ir leben von der welte ein trugene und vor gotte und vor ir genossen ein vil schedelichú lúgene. O we dir vil vnseligen girekeit, wie gram ist dir min herze! wan du berôbest mine lieben swester der inewendigen gottes süssekeit und der vswendigen minesamekeit, die si sölten bereiten und in dc helige brutbette leiten, der heligen drivaltekeit. Die machest also harte inwendig und also unwillig uswendig, dc man nit getar ein geistlich wort vor în sprechen, es si zehant von în verkert.

Nein, liebe swester, du můst von erste haben breite siñe, so wirt dir ein gůtwillig herze und ein offen sele, do dú gnade invliessen mag. Machest du dine notdurft ane rat und ane not alzebreit, so wirt dir werlich din hôhin der heligen gerunge und din breite der gôtlichen vůlunge und die tieffi der vliessenden gottessůssekeit jemerme vnbereit. Wan es ist ein ewig schade und ein hohú vnzuht, dc ein kúngesbrut also gerne in dem pfůle wattet.[1])

Eya swester, so du ze rehte bitten solt, so gib dich gentzlic gotte und sprich: Vil lieber trut Jesu criste, dise stunde ist alleine din und der vil armen súndern und der heligen cristanheit und der betrůbten selen und nit min. Alle mines herzen maht und kraft die gibe ich dir herre húte, dc du, vil lieber, dir selber ze lobe nach miner gerunge în ze helfe wellest komen und gib mir herre danach dc ich rehte erkeñe wer ich selber si, so erste betrůbe ich mich.

Aber liebú Swester, weñe du ze dinem werke gast, so segen dich, und sprich:

Hilf mir Jesus, min herzeliep,
Dc ich min sele und min siñe also tief in dich winde,
Dc ich die irdensch girekeit nit ver'clinde.
Ja, Swester, bist du wise von siñen,
So vihtet dich dú gitekeit an mit griñe;
Bistu aber wise von gnaden,
So mag dich kein bosheit verleiten noch verraten,
Wan in der gnade die harnider vlůsset
Vs der heligen drivaltekeit
In ein herze das jemer gegen den himel offen stat

¹) Am Rand: wie si sont arbeiten.

Da vindet man dû warheit
Und aller dinge bescheidenheit.
Es ist vil lihte angenomen,
Dc man vor den lûten gût si;
Ist die warheit da nit,
So bist du eis slangen vergift.
Mache dein herze je brinen reine,
Und bewise dich vswendig cleine,
So histu mit gotte gemeine.[1])

XII. Wie got antwurtet einem brûdere von der schrift dis bûches.

Meister Heinrich, ẏch wundert sin menlicher worten, die in disem bûche gescriben sint. Mich wundert wie ẏch des wundern mag. Mer mich jamert des von herzen sere sid dem male das ich sûndig wip schriben mûs, das ich die ware bekantnisse und die heligen herlichen anschǒwunge nieman mag geschriben, sunder dise wort alleine, si dunken mich gegen der ewigen warheit alzekleine. Ich vragete den ewigen meister, wc er hiezu spreche? Do antwurt er alsus: Vrage in wie dc geschach, dc die aposteln kamen in also grosse kûnheit nach also grosser blôdekeit, do si enpfiengen den heligen geist. Vrage me, wa Moyses do wc, do er niht wan got ansach. Vrage noch me, wavon dc was, das da Daniel in siner kintheit sprach.

XIII. Von zehenhande nûtzen eines gûten menschen gebet.

Dis gebet hat grosser kraft, dc ein mensch leistet mit aller siner maht. Es machet ein sur herze sûsse, ein trurig herze vro, ein arm herze rich, ein tump herze wise, ein blôde herze kûne, ein krank herze stark, ein blint herze sehende, ein kalte sele brinende. Es zûhet harnider den grossen gott in ein klein herze; es tribet die hungrigen sele vf zû dem vollen gotte; es bringet zesamen dû zwǒi geliebe, got und die sele, in ein wunekliche stat, da reden si vil von liebe. O we, ich vnseliger entphâ sis sak(*rament*) dar, dc ich nit gesterben mag.[2])

---

[1]) Dies Gebet ist zum Theil von andrer alter Hand geschrieben.
[2]) Der Text ist hier dunkel.

XIV. Von bǒser priester vegefûr.

Des ist lang dc ich ein vegfûr sach, dc was gelich eim fúrigen wasser und es sot als ein fúrig gloggenspise, und es was oben mit einem vinstern nebel bezogen. In dem wasser swebten geistliche vische, die waren glich menschlichen bilden. Dis waren der armen pfaffen selen, die in diser welt hatten geswebet in der girekeit aller wollust und hatten hie gebrant in der verwassenen vnkúschikeit, die si also sere verblendet, dc si nit gûtes mǒgent gewiñen. Vf dem wasser fûrent vischere, die hatten weder schif noch netze, mere si vischeten mit iren fúrigen klawen, wan si ǒch geiste und túfel waren. Als si si brahten vf das lant, so zugen si inen geistlich bitterliche die hût abe und warfent si in einen siedenden kessel alzehant; darin stiessen si si mit fúrigen gablen. Als si den nach irem willen volgere warent, so vrassen si si in iren sneblen. So hûben sich die túfele vf das wasser aber, und taten si dur iren zagel und vischeten si und vrassen si und dǒweten si aber.

XV. Von eines gûten priesters vegefûr.

Ein reiner priester starb in siner eigner rehter pfarre. Do bat ich fûr în als fûr einen andern menschen in cristanlicher gewonheit. Do sach min sele die sinen in loblicher wirdekeit, also dc er noch in beitunge wc der himelschen ere. Vier engel die fûrten in vber alles vnwittere in dem ersten himele, und si lireten ime mit den himelschen seiten. Dc was sin vegefûr, damitte si in zû der himelschen wuñe bereiten. Ich vragete in, wamit er die sunderliche wirdekeit hette enpfangen. Da sprach er: ich miñete in ertriche dc einǒte und ich vorhte mich alleine in minem gebete. Do sprach ich: Eia du vil seliger, warumbe vûre du nit zehant mit disen wuneklichen engele ze hiṁele. Do sprach er aber alsus: Die ere ist also gros, die ich empfan sol von miner reinen pfafheit, dc ich dar noch nit komen mag.

XVI. Es ist túfelich, dc man sûndet.

Semliche lúte die geleret sint, sprechent, es si menschlich dc man sûndet. In aller miner bekorunge mines sûndigen lichamen und in aller gevůlunge mines herzen und in aller miner bekantnisse miner siñe und in aller edelkeit miner sele, so konde ich es nie ander vinden, es si túfelich, dc man súnde tůt:

Di súnde si klein oder gros,
Der túfel ist je ir genos.

Mere vnsere angenomenú túfellicheit von vriem můtwillen, die ist vns alleine schedelicher, deñe alle vnser menscheit. Dis ist menschlich, hunger, turst, hitze, vrost, pine, jamer, bekorunge, sclafen, můdekeit; dc sint ding, die Cristus an ime leit, der ein ware mensche was, dur uns und mit vns. Mere were dú súnde alleine menschlich, so sôlte er ŏch gesúndet han, wan er ein warer mensche was an dem vleische und ein gerehte mensche an der wisheit und ein steter mensche an den tugenden und ein vollekomen mônsche an dem heligen geiste; und da ́vber wc er ein ewiger got in der ewigen warheit und nit ein súnder. Mere sôlten wir im glich werden, so můssen wir im ŏch glich leben oder mit rúwe behalten werden.

XVII. Dis ist ein grůs und ein lob und ein gebet der súnderin.

Gegrůsset siest du lebender got!
Du bist vor allen dingen min.
Das ist mir eine endelose vrôde,
Das ich ane vare mag reden mit dir.
Als mich mine viande jagent,
So flúhe ich in den arm din,
Da mag ich min leit verklagen,
Als du dich neigen wilt zů mir.
Du weist wol wie du rŭren kanst
Die seiten in der sele min.
Eya, des begiñe alzehant,
Dc du jemer selig můsist sin.
Ich bin ein vnedel brůt,
Jedoch bist du min edel trůt,
Des wil ich jemer frôwen mich.
Gedenke wie du truten kanst
Die reinú sele in dinem schos
Und vollebringe es herre an mir alzehar
Alleine ich sî din yngenos.
Eya zúch mich, herre, vf zů dir.
So wirde ich rein und klar;
Last du mich in mir selber,
So blibe ich in vinsternisse und in Swere.

XVIII. Wie got hiezů antwurtet.

Sus antwurt got:

Min widergrůs ist ein so gros him̄elvlůt,
Solte ich mich in dich nach miner maht geben
Du behieltest nit dein mensclich leben.
Du sihest wol, ich můs mine maht enthalten
Und ůbergên mine klarheit,
Dur dc ich dich deste langer behalte
In der irdenschen jamerkeit.
Wan da vfgat allú din sússekeit
In der hŏhi der ewigen wirdekeit,
Und mine seiten sont dir sússe klingen
Nach der trúwen koste diner langen miñe.
Jedoch wil ich vor begiñen
Und temperen in diner sele mine him̄elschen seiten
Uf dc du deste langer mŏgest gebeiten
Wan hohe brúte und edel ritter
Die můs man mit túrer koste
Lange und sere bereiten.

XIX. Wie sibenzehenhande súnde jagent den menschen.

Dise ding jagent einen menschen also verre von gotte, dc er niemer wider kom̄en mag zů gotte, ime werde grosse gewalt getan von der heligen drivaltekeit. Dú italkeit ist dú erste súnde, die den menschen begiñet ze jagende von gotte, und lassen wir die nit, so rihtet sich die vnkúscheit vf. Mere lassen wir die vnkúscheit nit, so rihtet sich die gitekeit uf. Lassen wir die nit, so rihtet sich die tragheit uf; lassen wir die nicht, so rihtet sich die lugine uf, lassen wir die nit, so richtet sich der meineit uf, lassen wir die nit, so richtet sich der zorn vf, lassen wir den nit, so rihtet sich die hinderrede uf; lassen wir die nit, so rihtet sich der hochmůt uf; lassen wir den nit, so rihtet sich der has uf; lassen wir den nit, so rihtet sich rache vf, lassen wir die nit, so rihtet sich missetrost uf; lassen wir den nit, so rihtet sich bŏse kůnheit uf, lassen wir die nit, so rihtet sich vnschemede uf, lassen wir die nit, so rihtet sich die verkerte wisheit vf; lassen wir die nit, so rihtet sich vngelŏbe uf und spricht: Es ist nit als man seit.

O we, so emphahent si alle die ding so von gotte harkoment also arglich, dc man nie kume út tar gesagen; und wc si selber fúrbringen, dc ist also verkert und mit luginen so sere gemenget, dc leider nieman den heligen geist in iren worten vinden kan. Aber si wisent sich etteswene lôblich, es ist doch leider trúgelich. —

Durnehtige sele, vrôwe dich,
Du bist alleine got gelich.
Ja es ist wol billich,
Wan du trinkest mit gôtlicher gedult
Ane schuld
Vil manig bitterkeit in dich.

Du wirst von dinen vienden dikke betrúbet. Alsus der helle rief vf die himelblúmen, ja si blúiet doch fúr sich hin vil hohe in ir edelen schôni, wand dú wurzelle ir stetekeit, die ist von dem heligen geiste ze allen ziten grúne.

XX. *Ein lob gottes von aht dingen. Von der súnden oppfer.*

O grosser tŏ der edelen gotheit!
O kleine blûme der sûssen maget!
O nútze fruht der schônen blúmen!
O heilig oppher des himelschen vater!
O getrúwelose pfant aller der welte!
Du bist, herre, min labunge
Und ich din blúiunge.
Du bist mir, herre, kleine mit diner vndertenikeit
Und ich bin dir gros in dem jamer miner bosheit.
Ich oppher dir, herre, alle tage
Alles das ich an mir habe,
Dc ist alles bosheit.
Da solt du, herre, din gnade ingiessen,
So mag ich von diner miñe vliessen.

XXI. *Warumbe der M.*[1]) *ist verworfen und doch geminet, und wie du dich segnen solt.*

Also sprechent des menschen siñe, der die warheit hat ervaren: Herre, min lichame ist gedôtet in der verwandelunge aller bosheit. Darvmbe haben mich dine viende verworfen von irem antlúze als einen toten der da vbel smeket. Aber herre, min

[1]) Das *M.* ist radirt.

sele die ist lebendig in dir, darumbe bin ich gemiñet von dinen fründen. Eya herre, lieber brûtegôme, min sûsser Jesu crist, ich segene dich[1]) ane vnderlas in minem herzen vür allû irden schû ding und bitte dich, dc du mich vor inen behaltest vngemenget, wan swie helig si sint, si wegen mich doch in dem hôhsten punte von dir. Dc mag ich nit erlîden, darumbe mûs ich von inen kriegen.

XXII. Von siben dingen des gerihtes. Von schemede und gûtem willen.

Die alleredelste vrôde der siñe und der allerheiligoste vride des herzen und dc allermiñeklicheste glas[2]) der werke dc kunt davon dc ein mensche warhaftig ist in allem sinen tûnde.[3]) Hie sprichet vnser lieber herre und leret mich selber siben ding, die alle die selige sôllent an în haben, dû dc jungeste geriht mit Jesu crist sont besitzen über alles menschlich küñe· Swer diser dinge nit hat, der mûs vor gerihte stan als ein verkôfet kneht vor sinem herren; wan alle die sich hie strengent wider die gottes warheit mit der geswinden lugene, die verkôffent dise tugende. Dc erste ist gerechte in der gegenwirtekeit. Dis ist die glose: Sihe ich, dc min frünt minen vienden und gotz unrehte tût, so sol ich minem fründe getrüwlich schult geben und minen vienden miñeklich helfen. Das ander ist: barmherzig in der not. *Glose.* Sihe ich minen vrünt und minen vient in glichen nôten zesamen, ich sol în glich helfen. Das dritte ist getrûwe in der geselleschaft. *Glose:* ich sol minen gesellen niemer schelten, deñe vmbe sine vngetrûwete sele alleine. Das vierde ist nothelfig in der heimlicheit. *Glose:* Das man sûche und vrage wa die ellenden siech sien und die gevangenen und trôste si mit worten und bitte si, dc si dir sagen ir heimliche not, dur dc du inen môgest ze helfe komen. O we, dc man ane sûfzen und ane trehene und allerleie erbarmeherzekeit vor den ellenden siechen hiñe gat!

[1]) Handschrift: mich.
[2]) Glast oder Glanz?
[3]) Am Rande: drû ding koment von warhaftikeit.

Was dc geistlichen lüten übel stat,
Und si leider also verre von gotte schaltet,
Dc si vf derselben stat
Verlierent die süsse gotzheimlicheit,
Und wellent doch des nit wissen
Dc gotz vrteil also schlât.

Dc fúnfte ist, das man sprachelos sie in nôten. Glose, also dc man der girigen wort, die da vfstigent vs eim homûtigen, zornigen herzen nút spreche; davon vindet man grundelose gnade in gotte. Dc sehste ist, dc man sî vol der warheit. Glose: Der mensche ist wêrlich vol der warheit, dem sin herze in siner besten gewissende luterliche keine schulde git und sich des frôwet dc gotz ŏge in sin herze sihet, und sich des niergen mohte schamen, ob alle die lúte in sin herze sehent. Das sibende ist; dc man sîe der lúgene vient. Glose: Das wir die lugene an allen lúten schelten und das wir si nit verdeken an vns selben.

Dise siben ding sôllen wir ŷben und vollebringen
Wider den smakke vnsers armen vleisches
Und wider die wollust nnd krenkine menschlicher siñe,
Wir môgen si anders nit vollebringen.
Aber vnser sele edelkeit zû allen gûten dingen
Die gibet uns mit rehter gottes sûssekeit
Den ersten rat;
Mere vnser verbôsetes vleisch versumet mit siner unedelkeit
Vil magen manigen gôtlichen tag.
Sweñe si gedenkent an die gebenedeiten stunde,
Als vns got vs sinem vngrúntlichen herze
Und us sinen wisen siñen, und us sinem vrôlichen gemûte,
Dc ane vnderlas vol vlússet aller gûte,
Und us sinem sûssen munde
Also vile getempert hat geistlich in vnser sele,
Wislich in vnser siñe, nothaftlich an vnserme libe,
So mûssen wir vns schemen uswendig
Unser bôsen sitten, und inwendig
Unsers ungetrúwen herzen.
Wir môgen uns ŏch leider schâmen an vnsern siñen,
Das wir die edelen manigvaltige gottesgaben
Als unnútzekliche tragen,
Dc si also kleine fruht bringent
Wider in dieselben stat
Da si vsgeflossen was, das ist gotz herze.

O we miner schuldigen smerze!
Der gûte willen bringet alle tugende in rehte stat,
Alleine der licham der werke nit vermag.

XXIII. Von sante marien gebet. Von Gabrieles lieht. Von des kindes tûch. Wavon die milch kam und des kindes oppfer. Von den túfelen und von dem hungertûch.

Ich sach ein maget an irme gebette, ir lichame was geneiget zû der erden und ir geist hatte sich ufgerihtet gegen der ewigen gotheit. Wand vor der zit da J. cristus den himel vfsloz mit dem schlüssel des heligen crúzes, so wart nie mensche also helig, dc sin geist mȍhte oder mûste vfstigen mit arbeite und sweben, mit gerunge und behalsen, mit der miñe der heligen drivaltekeit in der ewigen hȍhiu. Darumbe mohte der reinen juncfrȍwen geist in den himel nit komen, wañ adam hatte den grendel alze verre fúrgeschoben.[1])

Mere got der neigete sich und er stunde dem ertrich also nahe, dc er sine vrúnde troste, und dc si sinen willen vernamen. Aber die propheten riefen lute und ladeten vnseren herre sere harnidere. Mere disú juncfrȍwe zoh vnsern herren harnider mit einer sûssen stiñe irer sele; und si sprach in irme gebete, do si was alleine, alsus: Herre got, ich vrȍwe mich des, dc du komen wilt in also edeler wise, dc ein magt din mûter wesen sol. Herre, da wil ich zû dienen mit miner kúscheit und mit allem dem dc ich von dir habe. Do trat der engel Gabriel harnider in einem himelschen liehte. Das licht bevieng die juncfrȍwe alumbe, und der engel hatte also lich gewete, do ich des gelich in ertrich niergen vinden kan. Do si das lieht gesach mit vleischlichen ȍgen, do stûnt si vf und erschrak. Do si den engel ansach, do vant si ir gelichnisse der kúscheit an sinem antlúte. Do stûnt si mit grosser zuht und neigete ir oren und rihte vf ir siñe. Do grûste si der engel und kúndete ir gottes willen. Sinú wort dû warent bekeme irme herzen und ir siñe wurdent vol und ir sele wart fúrige. Jedoch vragete si nach

[1]) Am Rand: Súnde ist der grendel.

dem vnderscheide, da brahte si mâgdelichû schâmede zû und gôtlichû liebi. Do si berihtet wart, so tet si ir herze vf in gûtem willen mit aller maht. Do knûwete si nider und sprach: Ich gebe mich gotte ze dienste nach dinen worten.

Do trat dû ganze helige drivaltekeit mit der gewalt der gotheit und mit dem gûten willen der menscheit, und mit der edeln gevûgheit des heligen geistes dur den ganzen lichamen ires magtûmes in der vûrigen sele irs gûten willen, und saste sich in das offen herze ires allerreinosten vleisches und vereinete sich mit allem dem das er an ir vant, also das ir vleisch sin vleisch wart, also dc er ein vollekomen kint wûchs in irme libe und also, dc si ware mûter wart sines vleisches und ein unverseret maget bleip. Also, je si în langer trûg, je lihtor, schônor und wisor si wart. Do stûnt si vf und sprach: Herre, vatter ich loben dich, wan du hest mich gros gemachot und min geslehte sol gros werden in hiṁel und erden.

Do die zit vmbe kam, als andere vrôwen trurig sint und besweret gant, do was Maria lihtevertig und vrô. Ir licham was doch al vol davoñe, wan si hatte da iñe vmbevangen den wolgemachten gottes sun. Maria wuste die zit nit vor, weñe got wolte von ir werden geboren, ê si în in irme schosse sach in der strasse und in der naht ze betleeme in der vrômeden stat, da si selber was ein arm vngeherbergete gast.

Der almehtige got mit siner wisheit, der ewige sun mit siner menschlichen warheit, der helig geist mit siner cleinlichen sûssekeit, ging dur dû ganzen want Marien lichamen mit swebender wuñe ane alle arbeit. Das wc also schier geschehen, als die suñe gibet iren schin nach dem sûssen tôwe in miñenklicher rûwe. Do Maria ir schône kint angesach, do neigte si ir hôbet ze sinem antlit vnd sprach: „Siest mir willekomen min vnschuldiges kint und min gewaltiger herre, der alle ding din sint.“

In der enpfengnisse vnsers herren
Und mit der drahte siner mûter,
Und in der geburt, und in der schosse siner mûter,
Ê er in die kripfen kam,
Do wc die kraft der heligen drivaltekeit
Und dc wuñekliche himelvûr an Marien also heis,

Das der hellongeist, der alle dú welt durchvart
Und alle geschiht der dingen weis,
Dem lande und der stat, da Maria iñe was,
Nie als nahe mohte komen,
Dc er das wunder hette vernomen,
Wie das kint were har komen.
Maria nam von Josephs sattel ein hertes tůch
Das der esel uf sim ruggen vnder dem sattel trůg,
Und darzů das oberste teil von irme hemde,
Da si vnsern herren vnder hatte getragen,
Das ander teil bant
Si wider vm iren lichamen zesamne.
In disú tůch want
Die cleinliche jungfrōwe den grossen heilant
Und leit in in die krippfen. Do weinete er alzehant,
Als ein núwegeboren kint.
Wan diewile dc dú kint sprachlos sint,
So weinent si niemer ane rehte not.
Also tet vnser herre,
Dc er wider siner edelen art
In eime vihestalle
Also herte gebettet wart,
Durch die bōse súnde.
Do wenete er alles menschlich küñe,
Do verbarg er alle sine wuñe und allen sinen gewalt.
Do wart dú jungfrōwe betrůbet
Und dc kint wart hungerig und kalt.
Do můste dú můter iren sun stillen,
Dc was sines vatters willen
Und des heligen geistes wollust.
Do neigte sich dú jungfrōwe mit můterlicher liebi
In megtlicher zuht
Ze irem gepingeten kinde
Und bot im ir kintliche brust.
Hōret nu wunder:
Die lúhtende blůiunge ir schōnen ōgen
Und die geistliche schōni irs megtlichen antlitz
Und die vliessende sůsskeit irs reinen herzen
Und die wunenkliche spilunge ir edelen sele —
Dise vier ding zugen sich zesamene
Nach des vaters willen
Und nach des sunes notdurft
Unde nach des heligen geistes wollust
In ir megdtliche brust.
Do vlos dú sůsse milch harus von irme reinen herzen
Ane allen smerzen.

Do soug de kint mönschliche
Und sin můter vröwete sich helekliche.
Die engele sungen got einen lobesang.
Die hirten kamen, si suchten und funden [1])
Vnser war lösepfant.
Do vragete ich Marien wo Joseph were.
Do sprach si, er ist in die stat gangen
Vnd köfet vns kleine vische und gemeines brot,
Und wasser trunken si öch.
Do sprach ich: Eya vröwe,
Du soltest essen das allerschöneste brot,
Und trinken den alleredelosten win.
Nein, sprach si, das ist richer lůte spise,
Der haben wir nit in disem armen libe.
Do der vrömde sterne schein,
Do kam Sathanas zů bethleem und volgete den drein
Kůngen vil geswinde nach und er sach
Das kint vil arglichen an.
Do man dem kint mit dem hohen opfer also grosse ere bot,
Do kamen satanas gedenke in grosser not.
Und sprach in im selber alsus:
Wie ist dir vnseliger nu geschehen!
Dis mag wol dasselbe kint wesen,
Da die propheten hant von geschriben,
Das dir din meister lucifer
Also lange und also vil dikke hat bevolhen,
De du ze siner zelunge soltest komen
Und machen die vnreine,
So blibet vns zů der helle alle dů welt gemeine.
Dis kint ane sůnde gezilet und geborn,
Es were mir anders nie verholn.
Nu habe ich alle mine kunst verlorn,
Nu můs ich wider zů minem meister komen
Und klagen im dise not,
Wan dis kint wirt vns noch alze gros.
Sol es ůber vns stigen,
Wie son wir das erliden?
Es wart e nie enkein kint geborn,
Dem dise ere wurde geboten.
Do lucifer dise mere vernam,
Do sas der gruntvient und gram
Mit sinen zênen und grein
Das sines zornes fůr ůber alle hölle schein.

---

[1]) Handschrift: wūden.

Do sprach er alsust: Sol ein mensche vnser ribter wesen?
So můssen wir jemer me vor allen menschen beben; [1])
Die nach sinem willen leben.

Var hinwider Sathanas, und nim ze helfe die fürsten von dem lande, die meistere von juden und lere si wi si în tôten in siner kiñtheit, eb das er in die schůle gat. Do Sathanas zů herode kam, do vant er lucifers gelichnisse an dem verbôseten man, has, homůt, gitekeit. In dise drie wege gieng der grosse túfel in sin grosses herze und bereitet sich in alle sine fúnf siñe, und mahte den kúnig also mortgirig, dc er tet des túfels willen an den vnschuldigen kinden, die nu erlichen heligen in himelriche sint.

Ich vragete Mariam, war si das oppfer hette getan, dc si ir selben nit kôfte ein opferlamp? Do sprach si: die helige vliessende miltekeit, und dú notdúrftige barmherzekeit und die miñe williger armůt, die hant mir den schatz benomen. Min oppferlamp was J. Cristus, des almehtigen gottes sun, der us minem herzen was geborn, und dem nach sines vatters gebotte alle die vnbevleketen lamber je geopfert und gebraht werden ze eren nach sines vatter meinunge, der ist min war oppferlamp. Ich solte anders keines haben.

Das oppfer das minem kinde wart braht,
Da han ich mitte alle die bedaht,
Dú ich werlich konde vinden nothaft.
Das waren verarmete weisen und reine jungfrôwen,
Die kamen damite zur ê, dc man si nit durfte steinen;
Und dazů die elenden siechen und die langen alten.
Die solten es geniessen und den hatte es got behalten.

Aber drissigé marke goldes die waren mir nach rehter notdurft von disen armen vberbliben, die solte ich zů den hungerlachen geben, da die gemeine lúte zůgiengen zů irme gebette, wan da lag grosse bezeichunge an. Das tůch was halp swarz und halp wis. Norden ime tempel wc das tůch swartz, das was die lange vinsternisse in der alten ê. Daruf waren geneiet grůnú bilde. Wan alleine die ê vervinstert was mit manigen grossen sůnden, so waren doch sumeliche meñschen dariñe, die

[1]) Handschrift: bibenen.

nie dürre wurden von iren sünden, mere si waren vinster mit der schuldigen. Die scheffenisse der bilden, dc was alles von der schulde und von der not, die den grossen got also sere bewegeten dc er und wie er behielt mit sinem gesinde Noe den rehten man, und lies alle die welt vndergan.

So deñe in dem bettehuse was das tůch edel wis. Dc was ein vorzeichen der reinen, klaren kůscheit Sante Marien, da wir noch alle mitte solten v̀berwinden alles vnser herzeleit. Da vf waren bilde geneiet mit golde, die waren glich den vogelen, die Noe vs der arche hatte gesant, dc dobi weren bekant die vngetrůwen girere, die allen iren trost hie sůchent vf der erden. Mere do wc ŏch angeneiet dů reine tube mit eim grůnen żwige,

Die also vnschuldig wider kam,
Daz si das as in iren munt nit nam.
Dabi waren die bekant,
Die alle tage mit nůwen tugenden ze gotte koment,
Und haltent sich in dem getrůwen himelvluge
Mit des heligen geistes zuge.

Lange hernider, do die stukke zesamen giengen, do was ein guldin liste. Mitten über mittes gieng ein grůne borte, der wc besetzet mit edelm gesteine. Dc bezeichente das alleredelste holtz,

Das unsers herren lichamen an ime trůg,
Do man die himelporten durchgrůp
Und mit den hameren si vfschlůg,
Das Adames grendel dañan vloch.

Alleine die betůtunge wenig jeman wiste, so waren doch die zwo gezierde ein erlich crůze. Uf dem crůze was geneiet ein wîs oppferlamp, und es was gezieret mit edelm gesteine und mit clarem golde, als es rehte verbůrnen solte. Das was vorbezeichenet und wart do vollebraht, do das vnschuldige gotteslamp einen grossen miñetot an dem hohen crůze nam. Darumbe viel das tote hungertůch mit dem toten lambe in der marter vnsers herren nider, dc man das lebende gotzlamp in derselben stat jemer me solte anbetten.

Maria nåhte irme kinde Jesu einen rok mit also gevŏger nat, weñe im der rok wůrde kurz und enge, dc si in mŏhte witern und lengern. Der rok was brunval von hertem gezwirnetem garne.

Joseph wc armer lůte zimberman,
Also dc er sumelichen pfeñig zů ir notdurft gewan.
Maria die nate und span
Dc si in drien cleidern gewan.

Do si vluhen in Egyptenlant, do hatte si gottes engel vmbevangen mit eime himellichte, das der tůfel nit wiste wa das kint hinkam, untz an die zit dc es gewohs, ein kint von drissig jaren, ein vollekomen man. Do ward der tůfel sin gewar in der wůstenunge und danach zů manigen stunden gôtlicher zeichene. Do kerte er sich zů den jůdenschen meisteren, die waren iñewendig vil bôse und vssewendig an irme gelasse vil schône. Die lerte er, wie si Jesu mit verkerten worten solten widerstân

Und soltent sine lere niemer enpfân,
So môhten si an ir judeschen ê gestan.
Do fůr aber Sathanas zů lucifer und sprach:
O we meister, unsre lere můs vergân!
Ich han vunden in dem sůndigen ertrich einen man,
Der ist alleine starker und wiser deñe wir alle waren,
E wir ze valle kamen,
Wan ich kan im mit allen minen siñen
Einen sůndigen gedank nit anbringen.
Do gram aber lucifer als ein hunt
Und heiss sinen hellenhunt und sprach:
Du solt ime mit allen menschen widerstân;
Ist er deñe aller menschen bobster,
So mag er allen sůnden entgân.
Meister, wir komen wol vs diser not,
Wan ich vinde der lůte allermeist

die den man gerne tôtent. Do sprach er: Nein, ich vôrhte es were uns villihte bôse, wan er mit des obersten gotz kraft die von vleischlicher sůche und von menschlichem tode also drahte erlôset, werde im sin lip benomen. Ich vôrhte noch mere, dc sin sele zů vns wolte harkomen und lôsen die sinen. Wan dc ist verre ýber vnser maht, dc er die lůte in ertriche lôset wider die nature von allerleie pine sterben, mer er selber můs mit den erbesůnden varen zů der helle. Aber blibet er reine von allen sünden, und nimet man im sinen lip vnverschuldet, so gehört er nit zû der helle. Wand nie engel noch mensche wart ane schuld verdûmet, so ist er alleine edel und vri, und was er deñe wil, de mûs über vnsern dank geschehen. Mere du mahst das mit lihter kunst zû bewaren, de vns zû der helle behöret dú meiste schar. Aber du solt je danach stan, de man in uf das allerhöhste versmahe und de man in qwele mit der allerscharphosten pine. Ist er deñe ein mensche, so mag er vallen in grossen zwifel und also mag er vns bliben.

Maria, vnser fröwe sprach mit iren gedenken
Vnserm herren zû als dikke si wolte,
Und so antwurte ir etesweñe sin gotheit,
Davon trûg si gezogenlich ir herzeleit,
Und das we Marie magdalene vil vnbereit.
Weñe si vnsern herren mit vleischlichen ögen nit sach,
So wart si vngetröstet, und ir herze trûg
Diewile grossen jamer und vngemach.
Si brañte ser in einvaltiger miñe,
Sunder hohe bekantnisse himelscher dingen,
Untz an die stunde,
Do die aposteln enpfiengen den heligen geist.
Do allererste wart ire sele wunde [1]
Mit der gotheit. Aber vnser vröwe was vil stille,
Do vnser herre von dem tode vferstûnt
Also erliche. Doch hette ir herze
An gotlicher bekañtnisse
Vor allen menschen den tiefesten grunt.

XXIV. Von sehsleie kleide vnsers herren gotz und von tugenden Sant Dominicus und wie got sinen orden geeret hat an vier dingen.

Ein hoher fürste, der einen nützen sun hat im selber, und einen trostlichen sun sinem volke, der sun ist ein also lobelich sun sinem vater und ein also erlich liep sun, de die gehúgenisse des sunes und alú sinú werk erwekkent des vatters ere, swa der sun hinkeret. Dirre hohe fürste de ist vnser liebe herre der himelsche vatter, der hat gewuñen siben nütze súne und ein vil schöne tohter, bi vnser mûter der heligen cristanheit.

---

[1]) Handschrift: verwundet.

Sin erste sun, vnser liebste brůder dc wc vnser herre J. Cristus. Welich ere der himelsch vatter des sunes hat, und welchen trost sin volk von im hat, dc ist wol offenbar. Vnd wie sich der himelsche vatter mit disem sune vereinet hat, und wie er în zů der rehten hant gesetzet hat, und wie vil gewaltes und eren er im geben hat, das ist ane masse und doch wol zemasse. Der ander sun des himelschen vatters, dc waren die heligen apostelen, die vns den túren schatz behalten hant, der vssert dem hohen berge wart gegraben, den ein bŏn trůg und vnser viende an fúnf enden durgrůben und allen vnsern himelschen schatz da vs jageten und sclůgen. Der dritte sun, dc waren die kůne marterer, die die himelstrasse mit irme blůt begossen hant. Der vierde sun, dc waren die steten bihter, die vns reine (warheit) gent und lerent. Der fúnfte sun, dc waren die reinen jungfrŏwen, die ir kúscheit dur gotz liebi hant behalten. Die mŏgent den himelschen vatter bewegen, wa si sin gelichnisse ganze an în tragent. Er wil si îm selber alleine haben, und si sŏllent ire schappel in siner trutunge eweklich tragen. Ja si sŏllent ir hŏbet nit mit schemede bedeken, als die irdenschen brúte pflegent, da vnser herre dise nútze kint in die hohen wirtschaft also erlichen hette bi ime gesezzet, das alles irs leides und ir vromekeit in ertriche vergessen was.

Do gieng sin gemeine volk also ser irre an dem rehten gelŏben und an der lutern bihte, dc sich der himelsche vater erbarmete und gewan do zwene súne in einer trahte aber bi vnser lieben můter, der heligen cristanheit, und si sŏgete selber dise zwene súne ja mit iren brústen, die also vol der sůssen milch sint, dc si si nie und ŏch niemer me mŏgent volle sugen us. Dise brúste, dc was und ist dú alte ê und die nuwe ê, do vnser můter dú helige cristanheit mitte sŏgent allú gotteskint.

Dis sprach ŏch vnser herre: Man solte nieman ze priester wihen, er kŏnde deñe beide, die alten ê und die núwen ê.

> Wan vf einem fůsse mag nieman ze hove gan,
> Und ŏch nit lange ze diensten stan.

Dise zwen súne dc sint die predier und die minren brůder, do Sant Dominicus und Sant Franciscus die ersten wurzellen von warent. O we, was des vil vergangen ist, des si getrúwelich pflagen! Je mere des vergêt, je krankor der orden wirt; je langer er stât, je ê ein ander sun geborn wirt vs dem getrúwen herzen des ewigen vatters, der sinú kint zemale nit wil verlassen. Sant Dominicus der merkte sine brůder mit getrúwer andaht, mit lieplicher angesiht, mit heliger wisheit, und nit mit vare, nit mit verkerten siñen, und nit mit getrúwelicher gegenwirtikeit. Den wisen leret er fúrbas me, das er mit gotlicher einvaltekeit solte temperen alle sin wisheit, den einvaltigen lerte er die waren wisheit, dem bekorten half er tragen heimelich alles sin herzeleit. Die jungen lerte er vil swigen, davon werden si vswendig gezogen und inwendig wise. Die kranken und siechen troste er vil miñeklich und er bedahte ŏch alle ir not mit getrúwem vlisse. Si frŏweten sich alle gemeine siner langen gegenwirtekeit und sin sůssú gesellesehaft machte inen senfte alle ir kumberliche erbeit. Dirre orden war in den ersten ziten reine, einvaltig und darzů vol der breñenden gotzliebi. Die reine einvaltekeit, die got einigen menschen git, die wirt also vnderwilen gespottet von etlichen lúten, das er die gabe verlúret, da man die gotz wisheit iñe vindet und kúset. Dc verlŏschet ŏch gotz brenendú miñe.

Dem in dem orden von herzen leit ist, dc er ahtber wirt und alle irdensche ere fúr ein grosse bekorunge enpfahet, der mag des nit gelassen von rehter edelkeit sines geistlichen geistes, den er von gotte hat enpfangen mit heliger sinkunge sines herzen vnder alle creaturen. Eintweder er můs die ere behalten mit vorhten der schemede und mit getrúwem vlisse und mit erbarmherziger helfe und mit milter vrŏde oder er můs darnach stan mit aller wisheit, dc er die burdine mit ere gelasse, wan ein geistlich herze, dc můs stillen vriden haben und miñenklich sol es blůien vf gegen der heligen drivaltekeit.

Got hat dise zwene súne sunderlich geeret mit vier dingen. Dc hat er darumbe getan, dc si vmbe sich selber nit me sorgen, deñe alleine dc si die súnde lassen; mere alle ir sorge und arbeit, sprach unser herre, solte darumbe geschehen, dc min volk selig und heilig werde. Das erste ist schŏne enpfengnisse von den lúten, dc ander getrúwi helfe an der notdurft von nihte, das dritte die heligoste wisheit vs der gotlichen warheit, das vierde der nútzoste gewalt der heligen cristanheit. Dc man die brůdere ze sere tribet ane barmherzekeit und ane sůsse lere, davon geschehen schedelichú ding der ich nu můs swigen.

XXV. Eines dinges genússet man in dem him̄elriche, dc ist in siben dingen, danach volgent siben ding. Das lob des betrůbten menschen ist nuz in' siben dingen.

Eines dinges genússe ich in dem himel allermeist; es ist ŏch alleredelost und lúhtet allerschŏnost gegen der heligen drivaltekeit und kostet ŏch in disem libe allermeist, dc ist, das man in armůt, in smacheit, in ellende, in wetagen, in geistlichem armůte, (das allerswerost ist,) in getwange der gehorsami, in allerhande bitterkeit inwendig und uswendig, ja das man hie iñe welle und mŏge und kŏne got loben von herzen, danken mit vrŏden und reichen vf mit der gerunge und vollebringen mit den werken. Hievon wirt sele und lip in himmelriche also ahtber und lobsan, das si schŏnor singent und miñent deñe die andern und claror lúhtend in der vrŏide deñe die andern, und dc si hoher swebent deñe die andern, und wuñeklicher lebent deñe die andern, und dc si notlicher gezierent sint deñe die andern, und von richtuome grosser wirdekeit habent (mere) deñe die andern, und dc si wuneclicher gebruchent und tiefer sugent in die heligen drivaltekeit deñe die andern.

Herre got, ich vrage dich: Wie smeket dir dis lob und dise añemikeit, die dir ein betrůbter mensche leistet ane alle sůssekeit? Hŏre nu wc er saget:

Es stiget vf mit gewalt,
Und des ere ist und wirt manigvalt,
Wan ime můs rumen alles dc je wart,
Unz es kunt in die gŏtliche stat
Miner heligen drivaltekeit
Und es da alsolich wunder tůt,
Das es mine drie personen al durchgat.
Und růret und reizet und machet miñenlustig
Mine ganze drivaltekeit.
Minen smak den ich habe,

Den bevindet die sele selber wol;
Ich mag ir nút vollen heimlich wesen,
Si welle sich rehte mússig und blos
An minen gőtlichen arm legen,
Und dc ich můs mit ir spilen,
Wan darum han ich mich in ir gewalt gegeben,
Kindesch, arm, nakent, blos, versmehet
Und ze júngest in den tot,
Dc si alleine sol sin (Eya, ob si wil)
Min nehste min liebste genos,
Und si sol jemer me in miner heligen drivaltekeit
Mit sele und mit libe sweben und spilen sat
Und ertrinken als der visch in dem mere.
War ist dene komen alle ire swere,
Die si durch mich und na mir hat gelitten?
Alsus wil ich ir sússen wehsel geben.

XXVI. Wie got sich lobet und singet.

Eya nu hőre wie die helige Drivaltekeit sich selber lobet mit ir vnbeginlicher wisheit und mit ir endelosen gůti, und mit ir ewigen warheit und mit ir ganzen ewekeit. Nu hőre die allersůsosten, die allerhőhsten, die allerwuneklichosten stime, wie die helige drivaltekeit in ir selber singet mit einer ganzen stime, da aller heligen sůssen stimen vsgeflossen sint, die je gesungen wurdent in himelriche und im ertriche und noch sőllent ewekliche:

Des vaters stime sprichet ime lobesange: Ich bin ein vsvliessende brune, den nieman erschőpfen mag. Aber der mag villihte sin herze selber mit eime vnnútze gedank verstoppfen, dc die vngerůwige gotheit, die jemer mere arbeitet ane arbeit nit in sin sele mag vliessen.

Der sun singet alsus: Ich bin ein widerkomende richtuom, den nieman behalten mag, wan alleine die miltekeit, die je gevlossen und jemer gevliessen sol von gotte, die kunt alles wider mit sime sune.

Der helig geist singet dis lob: Ich bin ein unúberwunden kraft der warheit, dc vindet man an dem menschen, der loblich mit gotte bestêt swas in angat.

Alsus singet die ganze drivaltekeit: Ich bin also stark an miner vngescheidenheit, dc mich gescheiden nieman mag noch zerbrechen an miner ganzen ewekeit.

XXVII. Mit zwölf worteñ enpfieng der himelsch vatter sinen sun Jesum.[1]

Mit disen worten enpfieng der himelsche vater sinen sun, do er us von diesem irdenschen strite in den himelschen vriden was komen: Siest willekomen min erliche sun, dc ich selber bin min hant an dinem werke, min ere an diner gewalt, min kraft an dinem strite, min lob an dinem sige, min willen an diner widerkunft, min wunder an diner vffart, min zorn an dim gerihte. Die vnbeflekte brut, die du mir bringest, die sol din und nu jemer me vngescheiden sin. Min gotheit ist din crone, din menscheit ist min sûne, vnser beder geist dc ist ein wille, ein rat, ein craft an allen dingen, ane begiñe und ane ende. Din sele ist vnser drier personen allernehstû brut.

O wie wuñenklichen cristi sele in der ganzen heligen drivaltekeit spilet! ze gelicher wis, als das wunderlich bliken, dc in der schônen suñen swebet, dc nieman kan gesehen, deñe der vil schônû ôgen hat.

XXVIII. Von siben cronen brûder Albrehtes. Ein anderes ist satzunge gottes, ein anders ist erwêlunge.

Swa dû kunst hat wisheit und miñe, da bringet dû erwelunge fruht, und nieman weis was er gûtes an ime hat, er werde deñe mit dem bôsen versûchet. Ich bat für brûder Albertes sele von miñen, do wisete mir got sin wirdekeit. Do sach ich siben megde cronen ob sinem hôpte sweben. Do wunderte mich sere wie es da vmbe were, wand er ein rûwere was gewesen. Do sprach vnser herre: Dise crone hat er darumbe gewuñen, dc er siben jungfrôwen an irer kûscheit behielt mit manigen arbeiten, alleine dur mine liebi, und eweklich sônt si alle sine wirdekeit zieren, und sônt doch niemer berûreñ sinen lip noch sine sele. Ich habe dc in himelriche gesehen, lon, wirdekeit und crone,

---

[1]) Greith 25 ª.

und das ist nit alles ein. Der lon lit an dem werke, dú wirdekeit an den tugenden, crone an der miñe. Aber der lon ist rich nach der manigvaltekeit gûter werke, dú wirdekeit ist gebreitet nach der masse der tugenden, die crone lúhtet in der hôhi nach dem vlisse der breñunge in der miñe. Brûder Albreht seite mir do, dc ein brûder solte sterben ṽber sechs jar. Das wart nit war. In dem sibenden jare vragete ich vnsern herren, wie dc were. Do sprach vnser herre: Er sach die satzunge und nit mine erwelunge. Ich erwele minú sunderliche vrúnde in langer smacheit ane schulde, und ich vriste si in heliger gerunge langer ze lebende.

Sweñe der mensche in der miñe liehte, das ist in der warheit, sin herze besihet, so vindet er niht wan dc er ze rehte versmâhet sol sin me deñe jeman. Dariñe wahset die gerunge mit vnmessigem hunger und bringet deñe den menschen vsser im selber in gotz willen also verre, dc gott des gerûchet, das er den menschen vristet, und git im deñe alles núwe gabe, ob er si mit gûtem vlisse wil behalten und bewaren.

XXIX. Nach gotz zuge were der mensch als ein engel, eb er dem volge'e. Und von der bosheit des túfels.

Der sich rehte hielte nach dem zuge der von gotte kunt und nach dem liechte dc er bekeñet, der keme[1]) in also grosser wuñe und in also heliger bekantnisse, dc enkein herze môhte getragen. So were er als ein engel allezeit miñenklich mit gotte vereinet in allen dingen. So wrde er des túfels helle und gottes himelrich. Sweñe aber der gûte mensche von dem zuge lat, so sendet im got den túfel zû, dc er in bekore mit den dingen die allerswerost sint, vf dc er in wider erwekke. Aber vnser lieber herre der entzûhet dem túfel sine maht und beschirmet den menschen, dc er in nit gevellen mag. Mere er wenet rehte, dc im vrlob si gegeben, das er den menschen nach sinem willen môge vellen, darvmbe ist er also vlissig tag und naht.

O we mir armen! mir ist vil dikke also geschehen. Got hat mir ein also erlich ding gewiset und gelobet ze leistende,

---

[1]) Handschrift: keñe.

dc ich es vor miner vnwirdekeit nit getorste getrúwen, und darum gedankete ich es îm leider niet. Do kam der túfel und wolte mir pine anlegen. Do sprach ich, wc wiltu? Joch sihest du wol, dc got hie mit mir ist. Wie gedarst du mich gepinigen vor siner gegenwirtekeit? Do sprach der túfel: Ich wil nu als ich je wolte, minen stûl setzen bi dem sinen; ja ich wolt in von dem stûle diner sele triben ob ich möhte und setzen mich da in, und wolte gerne, dc das himelrich, paradys, vegefür und ertrich, dc die alle ein helle werin in der ewigen helle. Do sprach ich: Woltestu nicht, dc disú ding allú ein hiṁelrich werin, vf dc du ŏch zehulde kemest? Do sprach er: Nein, das mag ich niemer getûn. Do sprach ich: O we, wie bistu so reht vnselig, dc du dich vor gotte nit schemest! Do sprach er: Swer iht gûtes an ime hat, der ist nit alzemale böse und swer súndet der verlieret die schame, wan schamete er sich, so tete er der súnden nit. Ich bin durkûne als ein vliege und valle je zû. Ich schone niemaṅes; nu der sich mit tugendeṅ weret, der bleibet vnbesweret und der in gotte veste stat, der úberwindet erlich alles sin herzeleit.

XXX. *Von zwenzig kreften gottes miṅe und von manigvaltigen namen.*

Eja liebe gotzmiṅe, behalse je die sele min,
Wan es mṽrdete mich ob allem we,
Solte ich wesen von dir vri.
Eya miṅe, nu la mich nicht erkûlen,
Mine werk sint alle tot
So ich dich nit vûle.
O miṅe, du machest sûsse pine und not,
Du gibest lere und trost den waren gotteskinden.
O miṅebant, din sûsse hant
Hat den gewalt, si bindet beide jung und alt.
O miṅe, du machest grosse burden lichte
Und kleine súnde dunket dich swere.
Du dienest gerne sunder lôn
Allen creaturen vnderton.
Eya sûsse gotzmiṅe, sweṅe ich alzelange sclafe
An versumekeit gûter dingen,

So tů wol und weke mich und singe
Mir vrowe dinen sang,
Da du die sele mitte rürest
Als ein sůsse seitenklang.
Eya miñe, frŏwe, wirf mich vnder dich,
Ich werde vil gerne sigelos,
Das du mir deñe benemist eis leben,
Daran lit vrowe aller min trost.
O we, milde gotzmiñe, du schonest min alzesere,
Das clage ich jemer mere.
Miñe, din vil edle grůs der hat ervúllet minen munt,
Miñe, din vil reine qwelen tůt mich ane sünde leben.
Miñe, dinú stetů andaht
Hat mich in also sůssen kumer braht.
O gótlichú miñe, wie sol ich din mit gedult enbern?
So du mir wilt frŏmbde sin.
Miñe, dc ist ein wuñeklich hoher můt,
Dc mir din vrŏmdi wol tůt!
O wunderlichú miñe, wol selig der jemer, den du lerst,
Dc ist sin wuñenklichestů diemůtikeit,
Dc er, frŏwe, dich es bittet, das du von ime kerst.

Eya miñe, wie kleine du der vindest,
Die dich mit aller maht in allen dingen sůchent
Und mit stetem vlisse din gebruchent
Und die dich in miñeklicher gere heissent,
Das du von inen vliehest.
Der ist aber vil, die dir mit dem munde růffent
Und mit den werken von dir kerent.
Miñe, din scheiden und din komen,
Das ist gliche willekomen
Der wolgeordeneten sele.
Miñe, du hast alles das undergetan,
Das got hat mit uns in herzeklicher liebi began.
Miñe, din vil edele luterkeit,
Die als ein schŏner spiegel stat
Vor gotte an der küschen sele,
Die machet heisse miñelust
In der magetlichen brust
Zu Jesu irme lieben.
Die sere miñen vnde megde sin,
Dc sin die jungfrŏwen von seraphin.
Miñe, din helig barmherzekeit,
Die tůt den tůfelen manig leit.
Miñe, din vil sůsser vride
Bringet senfte gemůte und reine sitten.

Miñe din helige genûgunge machet vri gemûte
In willeclichem aremûte.
Miñe din ware durnetekeit
Die claget nit gerne missekemi noch arbeit.

XXXI. *Von zehen creften der miñe und dc keine creature mag volgedenken der sele gerunge ze gotte.*

O miñe, wie breit wirt dein liht in der sele, und wie vúrig ist din schin, und wie vnbegriflich ist din wunder, und wie manigvalt ist din wisheit und wie snell ist din gabe, und wie kreftig ist din bant, und wie durnehtig ist din wesen, und wie senfte ist din vlus, und wie gros ist din koste, und wie getrúwe ist din arbeit und wie helig ist din vnderscheidenheit! Alse du die sele mit allen disen dingen durchvarest, und si den sich vfhabet und begiñet vliegen mit tubenvedern, dc ist mit allen tugenden, und begiñet deñe ze gerende mit des aren girheit, so volget si der hitze vf ze himele, wan es dunket si alles kalt und vngesalzen wc zergenglich ist.

So spriche vz dem munde der warheit alsus: Herre, die gerunge, die ich zû dir habe in dinem zuge; herre, die wisheit die ich deñe enpfan in der miñe vluge; herre, die einunge, die ich deñe begriffe in dinem willen; herre die stetekeit die ich deñe behalte nach diner gabe; herre, die sûsse gehúgnisse als ich din gedenke; herre, die verwenete miñe die ich zû dir habe, die ist in ir selbe also rich und vor dinen gotz ŏgen also gros; eb du es nit wistest, herre, so mŏhten es nit alle santkŏrner, alle wassertropfen, alles gras und lŏp, stein und holz, alle toten creaturen, dazû alle lebenden creaturen, vische, vogele, tier, wurme, vliegende und kriechende, túvel, heiden, juden vnd alle dine viende, noch me alle dine vrúnde, menschen, engel, heligen, nu, eb alle die personen sprechen kŏnden, wolten und riefen ane vnderlas untz an den jungosten tag, werlich, herre, dc weistu wol, si mŏhten dir nit halp gekúndigen die meinunge miner gerunge, und die not miner qwelunge, und das jagen mines herzen, und das vfruken miner sele nach dem smake diner salben und dem vngescheidenen anhangen ane vnderlas.

Ja Maria, frŏwe, gottesmůter, wie solte es dir ergan, eb du begondest mit dinem sune ze kúndende der ewigen gotheit die liebi dú ein vereinitú sele ane valsch in disem libe in der ewigen gotheit hat und das rŭren, damit er si trutet. Vrŏwe, du mŏhtist múde werden und din sun můste âmehtig werden, wan der gŏtlichen miñe vúrige kraft gaht úber alle menschliche maht.

XXXII. *Von dem hohen ende swester Mehthilt.*

Nu můs ich doch dise rede betwungen schriben,
Die ich gerne wŏlte verswigen,
Wan ich vŏrhte vil sere,
Den heimlichen swung der italen ere.
Aber ich vŏrhte michel mere,
Wil mir got gereht wesen,
Das ich gotz arme deñe alzevil habe verswigen.

Jamer, vorhte und stete herzeleit han ich getragen heimelich von kinde vm ein gůt ende. Nu an miner jungeston zit hat mir got alsus gewiset, das von himelriche kamen vier scharen in procession, das waren juncvrowen und engel. Die jungvrŏen bezeichenten tugenden, da ein mensche got mit gedienet hat. Die engel bezeichent ein rein leben, da der mensch got mit gevolget hat.

Unser herre und sin erlich můter
Volgeten der wunecliehen procession,
Untz die ersten stůnden
Vor des menschen munde,
Also we der weg vridesam alumbe und vmbe
We er clarer deñe die suñe
Von dem schine der heligen,
Die da kament von der gotz wuñe.

Do sprach dú sele: Herre, dirre weg behaget mir úber alle mine wirdekeit unmassen wol, aber ich vŏrhte sere, wie ich us minem lichamen sŏlle komen. Do sprach vnser herre: Alse de sol geschehen, so wil ich minen aten ziehen, das du mir volgest als ein agestein. An beiden halben der procession was ein schar túfelen, der was also vil, dc mir dc nit mohte geschehen das ich möhte vberselien, jedoch so vörchte ich keine. Si vnderslûgen sich mit grossem grim̄e und si undercratzten sich als die vnsiñigen. Des vröwet sich die sele noch mer, deñe das si vor ir sach vnsern herrn. Do vragete si von grossem wundere vnsern herrn, wie dc were. Do sprach vnser herre: Die vröde kunt vor der gewissen sicherheit, dc dich alle dise túfele niemer mögent von mir gehinderen.

XXXIII. Wie die cleine súnde schadet der vollekomenheit und wie sich der túfel davon nahet der sele.

Das hindert geistliche lúte allermeist an rehter vollekomenheit, dc si der kleinen súnde also wenig ahtent. Ich sage vch des werlichen: Sweñe ich mich versume mit eim lachende dc nieman schadet oder mit einer surekeit in minem herzen, die ich nieman bewise, oder mit einer kleinen vngedult miner eignen pine, so wirt min sele also vinster, und mine siñe also stumpf und min herze also kalt, dc ich ellendeklich mûs weinen und jemerlich mûs klagen, und frúntlich bitten und krefteklich geren und diemúteklich bekeñen alle mine vntugende, deñe erste mag mir armen die gnade geschehen, dc ich widerkrieche als ein gesclagen hunt in die kuchin.

Noch mere, sweñe ich einen gebresten an mir habe vnbekant und vngewandelt, so stat zehant ein helle vlekke an miner sele. So mag des kein rat sin. Der túfel, der des vegefúres pfliget, da die súnde iñe breñen solte, er wil zehant sin glichnisse ansehen. So begiñet mich ze eisende, da ich alleine bin, wan min sele wart vri gemachet von aller eisunge, do ich dú gabe enpfieng die man heisset bekantú miñe. So valle ich zehant vf die erde und spreche: *miserere mei deus* oder *pater noster*. So zehant kume ich wider in min sûsses paradys, da mich der vlekke us het gewiset.

XXXIV. Von fünfleie nüwe heligen, dur böse lüte gesant, und wie got wil weschen die cristanheit in sin selbes blůte hienach.[1]

Mich wundert sere nach der edelkeit die do lit an der helikeit und nach der krankheit die an den menschen lît. Das Sante Elyzabeth also drahte helig wart und also vnlange vnder der erde lag, des berihte mich unser herre und sprach alsus: Es ist der botten reht de si snelle sien. Elyzabeth die ist und si was ein botte den ich gesant habe ze den vnseligen vrŏwen, die in den burgen sassen, mit der vnkúscheit also sere durflossen und mit dem homůte also sere vberzogen, und mit der italkeit also stete vmbevangen, das si nach rehte in de abgrúnde solten sin gegangen. Irme bilde ist manig vrowe gevolget, dermasse si wolten und mohten. Sant Dominicum sante ich den vngelŏbigen ze botten und den tumben ze lere und den betrůbten ze troste. Ich sante ŏch Franziscum ze botten den girigen pfaffen und homůtigen leien. Mere Sant peter, der núwe marterer der ist min bote des blůtes, do nun die valsche cristanheit so jemerlich iñe bevangen ist. Si sprechen alle, si sint reine und si sint vor minen ŏgen vnkúsch. Si sprechen si sint getrúw, und si sint doch vor minen ŏgen valsch. Si sprechent si haben mich liep, und si hant ir fleisch michels lieber. Wer mit mir wil bliben, der getrŏste sich mit sant peter des irdenschen libes. Die verborgen schulde machet zejungost dú offenbare not.

Ich armer mensche, ich wart in minem gebete also kûne, de ich frevenlich tet, und nam alzemale die verbŏsete cristanheit an miner sele arm, do borete ich mit jamere. Do sprach vnser herre:

Las', s'ist[2], dir alzeswere.
Eya, nein, sûsser herre
Ich wil si vfheben und für dine fûsse tragen
Mit din selbes armen,
Da du si mit an dem crúze truge.
Do gestattete mir armen got mines willen,
Uf de er mich möhte gestillen.

---

[1]) Am Rand: cessa, als Wink für den Leser oder Schreiber.
[2]) Handschrift: sust.

Do dů arme Cristanheit alsus für vnsern herren kam, do was si glich einer juncfrowen. Do sach ich si an und ich sach ŏch dc si vnseren herren ansach. Do schemete ich mich vil sere. Do sprach vnser herre: Nu sich, gezimet mir, dise jungfrowe wol in minem ewigen brůtbette ane ende ze miñende und mit minen keyserlichen armen zů mir ze nemende und mit minen gŏtlichen ŏgen anzesehende, wan si surŏgge ist an ir bekantnisse und si ŏch lam ist an iren henden, wan si nŏte gůtů werk tůt? Si ist ŏch hufhaltz an den fůssen irre gerunge, wan si min selten und treglich gedenket. Si ist ŏch vnvletig an der hůte, wan si ist vnreine und vnkůsche. Do sprach der arme geist, wel rat sol ir deñe werden? Do sprach vnser herre: Ich wil si weschen in ir selbes blůte und alle die seligen, die da warhaftig unschuldig sint, die wil ich beschirmen und nemen si verborgen zů mir in eime heligen tode.

Mere sprach vnser herre: Swester Jutte von Sangerhusen die han ich den heideñe gesant ze botten mit irme heligen gebete und mit irme gůten bilde. Dis sprach ŏch vnser herre: Dis bůch sende ich nu ze botten allen geistlichen lůten, bedů den bŏsen und den gůten.' Wan weñe dů sůle vallent, so mag dc werk nit gestan. Ich sage dir werlich, sprach unser herre, in disem bůche stat min herzeblůt geschriben, dc ich in den jungesten ziten anderwarbe giessen wil. Von drierhande blůte seite mir vnser herre alsust: Das erste blůt, das Abel und dů kint,[1]) Johañes Baptista und alle die ir helig unschuldiges blůt gussen vor der marter vnsers herrn, dc was cristi blůt, wan si litten dur sine liebi den seligen tot. Das ander blůt das was des himelischen vatter blůt, das cristus us sinem vnschuldigen herzen gos. Das dritte blůt, dc man vor dem jungesten tage giessen sol in cristanem gelŏben, dc ist des heligen geistes blůt, wan sunder des heligen geistes andaht wart nie gůttat vollebraht. Der martrer blůt dur cristum, dc gibet gesellescaf und kůñe; des vatters blůt in cristo git

---

[1]) Die von Herodes ermordeten.

lösunge und gelöben. Das jungest blůt in dem heligen geiste git behaltunge und ere.

XXXV. *Wie Swester Mehthild danket und lobet got und bittet für drierleie lüte und für sich selber.*

Eya milte vatter, got von himelrich,
Zůhe mine sele al vliessende, vnbekůmert vm dich,
Und vlůsse ir herre engegen mit allem dem
De du hast wuñenkliches in dir.
So mag si bitten und gebieten
Und dich, herre, volle loben aller diner gůti.
Eya und gib mir herre diner heligen drivaltekeit zuge
In dem sůssen miñe fluge,
Also, herre, de ich dich lobelich gebruche
Aller diner milten gaben,
Und ich dich, sůsser herre, niemer bitte,
De du mir herre zů dinem lobe nit wellist geben. Amen.[1])

Eya vatter aller gůti, ich arme sůnderiñe danken dir aller trůwe mit minem gepingeten libe und mit miner ellendigen sele und minem sůndigen herzen und mit minen betrůbten siñen und mit minem versmeheten wesene an dirre welte. Herre vatter, das ist min und anders nit, und mit dinem lieben sune J. cristo, und mit der gemeinschaft aller creaturen. Alle si waren vnverböset, und als si noch widerkomen sönt in de allerloblichost de si werden wöllent und mögent.

Eya sůsse vater, mit alle disen dingen so lobe ich dich hütte vmb alle din getrůwe schirmunge die du je geletest (*legtest*) an minen armen lichamen, und an mine ellendig sele. Mit disen dingen, grosser got, so danke ich dir, herre, aller diner milten gaben, die du mir, herre, je gerůchtest ze gebende an lip und an sele. Mit diser meine (*gemeine*) aller creaturen so gere ich herze hütte dines lobes in allen dingen, vmb alle ding, dů, herre vatter, vs von dinem sůssen herzen vnbewollen sint gevlossen. Aber mit allen disen dingen, liep vor allen lieben, so bitten ich dich, herre, dir selber ze eren umb ware wandelunge und vmb ganze bekerunge der armen sůndern, die hütte ligent in den

---

[1]) Am Rand: Danke mit siben dingen.

hŏptsünden. Ich bitte dich mere, min wâr liep, vmb helige wahsunge aller tugenden und cristanlicher bestandunge allen den seligen die hie lebent ane hŏbetsünde.

Ich bitte dich aber, vil lieber, vür alle gepinegeten selen, die dur vnsere sünde in de vegefür sint gevarn, das wir mit gůtem bilde solten bewaren. Ich bitte dich herre, vmb helige heilunge und vmb ware beschirmunge, und vmb dines heligen geistes ervüllunge, allen den bi namen, die min ellende, herre, mir armen dur dine liebi helfent hie tragen an libe und an sele. Ich bitt dich, richer got, dur dinen armen sun Jesum, de du die pine mines geistlichen armůtes und die gallen miner bitterkeit ze honig wellist machen in dem gŏme miner sele. Ich bitte dich, lebender got vmb die ewigen edelkeit vnsers cristanen gelŏben, de du vns, herre, deñe bewarest vor allen valschen gezügen mit diner gotlichen wisheit. Und stete, herre, vnsern geist, ze růwende in diner heligen drivaltekeit.

Ich bitte dich, süsser herre, vür alle mine cristanpinger, de si dich noch műssen bekeñen und helecliche miñen. Ich bitten dich, almchtiger got, vmb ware stürunge mit vnderscheide den valschen lüten in der herschaft, und vmb barmherzige schonunge [1] der vnschuldigen in der gemeine. Ich bitte dich, ewiger trost, de du hütte ze troste wellest komen allen den betrůebten selen, dü hütte mit angest von irme lichamen scheidin, de du, erbarmherziger got, ir behalter weelist sin und vrteilen si in das ewig leben. Ich bitte dich herre, vmb reine lüterunge und geistliche bestandunge, und lobelich behaltunge der gotlichen warheit in allen dingen, allen den bi namen, die geistlichen schin und geistlichen gewalt alleine dur dine liebi tragent. Ich bitte dich milter got vmb ware dankuemekeit ze allen ziten vmb alle din gaben, den ze helfe, die dur dini liebü kumberliche burdin tragent.

Ich bitte dich, heliger got, vmb erbarmherzige angesihte mines uñützen lebeñes und vmb stete einunge, herre, din selbes in miner sele, und vmb die getrüwen wegespise dines heligen lichamen, de der műsse sin an minem ende min jungestů spise

[1] Handschrift: schŏnunge.

an sele und an libe. Öch bitte ich dich, hohû wuñenkliche drivaltekeit, vmb die jungesten stunde der ellendigen scheidunge miner armen sele von minem sûndigen libe, dc du dich deñe, herre, wellist zû mir neigen, also dc alle mine viende trurig von mir scheiden, und ich, herre, danach diner sûssen wollust und miner langen gerunge, dich môge ane vnderlas ansehen, also dc miner sele ŏgen in diner gotheit mûssen spilen, und dine sûssû miñelust us diner gôtlichen brust dur mine sele mûssen sweben. *Per dom. nostrum J. Ch. filium tuum. Amen.*

Dis ist der sehste teil dis bůches.

I. Wie ein prior oder priorin̄e oder under prelaten sich sóllent halten gegen iren vndertanen. Das erst capitel.

Gros vorhte lit an der gewalt. Swen̄e man spricht: ir sint nu vnser prelaten oder vnser prior, oder vnser prelatine, weis got, lieb mônsche, so bist du vf das hôhste bekort, so solt du mit grosser demůtekeit dine venie machen und gan den̄e zehant an din gebet und lassen dich got trôsten. So solt du den̄e din herze verwandelen in heliger gottesliebin, also dc du ein jeglichen brůder oder swester, die dir bevolhen sint, sunderlich min̄est in allen sinen nôten. Du solt wesen mit dinen vndertanen und Brůdern minenklich vrôlich oder gůtlich ernest, und erbarmherzig solt du sin vber alle ir arbeit und mit sůssen worten solt du si vs heissen gân, predien kůnlich und bihtehôren vrômelich, wan si got dazů hat gesant in dise welt, dc si lôsere und helfere sôllent wesen der armen sůndern ze glicher wise als cristus aller welte lôser we, und gieng harnider vs von dem hohen palaste der heligen drivaltekeit in dise pfůlige welte.

Alsus solt du sprechen zů einem jeglichen brůdere mit grundeloser diemůtekeit dines reinen herzen:

Eya lieber mensche, ich vnwirdig alles gůtes,
Ich bin din kneht mit allem dienste
Da ich es vermag, und nit din herre.

Mere leider, ich habe dû gewalt vber dich,
Und mit herzeklicher gottesliebin sende ich dich vs.
Mich erbarmet sere din arbeit,
Doch habe ich das vnderscheit.
Ich frôwe mich der hôhsten wirdekeit,
Die der himelsche vatter dir hat bereit.
Nu ich sende dich in denselben namen
Als Jesus gieng von sinem vatter,
Do er sûchte das eine verlorne schaf
Also lange, dc er von miñe starb.
Die ware gotzliebin mûsse dich geleiten
In heligen wegen und in nûtzen arbeiten.
Ich wil miner sele gerunge und mines herzen gebete
Und die trehenen miner sündigen ŏgen mit dir senden,
Dc dich got heilig und miñevol
Herwider mir ze liebe sende. Amen.
Alsust solt du alle din brûder trôsten[1]) als si vsgant
Du solt si ŏch vrôwen sweñe si widerkoment.
Du solt vorgan in das gasthus
Und schaffen von gotz miltekeit
Den gotz jungern alles das notdûrftekliche gemach,
Dc du jemer vollebringen maht.
Eya, mensche, du solt selber ir fûsse weschen;
Du blibest dennoch meister oder meisteriñe
Und bist in demûteklich vndertan.
Du solt nit lange bi den gesten wesen,
Du solt des Conventes ordenlich pflegen;
Die gâste sont nit lange wachen,
Das ist ein heligû sache.
Du solt alle tage in das siechhus gan
Und salben si mit den trôstlichen gotsworten
Und laben si mit irdenischen dingen milteklich,
Wan got ist ûber alle koste rich.
Du solt je reine bi den siechen machen
Und solt in gotte sûsseklich mit in lachen.
Ir heimlichen notdurft die solt du selber von in tragen,
Und si getrûwelich minenklich vragen,
Wielich ir heimliche sûche si,
Und stan in deñe werliche bi,
So vlûsset die gots sûssekeit in dich.
Du solt ŏch in die kuchine gan und besehen,
Das die notdurft der brûdern des conventes als gût si,
Dc dinû kargheit und des kochestragheit
Vnserm herren nit verstêlen

---

[1]) Handschrift: trûsten.

Den süssen sang in dem kore,
Wan ein verhungerter pfaffe, der singe niemer schone;
Darzů ein hungerig man mag nit tieffe studieren,
Alsus můs got dur das ergeste de beste dike verlieren.

Im capittele soltu mit süssem gemůte gerecht wesen und dariñe nach der schulde glich rihten. Du solt dich sere hůten, de du diner gewalt iht volgest wider der brůderen willen oder des conventes willen, wan da kunt grossú zwiunge von. Du solt dich jemer segenen vor der homůt gedank*en*, die doch leider mit gůtem gelichnisse in de herze vallent und sprechent: Ja, du bist doch ob in allen prior oder priorin, du mŏhtist wol tůn was dich gut ducht. Nein lieber mŏnsche, damitte brichest du den heligen gotzvriden. Du solt mit vndertenigem gelesse und mit miñeklichen vrŏden sprechen dis: Liep brůder oder swester, wie behaget vch dis, und deñe nach irme besten willen so rihte dich.

Sweñe din brůdere oder din swestern dins conventes ere bietent, so soltu dich inwendig vŏrhten mit scharpfer hůte dines herzen und solt dich vswendig schemen mit gezogenlichem gelasse. Alle klage soltu barmherzeklich enphahen und allen rat soltu getrúwelich geben. Wellent dine brůder hoch buwen, das soltu heileklich wenden und sprich alsus: Eya vil lieber brůdere, wir wellen der heligen drivaltekeit buwen einen wuñeklichen palast in vnser sele mit dem zimber der heligen schrift und mit den steinen der edelen tugenden. Der erste stein des erlichen palastes, da der ewige got ane ende sine miñelustlichen brut iñe truten sol nach siner creftigen wollust und nach ir smekende gerunge, de ist die grundelose diemůtekeit, di also wol gebiket ist mit der süssen genůge irdenscher zergenglicheit, da die girige homůt und die snidende ital ere niemer ir gewalt geben so sere, de wir iht buwen als irdensche herren oder vrŏwen, mere wir wollen buwen als himelsche fürsten in ertrich. So sitzen wir an dem jungesten tage bi dem armen Jesu, den herren apostelen gelich. Lieben brůder, wir wollen buwen vnser himelwonunge mit gotlicher vrŏde und unser irdenische schůlunge welen wir buwen mit sorgen, wan wir haben kein gewisse vrist ze lebende vntz ze morgen.

Du solt haben eines aren ǒge und merken und sehen dine vndertane in gotte, minenklich und nit arglich. Vindestu jeman der heimlich bekoret si, eia dem stant mit aller liebin bi, so mag des got nit gelassen, er můsse dir heimlich sin.

Die selige Brůder, die einig ambaht haben, den wil ich dise ware rede sagen, die ich in der heligen drivaltekeit sach, do ich in minem ellendigen gebete was. Sweñe der mensch betet in cristanem gelǒben, mit einem also demůtigem herzen, dc er enkein creature beuinden im enmag erliden, und mit also ellendiger sele, dc im allů ding můssent entwichen in sime gebete, ane got alleine, so ist er ein gǒtlich got mit dem himelschen vatter. Doch gedenket der mensche deñe do allerbest, wie rehte snǒde er an im selber ist, er vǒrhtet ǒch sin selbes in der sůssen vmbehalsunge also sere, dc im niht erkant ist deñe alles gotz ere. Sweñe aber der mensche erbeit in rehter nutz, durch ware not, mit derselben liebin da er mitte gebettet hat, so ist er ein menschliche got mit cristus. Mere alles das man clůtteret (?) und arbeitet sunder nutz und sunder not, das ist alles vor gotte tot, sweñe alleine der mensche dur gotz liebi und niht durch irdensche meite den tumben leret, und den sůnder bekeret und den betrůbten trǒstet, und den verzwifelten wider ze gotte bringet, so ist er ein geistlich got mit dem heligen geiste.

Eja, der vilselige mensche, der alle ding dů gotte loblich sint und dem menschen sint mugelich ze tůnde, dc *er* die tůt in glicher liebi got ze lobe mit stéter meinunge alles sines herzen, so ist er ein gantz persone mit der heligen drivaltekeit. Aber der stǒbe der sůnden, der vf vns vallet alseme als ane vnsern dank, der wirt von der miñe für also drahte ze nihte als vnser selenǒge wank die gotheit gerůret mit der ellendiger sůfzendiger sůssen gerunge, der kein creature mag widerstan. Sweñe si begiñet ze stigende so entriset ir der sůnde stob, so wirt si deñe mit got ein got, also dc er wil dc wil si, und si mǒgent anders nit vereinet sin mit ganzer einunge.

Eya mensche, du solt je des tages oder der naht vnserm lieben herren gotte ein lidige stunde geben, da du ane hinderunge lieplich iñe mǒgist betten, wan die himelsche gabe da got mitte pfliget grůssen und leren sine vserwelten lieben, die ist von nature also edel und also cleinlich und vlůsset also sůsse, sweñe der ewig got zů der miñelustigen sele in de notlich brutbette wil gân. Wand er ist also sere verwunt von irer miñe, dc er aller dingen hat verzigen mere deñe drissig jâr die ime bekemelich waren, vf dc er si mŏhte durkůssen und mit sinen blossen armen vmbevahen. Woltestu hie an gedenken, wie mŏhtestu also gebůrlich wesen! Du můstest îm gegen drissig jaren zem tage eine stunde geben.

Sweñe ich, aller menschen armeste, an min gebet gan, so ziere ich mich nach miner vnedelkeit, so kleide ich mich mit dem pfůle der ich selber bin. Danach schŏhe (*beschuhe*) ich mich mit der edelen zit, die ich verlorn han alle mine tage, und so gůrte ich mich mit der pine die ich verschuldet habe. Danach nime ich vmbe mich einen mantel der bosheit, der ich vol bin. So setze ich vf min hŏbet ein crone der heimlichen schemede, die ich wider got begangen han. Hienach nime ich in min hant einen spiegel der waren bekantnisse, so besihe ich mich dariñe, wer ich selber bin, so sihe ich leider anders nit deñe alles o we!

Dise cleidere sint mir vil lieber anzetragende, deñe alles irdenische gůt nach wunsche ze habende, und sint mir dabi also leit in jemerlicher vngedult, dc ich lieber were mit der helle bekleidet und mit allen tůfelen gecrŏnet ane mine schulde. O we leider, wie vil dike koment die rŏbere der vnstetekeit und benement vns disů cleider weñe wir vns[1]) selber behagen und wir in unser schulde uns vnschuldig sagen, so sin wir mit den italen eren berŏbet und mit der homůt nidergesclagen, so sint wir naketer den nakente. O we, wie sere mŏgen wir uns dene schemen vor gotte und vor sinen vrůnden und vor allen creaturen! Wellen wir alle vnsere scheme vberwinden mit grossen eren, so můssen wir vns aber mit vns selben alsus cleiden. Alsus gezieret sůche ich Jesum minen sůssen herren, und ich vinde în mit keinen dingen also schiere; alleine si sint swere und vngevŏge. Man sol rehte vrŏmelich hintretten mit creftiger gerunge,

---

[1]) Handschrift: vn.

und mit schuldiger schemunge und mit vliessender liebi und mit demûtiger vorhte, so verswindet der vnflat der sûnden vor den gỏtlichen ŏgen vnsers herren, und so begiñet er minenklich ze lûhtende gegen der sele und si begiñet ze vliessende von herzklicher liebi. Da verlûret dû sele alle ir schulde und allen iren jamer, und so begiñet er si ze lerende allen sinen willen. So begiñet si ze smekende sine sûssekeit und so begiñet er si ze grûssende mit siner gotheit, dc die kraft der heligen drivaltekeit ire sele und iren lip aller durgat, und da enphât si die waren wisheit, und so begiñet er si ze trutende, dc si krank wirt. So begiñet si ze sugende, dc er miñesiech wirt und so begiñet er die masse ze temperende, weñe er ir masse besser bekeñet deñe si selber. So begiñet si ze gerende grosser trûwe îm ze leistende, und so begiñet er ir die volle bekantnisse ze gebende, und so begiñet si deñe vrỏliche ze smekende an irme vleisch dur sine liebi, und so begiñet er alle gabe ze bestetgende mit heliger willunge in ir sele. — Wil si sich deñe hûten vor der vnedelen liebin irs vleisches und vor der girigen sûssekeit aller irdenschen dingen, so mag si vollekoñenlich miñen und got manig lob an allen dingen gewiñen.

Nu lieber mensche, noch sint zwỏi ding, da soltu dich mit heligem vlisse vor hûten, wan si brahten nie helige fruht; dc ist, dc ein man oder vrŏwe in der andaht gûter werke und gûter sitten vil wil began, vf dc er ze prelaten werde erkorn. Dem siñe ist min sele gram. Sweñe si deñe begriffent dû gewalt, so werden ire vntugende also manigvalt, dc nieman wirt von ime getrỏstet, der în mit grosser gerunge kos. So wirt er deñe verwiset von den eren, und so werdent sine valsche tugende ze lastere bekeret.

Der ander ist, eb ein mensche wirt lobelich bekoren ane alle schulde, dc er sich deñe also verwandelt, dc er niemer gert von der korunge ze koñende. Dc ist ein zeichen maniger vntugenden. Alleine ist er lobelich daran, so sol er sich doch je vỏrhten und diemûtigen. Ein warhaftigû vrowe und ein gût man, der sol dis bûchelin lesen, der nach minem tode wolte gerne, und mag nit mit mir reden.

II. Von der regele eis kanoniken, wie er sich halten sol. Die ist von got komen.

Wir sǒllen grůssen die lůte in dem heligen geiste mit siner gǒtlichen volleiste und wir sǒllen danken irer erbarmherzigen gabe. Wir sǒllen aber me danken mit der gemeinschaft aller creaturen dem himelischen vater siner heligen gabe die er vsser siner heligen drivaltekeit gůsset in der sůndere herze von tage ze tage, und ane vnderlas. — Das der adeler also hohe vlůget, de darf er nit der ǔwelen danken.

Ich bat fůr einen herren durch sine gerunge. Dis ist die helig antwurte von gotte und er sprichet alsus zů mir: Sin gerunge die ist sinkendig ze diemůtigem lebene und min gabe die ist gros, die ich im gibe, und sin wille ist helig; doch sol er rehte beliben da er ist. Dise regele hat im got gesant, der hohe babest von himelriche und sprichet alsus: Er sol betten jemer, alsemer als ane vnderlas nach pfaeflicher ordenunge. Dazů wil ich im geben mine gǒtlichen sůssekeit, der sol er gebruchen in dem einǒte sines herzen. Sweñe er bekoret ist, so sol er mich crefteklich anrůffen, so wil ich im snelleklichen helfen. Er sol sine schult genzlichen gelten und sol sinen kosten kleine machen. Er sol nieman haben in siner koste durch herschaft noch dur miete, mere er sol halten reine botten zů siner rehten not. Er sol sich mit sinen magen nit bekůmbern, mere eb im einer wǒlte volgen, dem solte er helfen. Er sol also lichtů kleider tragen als er nu traget; mere bi siner hůt sol er sich kleiden mit hertem gewande wider die manige sůssekeit, die er in siner hůt enpfangen hat. Er sol ǒch slaffen vf dem strǒwe zwůschent zwein wollinen tůchen, und zwǒi kůssin sol er haben vnder sinem hǒbete, und des tages sol er ein schǒne culteren dekken über sin bette und sin bette sol stan an derselben stat da es ê stůnt offenbar. Ein matte sol vor sinem bette ligen und ein bettebloch. Also sol er mit demůtigem herzen gůt bilde wider geben wider ein bǒse leben. Er sol ǒch zwen besmen haben bi sinem bette, da mitte er sich kestige so er erwachet.

Alle tage zů einem male sol das sin gebete sin an siner langen venie alsus: Herre, ewiger vatter, got von himelriche, ich vnwirdig mensche, ich danke dir herre, dc du mir dine gnade hast geneiget. Nu bitte ich dich, vil lieber vatter, mit allen dinen wunderen dc din sůsse hiṁel val, der hernider gůsset ane vnderlas us dem grundelosen, lebendigen bruñen diner ganzen heligen drivaltekeit můsse mine sele reinigen ane vnderlas von allen vleken: *per dom. nostrum.*

Hienach vragete ich: Herre, wie sol er sich halten ane sünde in der irdenschen ere? Do sprach vnser herre: er sol sich halten mit steten vorhten, reht als ein mûs, die in der vallen sitzet und wartet ires todes. Das niderste teil der vallen, dc ist disů irdenschů ere, das oberste teil min almehtige kraft. Die glose sprichet vnser herre: Swer des geret, dc ich im rehte smeke, den sol jemer ze allen ziten, an allen dingen eisen vor dem funken sines vleisches, da dc herze spilet mit heimlicher wollust. Darumbe dc er isset, so sol er genůgig sin und milte; so er sclafet, so sol er gezogen und alleine sin mit mir. Alse er mit der welte ist, so sol er ein mûs in sinem herzen sin. Als er bihtet, so sol er warhaft und gevölgig sin und allů ding mit sines bihteres rate vollebringen.

III. Got gibet herschaft. Wie die böke lamber werdent. [1]

Das dirre herre selber herre ze techan ist erkorn, das ist gottes willen, wan das hat er selbe gesprochen alsus: Darum han ich ṅn von einem stůle vf den andern gesetzet, dc eine spise sol wesen der böken. Glosa: Dc got die tůmeherren heisset böke, dc tůt er darumbe, dc ir vleisch stinket von der vnkůscheit in der ewigen warheit, vor siner heligen drivaltekeit. Des bokes hût ist edel, also ist es vmb ir herschaft und vmb ir pfrůnde. Mer, sweñe dise hût mit dem tode abegat, so hat si verlorn alle ir edelkeit.

Und vnser herre got wart gevraget, wamitte dise böke lamber möhten werden. Do sprach vnser herre alsus: Wellent

---

[1] Am Rand: de predicto canonico megdeburg.

si dc vůter essen dc în her dietrich in die krippfen leit, dc ist die helige bůsse und der getrůwe rat in der bihte, so sônt (si) einerhande lamber werden die man heisset wider, lamber mit hornen. Die horn dc ist geistliche gewalt, der si heileklichen gebruchen zů gottes lobe. Man sol wesen stark, und getrůwen vollekliclien gotte, wan er sprichet: Ich wil selber des herren schulde helfen gelten mit gelůke.

IV. Von der bescheidenheit, und vorhte, die die siñe bewarent von irdenischen dingen.

O we, ich vil arme! ich klagen gotte von hiñelriche, dc ich nu arger bin, deñe ich was vor drissig jaren, wan die creaturen, die mir da hulfen tragen min ellende, die dôrften nit also edel sin, sol der arme lip genesen. Darvmb můs ich ane vnderlas zwene hůter setzen, zwůschent mine sele und allů irdenesche ding, das mir die an minem vleische nit mere smekken also vil als min arme notdurft bewiset. Si bewarent ŏch mine siñe, dc mich disů irdenschů ding nit verleiten in ein girekeit vil ze habende, lange ze bruchende. Der eine hůter dc ist die bescheidenheit, die aller dinge ordenet ze bruchende vollekomenliche nach dem willen gottes, also dc der mensche jemer ein vrômedes herze hat zů allen irdenschen dingen und also vrômde, eb der mensche irdenschů ding verlůret, dc im deñe sin herze also lihte wirt, und sin sele also vrî und sin siñe also unbekůmbert, das îm rehte also wol ist in gotte, als eb îm sin allerliebster vrůnt hette sin allerswerist burdin abgenoñen; wand, swelichen menschen irdensche ding nit ein swere burdin sint, der mag vor gotte nit heissen ein warer geistlich mensche: Darumbe sprach vnser herre alsus. In nôten gebruhet man aller dinge rehte, wand dc gůt armůte dc ist nothaftig, darumbe ist es helig, und da mag die ŷbermasse keine vinsternisse bringen in die sele.

Min ander hůte dc ist dů helige vorhte, die mit der gotzwisheit dc bewaret, dc min sele den irdenschen dingen die ir gegeben werdent nit mag zůlachen; mere si enphahent si, als eb es eine bekorunge si, dur den angest der girekeit und der italen eren, die mangen gelobeten menschen in geistlichem lebende also sere vervinsteret, dc er dc lieht der bescheidenheit und dc vúr der miñe, und smekken gotz sûssekeit, vride und erbarmherzekeit also sicher die gere hat verlorn, dc er dc selber nit enweis.

Alsus sprach vnser herre: Ja si sprechent schône gelichnisse; si wellent darvmbe irdensche ding miñen und vil an sich ziehen, dc si mir deste bas mögen gedienen; mere si dienent în selber mêre deñe mir. Der mensche, der im selber einig gemach tût oder vroñe, der ist sin selbes. Mere ein jeglich mensche sôlte wesen an im selben ein cristus, also dc der mensche gotte lebete und nit im selber. Der vil selige, der ganz in gotte lebet, dem ist es alles ein wc er hat, wan dc helige armûte, da got den menschen înwirfet mit siner gewalt, ze gelicher wis, als er sinen allerliebesten sun hernider von dem himel warf, uf der strassen, in die gastkripfen, also wirfet noch vnser herre sin vserwelte frúnde von allem irdenischem trost, vf dc în hungeren möge nach dem himelschen troste. Ein war helig mensche vôrhtet mer irdensche gelúke, deñe er sorge vmb irdensche notdurft. Warumbe? Ir wonunge ist in dem himelriche und ir gefengnisse ist in diser welte. Darumbe sprach vnser herre: Swer dú edelkeit miner vriheit bekeñet und miñet, der mag des nit erliden, dc er mich alleine miñe dur mich, mere er mûs mich miñen in den creaturen. So belibe ich der nehste in siner sele.

V. Nach der miñe und gêrunge, die schôni der creaturen git bekantnisse mit jamêr.

Die erste bekantnisse, die mir got gab nach der vnberûrunge der miñe und nach dem vlusse der gerunge, die kam mit eim jamer. Sweñe ich iht des gesach das schône was oder mir lieb was, so begonde ich ze súfzene, danach ze weinende und danach begonde ich ze denkende, ze klagende und ze sprechende alsus ze allen dingen: Eya nein, nu hûte dich, wan dis ist din lieber nit, der din herze gerûsset hat und dine siñe erlúhtet hat und dine sele also wuñenklich gebunden hat, das dise manigvaltige sûssekeit irdenischer dingen dich nit von mir dringet. Mere die edelkeit der creaturen, ir schôni und ir nutz, da wil ich got iñe meinen und nit mich selben.

VI. In der jungesten zit soltu haben miñe, gêrunge, vorhte, rûwe drierleie.

Ich vragete minen herren, wie ich mich sôlte halten an der jungesten zit mines endes. Do sprach vnser herre: Du solt dich also halten an der jungosten zit, als du dich hielte in der ersten zit. Du solt dich halten, miñe und gerunge, rûwe und vorhte, wan dise vier ding waren ein begiñe dines lebendes, darvmbe mûssen si ŏch din ende wesen. Do sprach ich: lieber herre; wa blibent noch zwôi ding, die fundament und ein crone sint der himelschen ere, dc ist cristangelŏbe und warú zûversiht? Dò sprach vnser herre alsus: Din gelŏbe ist worden ein wissenschaft und din begirde hat sich verwandelt in ein ware sicherheit. Dise glosen sach ich in sinen worten und weis si ŏch in minem herzen. Min drierhande rûwe lit an drin dingen.

Mich rûwet mine sünde nu allermeist, dc kunt von der liebin. Aber die pine der rûwe, die han ich verlorn in der miñe alminende. Mich rûwet aller menschen sünde, also dc mir rehte ist als eime siechen, den eines also edelen dinges lustet, dc es im nit werden mag, oder leider selten. — Des mûs min herze jamerig sin und min sel jaget mit ir gerunge nach dem grossen wilden tiere. Darumbe sprach vnser herre: Man mag dú grossen tiere nit gevahen, man jage si deñe in ein wasser. Also wirt niemer sünder bekeret, er werde deñe gejaget mit ilender gerunge heiliger lüten in die tiefen trehene irs herzen.

Mich rûwet alú gûten werk dú ich versumet habe durch mine vleischesliebin ane ware not. Davon sprach unser herre: Man mag keine wonunge buwen, man habe eine[1]) stete; also mag man keinen lon enpfân in himelriche ane gûttat gûter werken. Dc lassent vnser herre durch herzekliche liebin, dc er sprechen môge zû einer jeglichen sele: Nim, mîn allerliebstú, dise manigvaltigen wirdekeit, die hast du selber verdienet, dc got dis wort

[1]) Handschrift: iene.

sprechen müge mit warheit der sele ze eren und ze liebin, reht als ob er die sache ir selekeit nit were und si möge enpfân vollekomen ere an lip und an sele.

Harumb ist vnserm herren ze vnsern arbeiten zů vnserm armůte ze vnsern wêtagen also herzklichen liebe, dc wir hie in der waren miñe tragen, dc er sine rehtekeit also edellich entwichet, als jemer siner gotheit gezimet. Das han ich gegriffen in dem huffen der gottegaben.

VII. Vnser eigen wille mag widerstân den widerhaggen. Die gůte sele ist snell zů gotte.

In miner gesellescbaft ist (ein) geistlich mensch, von dem lide ich manig not dur sine bösen siten, also dc mir der mensche an keinen dingen volgen wil. Das klagete ich gotte mit aller miner gerunge und wunderte mich sere wavon dc möhte sin. Do sprach vnser herre: Sieh was es weret: Do sach ich, dc ein sunderlich túfel dem menschen zůhangete und zoh si[1]) wider von allen gůten dingen. Do sprach ich: Wer hat dir den gewalt gegeben, dc du gotte also grosse smacheit bütest an disem menschen? Do sprach der tüfel: Mir hat nieman den gewalt gegeben deñe alleine ir eigen můtwille.

In disen worten sâch ich, dc der túfel allen geistlichen lüten mit also smehlichem spotte volgete, die im vrlop gebent an în selben, also dc si lugelich leben, dc er gotte vnschuldeget sich selben und alle creaturen. Do sprach ich: Wer sol disem armen menschen des helfeñ, dc es von dir erlöset werde? Do sprach der túfel betwungen von gotte: Ir mag nieman helfen, wañ ir eigeñ můtwille, wan got hat ir den gewalt gegeben, dc si iren sin mag vmbekeren. Sweñe si das tůt, so můs ich von ir ilen. — Nu vrage ich dich in der ewigen warheit: wie heissest du? Do sprach der túfel: Ich heisse der widerhak, und dise schar, die du hinderwert sîhest, das sint alles mine gesellen von disem selben ambahte dc ich habe, und der ist also maniger als wir

---

[1]) Sie, der Mensch war also ein Weib.

manigen menschen vinden, der zů gůten dingen siner getrúwen meisterschaft nit volgen wellent.

Hievon wart min sele also snell zů gotte, dc si sich rehte vfhůp ane arbeit ir selbes, und bewant sich rehte in die heilige drivaltekeit, als ein kint sich bewindet in den mantel siner můter und leit sich rehte an ir brust. Do sprach min sele mit der maht und mit der stim̄e aller creaturen alsust: Eya, vil lieber, nu bedenk mine not in disem menschen, also dc du herre sin sin̄e verwandelest mit diner gŏtlichen sůssekeit. — Nein, sprach vnser herre, miner sůssekeit ist si nit wirdig, mere ich wil si siech machen an irme libe, dc si von der pine also lam wirt, dc si nŏte súntliche wege gat. Und ich wil si also stum̄e machen, dc si bŏssú wort sol verswigen. Si sol ŏch also blint werden, dc si sich schemet italkeit ze sehende. Mere swas man ir den̄e tůt, das tůt man mir. Werlich dc geschach darnach in vierzehen tagen. Alleluja.

VIII. Zwischent Got und Lucifer ist zweierhande vegefúr. Wie der túfel piniget die selen.

Unser menschlicher brůder Jesus Cristus der ist mit allen tugenden vfgevaren ze him̄el in die hŏhi siner gotheit, und ime mag dar nieman volgen, er habe den̄e ŏch alle tugende ze glicher wis, alse sich die helige drivaltekeit hat erlich gesetzet ob allen dingen in die wun̄enklichen hŏhin mit allen sinen tugentlichen vrúnden, danach jemer erlichen schŏne und vrŏderich, alse si dc lobeliche glichnisse siner gŏtlichen tugenden mit inen bringent. Ja ein jeglich tugent, die hie in ertrich wirt gefrúmet, mit gůtem willen sunder valsch, gezieret mit der min̄e und vollebraht ane sůnde, das sint in himelrich die seiten die da klingent jemer ane ende vs von der getrúwen sele, und von dem gůtwilligen lichamen in die heligen drivaltekeit, dc der vater sinem sun danket, dc er si mit tugenden dargezogen hat, und dc der sun den vatter eret, das er si geschaffen hat, und das der helige geist den vatter und den sun also zartlichen twinget, dc die helige drivaltekeit also sere krefteklich gegen ir vlússet und also sůsse singet, das si allú ding mit got meinen und min̄en.

Also ist der sündig tüfel Lucifer versunken vnder allen dingen mit allen den alleine, die vntugenden miñent und meinent. Zwischent gottes hôhi und des tüfels abgrunde ist noch zweigerhande vegefür. In den zwein vegefüren ist manigerleie pine und not. Dc erste vegefür dc ist der nütze kuñer, den wir in dirre welt liden in manigvaltigen pinen. Das ander vegefür dc ist nach disem libe also gros, das es sich anhebet vor der helle munt und endet vor der himelporte. Aber die tüfel mögent dü selen nüt fürbas pinigen deñe uf ertriche, in dem luft und an allen den stetten da der mensch gesündet hat, und in aller der hôhin, da er den luft entrihtet hat mit sinen sünden. Damit erzüget si der tüfel, dc ir schame und ir pine deste grösser si von allen den sünden die hie vngewandelt blibent.

Mere sweñe si also selig werdent, dc si je von des tüfels handen werdent gelôset, so briñent si în selben pinliche dur cleine not. Darnach koment si mit helfe und lidunge ýber alle not, das ist, dem himelriche also nache, dc si alle vrôde habent, ane drierleie vrôde hant si noch nit: Das si got nit sehent, das si ir ere nit enpfangen hant, das si nit gekrônet sint. Alsus ist dc vegefür vf ertrich und in dem lufte zwüschent der helle und dem himelriche. Es ist aber in geistlicher wise also, dc die sele von irdenischen dingen kein pine mag geliden, sweñe si kunt von disem libe.

IX. Wer die heligen êret, den êrent si und trôstent an dem tode.

Das man die heligen eret mit schôner gehügenisse und mit aller der meine, so man haben mag in dem tage, als si got geeret hat mit einem heligen ende, das ist în also wol ze danke, dc si da gegenwirtig koment mit aller der herschaft, die si von vromekeit enpfangen habent. Das sach ich werlich an Sante Maria Magdalena tag, do man got erte mit lobelichem sange, vmb die grosse ere die si ze lone hat enpfangen. Si schrikete in dem kore nach dem heligen sange und si sach einem jeglichen senger in die ôgen und si trat (hin) und sprach: Alle die jene, die min ende eren, zü der ende wil ich komen, und ich wil si wider eren; alles nach dem als si mögen enpfan, so wil ich în ze statten gan. Vier grosse ertzengel, die vorten si zwischen inen und der lützeligen engel was vil über menschen zal. Do vragete ich, wie die vier vürsten hiessin. Do sprach si: der erste heisset kraft, der ander heisset gerunge, der dritte gût wille, der vierde heisset stetekeit. Wand mit disen vier tugenden han ich vberwunden alles min herzeleit, darumbe hat got mir gegeben ze lone beide dienst, herren und crone. Von andern heligen ist es ŏch also. Do sprach vnser herre: Weñe man den minsten vunken blaset er gibet hitze und schin in dem himelvüre, da bi briñende heiligen sint.

X. Gebêt, messen, gotteswort, gûter lüte leben, vasten unde carrinen lôsen die selen von dem vegefür.

Ich bat vür ein sele; dêr licham wart ermordet in eim sündigen lebeñe; do sprach vnser herre alsus: Siben jar vasten und siben carreñe, dc were als ein regentropfen in eime grossen vüre. Inrent drissig jaren wirt er mir nit ab erbetten, wan er hat mit tôrlichem homûte sinen lip verlorn drissig jar vor siner zit, die mûs er mir gelten in der not. Die sele sprach: Eya herre ja er[1]) mag doch diner gûti gebeiten. Got spricht: Ja wa zwene ringent mit enander, da mûs der krankest vndergan. Der krenker dc wil ich sin, alleine ih almehtig bin. Drissig hundert messen ist sin lôsunge, wan er nie ganze messe geborte, er entête es durch schêmen. (sele) Herre, wamitte wart er behalten? — (got.) Sweñe er horte min wort, so sûfzete er, des lonete ich în, do er ze jungest lebte also, dc er do sûfzete vmb sine sünde. — Herre, eb siner mûter brûder, der ein geistlich man ist gesehen von siner jugent unz an sinü grawen har, mit manigen arbeiten und kumber, der das opferte für în, und gienge da vs, ünd saste sich in dic stat, da er erste iñe bekañt wart durch dine liebin, woltest du die sele nit ledig lassen? — Ja, sprach vnser herre. Würde ich also sere getwungen, so müste ich geben, alles dc man wôlte. — Herre, eb der geistlich man sinü gûten werk der armen sele gebe, wie sôlte ir deñe geschehen?

[1]) Handschrift: en.

Alzehant lies mich got den seligen sehen,
De mir ê nit mohte geschehen
Dur sine unkúsche pine, die min sele nit mag erliden.
Do was er schôner deñe die suñe,
Und er swebete in clarer wuñe
Hoch vber alle irdenische jamerkeit.
Do sprach er vrôlich und war vil gemeit.
Sag minen vrúnden: und were das ertrich guldin
Und die clare suñe darin,
Schine ane vnderlas,
Beidu tag und nahtes,
Darzů des sůssen meien luft,
Schône blůmen mit voller fruht,
So enwôlte ich nit eine stunde dariñe wesen,
Also wunenclich ist dis leben.

Noch was er nit in den ewigen himel komen.

XI. Wie ein schůler tot ist und ein predier.

Alsust spricht vnser herre: Ich sag dir mit miner breñenden gotheit und mit miner lebenden menschheit, dc sin nature tod ist eines heiligen todes, also dc er niemer hôptsúnde me getůt vf ertriche. Do wart er geschen einem predier gelich, vnd stůnt vf einer roten marmel sule und prediete dem volke alsús: *Venite benedicti patris mei.* Koment zů mir alle seligen und gant von mir alle vnseligen. Do wart gesehen und bekant, dc alle predier vns von disen zwein worten predient und lerent.

XII. Wie du dich halten solt an vierzehen dingen.

Alse du betest, so soltu dich kleine machen
Mit grosser diemůtikeit.
So du bihtest so solt du warhaft sin.
So du dine bůsse leistest so solt du flissig sin.
So du issest so soltu gnůgig sin.
So du sclafest, so soltu gezogen sin.
So du alleine bist, so soltu getrúwe sin.
So du bi den lúten bist, so soltu wise sin.
So man dich gůte sitten leret, so soltu gevolgig sin.
So man din bosheit schiltet, so soltu geduldig sin.
So du iht gůtes tůst, so soltu dich selber bôse dunken.[1]
So du ûbel tůst, so soltu zehant gnade sůchen.

---

[1]) Handschrift: dñken.

So du itellich bist, so soltu dich vorhten.
So du betrůbet bist, so soltu grossen trost ze gotte haben.
So du arbeitest mit den henden, so soltu sere ilen,
So mahtu bôse gedenke vertriben.

XIII. *Wie geistlich lúte von blintheit sich hůtent vor der miñekeit. Von sehsleie craft gottes gaben.*

Eya lieber Jesu, got von himelriche; ich můs dich herre, eines dinges vragen, das kan ich nit langer vertragen dur die grosse blintheit die ich daran erkeñe, dc ist, das geistliche lúte sich hůtent vor der gôtlichen iñekeit also: Sweñe got des gerůchet dc sin gôtlich herze von miñen gegen der vil seligen sele vfbliket, also vil, dc ein klein vunke har vlúget an die kalten sele, und enpfenget si also vile, das des menschen herze begiñet ze breñende und sin sele ze smelzende und sin ǒgen ze vliessende, so wolte vnser herre gerne einen irdenischen menschen also himelsche machen, das man got werliche môhte an ime volgen, miñen und erkeñen; so sprechen die menschliche siñe: Nein, ich mag wol nútze sin an vswendigen dingen. Alsus sprechent nemeliche closterlúte, so si allerwisost sint. — Hiezů antwurt vnser herre alsus:

Min gotheit kam in ertrich, min menschheit tet die arbeit;
Min gotheit trat an dc crúze, min menscheit leit den tot;
Min gotheit stůnt vf von dem tode und vorte die menscheit in den hiṁel.
Alle die mich von in tribent,
Die sônt von mir vertriben werden.
Was mag der mensche getůn in im selber?
Niht mere deñe sünde!
Sit dem male dc nu menscheit nie niht vollebrahte,
Wan alleine wc min gotheit vorbedahte.
Si sprechent: herre es si wisheit,
Dc man den lichamen spari, wo din gôtlich atem,
Der vs von diner heligen drivaltekeit
Also sůsse harnider swinget
Und dur die sele so krestekliche dringet,
Dc der lichame verlúret allė sine maht,
So ist der mensche vnberhaft.

Dis spricht vnser herre: Man sol des kúnges spise nit vergeben hin setzen, ê man die irdenischů notdurft wol habe gessen. Min sunderliche gabe bringet sunderliche wirdekeit dem menschen an sele und an libe. Si git lere den tumben und trost den wisen. Si git ŏch ewig lob uńd endelos ere dem grundelósen bruñen, da si vsgevlossen ist, sweñe si mit voller fruht wider vfswinget, da si nidervlos von mir. Ja dú gnade die got dem menschen pfliget ze gebende mit gewalt und vorschen, die ist in ir selben also edel und si kunt mit also grosser vrúntschaft gotz, dc der mensche nit eine cleine súnde begêt, die in dur zergengliche sache von ime wisent. O we, unedel sele, wie mahtu das erliden, das du got von dir wisest e du in wol genútzet hast nach sinem willen, wan sin hŏhstú wollust in dir verborgen ist. Wiltu wissen wie du die helige gotzgabe nútzen solt und die verzeren nach gotz willen?

Ja, si sol es wol selber dich leren,
Ist si dir willekomen. Mit vswendigen tugenden
Und mit inwendiger gerunge solt du si enpfahen;
Mit demútiger vorhte soltu si behalten
In allen nŏten vndertan.
Gib ir stunde nnd statte in dir,
Si bittet anders niht.
Si sol dich smelzen also tief in got,
Dc du sinen willen erkeñest,
Wie lange du volgen solt
Siner nŏtlichen trútunge an dir selben
Und ze weler zit nnd wie du arbeiten solt
Fúr die súndere und fúr die in dem vegefúr sint.
Und besehen jegliches menschen not
Er si lebende oder tot.
 Alse du dis hast vollebraht
Inwendig nach gottes wollust
Und nach diner sele maht,
Wan si wirt múde in ir selber,
Diewile si ist in irme tŏtlichen lichamen behaft.
Nach dirre gebruchunge sprichet dú sele alsus:
Herre vlúch nu von mir inwendig
Und stant bi mir vswendig,
Also dc allú min werk sinken nach diner gabe
Und ich gerne nŏte kumber klage.

XIV. Clager in der pine enbêrent sehs dingen. Wie man súche, smacheit tragen sol.

Swer sine hinderunge in der pine klagt,
Der ist in der bekantnisse blint,

Oder er ist an der gedult verzagt,
Oder er ist an der miñe verkaltet
Und an den tugenden veraltet,
Oder er ist an den siñen tump
Und ŏch an gůten worten stumpf.

Darumbe sprach unser herre alsus: Der mensche wil nit siech sin und wil nit versmâhet sin, und waruf wil ich deñe sine ere binden? — Herre, als der mensche siech ist und smahet, wamitte sol er deñe ere buwen? — So er siech ist, so sol er mich eren, dienen, miñen, alleine mit vrôlicher gedult; so er versmchet ist, so sol er mich miñen und gebeitig sin; wan dc die predier, die bihter also betwungen sint von irme ambahte, also dc si es nit mögen ůben, und si doch heligen willen habent, das ist nit ein hinderunge ir selikeit, es ist ein zierde ir aureolen.

XV. *Von Enoch und Elyas pine und von den jungesten predienden und von endecristes bosheit.*

O krâftige gotzmiñe, du hast also sůsse not an mich geleit, dc min sele nach wunder qwelt. Sweñe ich des gedenke, dc min licham erlôschen sol also mit dem tode, das ich nit me liden noch loben sol minen lieben Jesum, so ist mir also we, dc ich deñe gere, eb es můglich were zc leben in den jungsten tag. Da twinget mich zů die getrůwe miñe die gottes ist ane mich und nit min. Darumbe sprach vnser herre: Soltu sterben, so la dich růwen alle dinů zit, swie helig du siest. Eya herre, ich bitte dich, dc min gerunge nit sterbe, so ich mit minem licham nit me mag erwerben. Do sprach vnser herre: Din gerunge sol leben, wan si mag nit sterben, dur dc si ewig ist. Erbeitet si also dur mich unz in die jungesten zit, so kunt wider zesamne sel und lip. Da setze ich si deñe wider in, so lobet si mich ane ende, und si hat mir gedienet sit dem ersten begiñe, wan du woltest mit Adame untzbar dur mini liebi gewesen sin; alsust woltest du aller menschen kumber und aller menschen dienest vollebringen dur mich. Ich sprich me: Din wesen sol stan vntz an den jungesten menschen.

Eya villieber min,
Wie sol der jungoste mensche sin̄,
Zů dem sich min leben vôge?
Wan geistlicher lůte leben
Dc wirt an dem ende der welte vil tůre.

Alsus antwurt vnser herre: Enoch sol der jůngste mensche wesen, der geistliches lebenes sol pflegen. Darnach wisete mir got dc ende dirre welte aber, swen̄e die jungesten brůdere sônt gemarteret werden also. Ir har dc si niemer sônt abegesniden, das ist von eime sunderlichen vorrate des willen gotz; damit heisset si endecrist henken an die bôme. Da hangent si und sterbent vil schone, wan ir herze dc bren̄et enbin̄en von dem sůssen himelvůre also sere als der licham qwelt an der not. Darumbe, zwischent dem troste des heligen geistes und der pine des armen fleisches, so scheidet ir sele von irme libe ane alle eisunge der pine.

Helyas und Enoch, die wandelent von India untz an dc mer, und ir jeglichem volget ein michel schar, die alle cristanlůte sint und von entcristo zů inen vliehent. Die werdent alle tot geschlagen ze glicher wis, als man die tobenden hunde in der strasse jaget. Den ist vergeben und si nit lenger môgen leben. So volgent inen die andern aber die heimlich cristan sint, wan si eken̄ent das von gotte wol, dc si dem vngelôben nit anders môgent entvliehen. Helyas wirt allererst gemarteret und er wirt an ein hohe crůze gebunden und genegelt dur sin hende.

Das tůnt si dur den grimen has,
Dc er je von den heligen sprach
Und was Cristo da angeschach.
Si gebent ime keinen tot,
Wan dur dc er also lange qwele
Dc er vorsache der cristanen lere
Und also zů dem entcriste kere.
So stat der helige gotztrut
Und wirt siner pinen nie mer lut.
Er trôstet die heligen cristanheit
Drie tage und drie naht
Untz im die sele vsgat.
Ich sach den himelschen vatter zů sinem ende,
Und er enpfieng Helyas sele

Mit sinen menschlichen henden,[1])
Und er sprach: Kum min lieber, es ist zit an dir!
Und in cime himelblike vorte in got hin.

Der vnselig mensche der endecrist, der gestattet des nit, dc man den gotztrut it begraben mu̍ge, dur dc er wil, dc di cristanen alle verzagen, daran ist er betrogen; wan alle die den lichamen angesehent, die werdent beweget zů cristanen gelȯben und în gelust dc si in anbetent, wan si werdent also vol sůssekeit von des heligen lichamen gegenwirtikeit, dc si vergessent der pinunge des todes und alles irdenschen gůtes.

Enoch der lebet deñoch,
Wan den endecrist, den gelustet des,
Dc er alle die wisheit gehȯre,
Die Enoch von gotte weis,
Uf dc er es offenbarlich mȯge verkeren
Mit siner valschen lere;
Und eb er Enoch mȯhte zů îm geziehn,
So were allú die welt mit grossen eren sin.

Underdes so wirt der bȯsen also vil von dem endecrist gezogen, dc er Enoch mit griṁigen worten bestat, und deñe erste saget Enoch dem endecrist die ganzen warheit alsus:

Du bist aller welte ein geisel
Gesant von gotte dur der bȯsen bosheit
Und der gůten helikeit.
Du kañst wol die schrift der alten ê
Und alswol der núwen é,
Nu sieh wie du nach dinen werken solt gedihen.
Hiezu hast du mit vlisse gekorn,
Nach der schrift můst du sin verlorn.
Das kanstu selber wol gelesen.
Du hast ȯch nit geschaffen die erden noch den hiṁel,
Du gibest den engeln nit dc ewig leben,
Du enhast den menschen nit gemachet
Noch sele und lip.
Du hast nie keinen creaturen
Sinen natúrlichen lip geben,
Wie mȯhtest du deñe got wesen?
Dinú werk alles mit luginen und valschen list;
Dů ewig warheit dc ist Jesus crist,
Der ein ewig got mit sinem vater ist.

---

[1]) „In manibus filii.“

Der endecrist der spricht mit grime:
Wie getarst du minen viend vor mir nemen,
Dem du miner eren vber mich erkennest?
Ich wil mich din getrösten
Und ich wil alle dú welt von dir lösen.
Niment in drate mit miner gewalt
Und giessent im bech siedende in sinen munt
Und bindent im sere sinen hals,
So swiget zehand min vient.
Möhte ich sinú wort hören,
Ich liesse in gerne lenger qweln.
Henket in also tot hoch über alle morder,
Dur dc alle die in ansehent,
Dc si dem cristangelöben entwichen.
Er hat mir gesprochen an min ere,
Nieman darf siner lere.
Ich bin lange vor gesehen,
Es sol mir nach miner lere gehen.[1])

Enoch spricht sin helig gebet in sinem herzen alsus:

Ewiger vatter und sun und heliger geist,
Du ewiger got ungescheiden,
Ich danke dir herre an mir diner langen erwelunge
Und ich lobe dich herre nu in dirre qwelunge.
Ich bitte dich, herre für dinú und minú schaf,
Die nu ane hirten blibent;
Behalt si herre sunderliche
Und tröste si heimliche.
Nu enpfahe herre mine sele.
Ich habe zů minem lichame keine irdensche liebin.

Die antwurt, die im denne got wil geben und sin danken und sin gebet, dc hie stat geschriben, dc sach ich und ich las es in der heligen drivaltekeit geschriben alsus:

Lieber sun, nu ile sere zů mir,
Ich bin werlich in dir.
Dine vrúnde, für die du mich hast gebetten,
Dú sönt irú kinder selber töffen,
Ich wil si schiere von dem endecriste lösen.
Si sönt in irme herzen cristan bliben,
Und ich wil si behůten vor allem zwivel.
Kum liebes trut, ich beite din,
Und min herze spilet gegen dir.

---

[1]) Handschrift: gân.

XVI. Wie die sele vnsers herren wonet in der drivaltekeit und von irme ambahte. Wie si sprichet für den sünder, und von dem ambahte vnsər frowen.

Als ich erwache in der naht,
So versůche ich mit wisheit mine maht
Eb ich arme ṽt betten mag
Vůr dise vngetrůwen cristanheit,
Die minem libe tůt so manig leit.
Underwilen zůhet er mich einen andern weg,
Ane bruggen und ane steg,
Da ich ime volgen můs, blos und barfůs,
Von allen menschlichen dingen.
Wer mag dů menscheit so sanfte betwingen?
Wer mag dů sele so sanfte vfrukken?
Wer mag die siñe so hohe erlůhten,
Als got der si geschaffen hat
Der tůt mit vns wunderliche tat?
Also gedachte ich in einer nacht
An die helige drivaltekeit,
Mit sůssem vlusse miner sele, ane arebeit.
Do sach ich in der hôhin der ganzen heligen drivaltekeit
Ungegeret die sele vnsers herren Jesus.
Sin sele wonet stete ob aller wirdekeit
In der heligen drivaltekeit
Da ist si ine bevangen und wunderlich beworcht,
Und si lůhtet erlich uber alle creaturen schône
Dur die heligen drie personen.
Do begerte ich mit grosser gezogenheit,
Als man da ze houe pfliget,
Dc ich môhte sprechen zů siner eren
Mit der sele vnsers herren,
Wand mich des beduhte, dc si sunderlich wunder worhti.

Do swebete ich ir also nahe, dc ich si grůste alsus: Gebenedicte siestu vil liebe! Wc wunders wirkest du in disem ewigen spiegel, da sich alle seligen so wunderlich iñe beschowent! Du hast sůsse arbeit in wunenklicher vnrůwe. Do sprach dů sele vnsers herren zů der snôden also:

Siest willekomen min gelichnisse,
Wan ich bin ŏch ein sele als du bist,
Und ich han aller selen burdin getragen
Mit minem vnschuldigen lichamen.
Dis ist min ambaht.

Ich rûre ane vnderlas dise grundelosen gotheit,
Damitte manen ich den himelschen vatter
Siner endelosen liebin, die er zû des menschen sele treit.
Ich grûsse ŏch mine gotliche menscheit
Und danken ime miner selekeit
Und manen in siner gesellescbaft,
Wan er selber ein irdensch mensche was,
Dc er gedenke von wanan er si komen,
Wie gros vnd wie edel der menschen sibbe an im si
Und lasse den menschen nit verlorn werden,
Wan nieman hat sich selben gezilet noch geborn.
Darumbe hastu alle dine not ane sûnde vberkomen,
Also mane ich gotz menscheit
Zû sunderlicher erbarmherzekeit,
Und dc er des gedenke wie krank der mensche si,
Und dc er nit ist geschaffen von sinen vienden vri,
Und dc der mensche mûs jemer me vehten
Als ein wolgewafenter man,
Dem doch sinû ŏgen verbunden sint,
Dc ist ir vinstrû menscheit,
Damit si gebunden sint.
Gedenke edler gottessun,
Wie jemerliche ich in ertrich was
In dirre betrûbet
Und stant noch allen menschen vetterlich bi,
Die min glichnisse in in tragent,
Wan ich din sele bin.
Ich mûs ŏch den heligen geist zû siner gabe twingen,
Wan er mûs alle selekeit
Dem menschen von dem himelriche in dc ertrich bringen.
Schûbestu, ewiger vatter, den grendel diner gerehtekeit vûr
Also veste vor des himelriches tûr,
Dc die armen sûnder hie in nit mögent komen,
Ich klagen es Jesu dinem lieben sune,
Der da hat den sclûssel dines riches
In siner menschlichen hant
Mit diner almehtigen gewalt.
Derselbe sclûssel wart gesmidet in demselben land
Von der judenhand.
Swenne Jesus den sclûssel vmbe wendet,
So mag der verworfen sûnder komen zû dinen hulden.

Dis ist des himelschen vatters wort:

Min sele mag des nit erliden;
Dc ich den sûnder von mir wise,
Darvmbe volgen ich manigem also lange nach

Vntz dc ich in begriffe,
Und behalte im also enge stat,
Dc mir nieman mit siñen gevolgen mag.

Nu spricht aber vnsers herren sele alsus:

Das ist min wirdekeit und alsus bin ich gezieret,
Dú gotheit ist min crone,
Sine menscheit han ich ze lone.
Der helig geist hat mich vmbevangen
Und also wuñenklich durgangen,
Dc mir kein creature mag gelichen noch úft langen.
Alsus trage ich ane vnderlas
In diser heligen drivaltekeit
Alle irdensche súndere von stunden ze stunde,
Dc si got noch nit lasse vallen in das ewig abgrunde,
Aber die jungfrŏwe, in der lichame ich zů herberge was,
Do ich us von der heligen gotheit kam
In ires sunes menscheit,
Dú jungfrŏwe ist ein beschirmerin aller kúscheit
Und ein klagerin der bekorten,
Die sich mit rúwe vorhtent
Hie vor der heligen drivaltekeit,
Dc gerihte noch an iren henden steit.[1])

XVII. Got sihet den súnder an vúr gůt. Was gůt reht wille si. Von der gůten burdinen.

Das ist grundelos, dc got den súnder ansihet für einen bekerten menschen und dc ist reht wille, gotte ze dienende, dc man sere ile zů mir und nit ze rugge sehe, und ich trage alle burdine, die dur mine liebi wirt gehaben.

XVIII. Du solt din herze ansehen ze allen ziten.

Sich in din herze zů allen ziten
Mit des heligen geistes warheit,
So wirt dir alle lugene luterlich leit;
Wan lugina vertribent gŏtlich miñe
Und si stetiget in dem gemůte úberdekete valsche siñe,
Has und griñe.

---

[1]) Handschrift: stät. Stat ist ŏfter auf eit gereimt.

XIX. *Von dem gûten willen, den man nit ze der getât mag bringen.*[1])

Ich habe manigen jamer getragen darumbe,
Dc ich gûten willen zû gûten werken me môhte bringen.
Dc benim̃et mir vnstete und vnmacht,
Und dc mir es nieman getar raten,
Und ich getar es leider über mine nature nit wagen.
Dis kunt davon, sit dem male dc mich got lies vallen
Von der wun̄e der hôhin nach min selbes willekore,
Do ich so sere verwundert was,
Dc ich der dingen kein ende konde vinden,
Do mich dû gewaltige min̄e
Mit ire fûros flam̄en hin gezogen hatte.
Nu hat si mich gedruket in einen grundelosen sumpf,
Da vinde ich keinen grunt,
Dc ist alles das ich lide.
Dc heisse ich nit pine,
Wan ich were gerne fûrbas
In der rehten minsten stat,
Dc ist verworfen als ein tobender hunt
Und niemans menschen vrûnt,
In ellende, vnbekant,
Mit armen lûten in vrômdû lant.
Nu wili ane gehorsami nit wesen,
Wan die helige diemûtige gehorsami
Ist aller tugenden ein ingesigel.
Der gûte wille, den der gûte mensche hat
Und in nit mag bringen ze gûter getat,
Der glichet sich den edelen schônen blûmen
Mit sûssem gesmake ane fruht.
Also hat got mich getrôstet
Das aller gûter wille des hufen gûtes leben̄es
Sol werden der ewigen won̄e blûmen,
Da got ze siner endelosen hohgezit wil krenze von machen,
Die sine vserwelten da sôllent tragen,
Die im hie so getrûwelich gant ûber lande
Mit so manigvaltigem gûten willen,
Den si nit môgent zû gûten werken bringen.
Eya, milter got, nu reiche mir noch
Din vetterliche hant
Und fûre mich in der min̄e lant,
Wan ich han leider lange schône zit verlorn,

---

[1]) Greith 261.

Des wolte ich mich, herre, noch mit dir erholn,
Wand gemach des lichamen und der miñe trost
Die mûs man mit demûtiger vorhte enpfân,
Sol man in der ganzen warheit gestân.

XX. Dis bûch ist komen von drierhande gabe. Die miñe vliusz. Sie ist rich und gitig. Si wirt siech. Wer dc himelrich habe. Got git pine und ŏch trost.

Dise gabe, die in disem bûche stat geschriben,
Die hat mir in drierhande wise geben,
Allererst mit grosser zartekeit,
Danach mit grosser heimelicheit,
Nu mit sweren pinen.
Da wil ich gerne iñebliben
Deñe in den andern zwein, darumbe: alleine
Si die zartekeit und die heimlicheit gotz ewig und an in selben edel,
So sint si doch in dirre welte leider also vrômede.
Alle die si werlich bekeñent,
Si môgent ir nit nemen,
Und ŏch so vôrhte ich mich in der wollust allermeist,
Wande so manche scharpfû not Christus in dirre welt leit.

Aber der miñe nature ist, dc si allererst vsvlûsset von sûssekeit, darnach wird si riche in der bekantnisse, zem drittenmale wirt si gitig in der verworfenheit. Ja du bist rehte vnbestet; mer leider die rehte gotzmiñe, die wirt bi wilon also siech von der bôsen sûssekeit der italen eren, und von der trûtunge des homûtes, und von der leidigen tobesucht des zornes, und von der breiten gerunge irdenischer dingen, das si erlemet wird an allen iren liden, dc ist an allem begiñe ir ûbunge, die si von natur an ir hat. Mer nieman hat ein ganz himelrich in sim herzen deñe der alleine, der sich begeben hat von allem troste und von allen gnaden in dirre welte. Wan die wollust hat vns von gotte gesundert, darum mûssen wir mit pine widerkomen. Doch mag got des nit gelassen und wir môgen des nit enberen. Er gebe vns sine wolluste zû allem dem wc wir tûn, lassen und liden.

XXI. Wie bôse pfafheit sol genidert werden. Wie predier alleine predien sônt und bischôve sin und von den jungesten predieren.[1])

O we, crone der heligen cristanheit, wie sere bist du geselwet! Din edelsteine sint dir entvallen, wan du krenkest und schendest den heligen cristanen gelôben. Din golt dc ist verfulet in dem pfûle der vnküschheit, wan du bist verarmet und hast der waren miñe nit. Din küscheit ist verbrant in dem girigen füre des frasses, din demut ist versunken in dem sumpfe dines vleisches, din warheit ist ze nihte worten in der lugine dirre welte, din blûmen aller tugenden sint dir abe gevallen. O we, crone der heligen pfafheit, wie bistu verswunden, joch hastu nicht mere deñe das vnbeval din selbes, dc ist pfäffeliche gewalt, damitte vihtestu vf got und sine vserwelten vründe. Harvmbe wil dich got nidern ê du icht wisest,[2]) wan vnser herre spricht alsus: Ich wil dem babest von rome sin herze rûren mit grossem jamere und in dem jamere wil ich ime zû sprechen vnd klagen îm dc minü schafhirten von Jerusalem mordere und wolfe sint worden, wande si vor minen ôgen die wissen lamber mordent, und die alten schaf dü sint alle hôptsiech, wan sü môgent nit essen dü gesunde weide, die da wahset an den hohen bergen, dc ist gótlichü liebi und heligü lere. Swer den helleweg nit weis, der sihet an die verbôsete pfafheit, wie rehte ir weg zû der helle gat, mit wiben und mit kinden und mit andern offenbaren sünden.

So ist des not, dc die jungesten brûder komen, wañe sweñe der mantel ist alt, so ist er ôch kalt. So mûs ich miner brut, der heligen cristanheit einen nüwen mantel geben, dc sôllent die jungesten brûder wesen als davor ist geschriben. Sun babest, dis soltu vollebringen, so mahtu din leben lengen. Dc nu din vorvare also unlange lebent, dc kunt davon, dc si mines heimlichen willen nit vollebringent. Alsus sach ich den

[1]) Greith 261.
[2]) weise wirst.

babest an sinem gebete und do horte ich, dc im got kúndete dise rede.

XXII. Von siben dingen dêr man fünfe vindet in himelrich und zwei in ertrich.

Siben ding mûs ich gott ze eren sprechen. Herre got, ist es mûgelich, so gib mir es, dc ich ir in ertrich niemer vergesse. Fúnfe vindet man in himelrich, zwôi mûssent hie bliben. Dc erste ist der schade miner schulde, wan ich gesúndet habe und die versumekeit gûter werken, die ich wol getan môhte haben. Das ander, dc ich, herre, ane vnterlas warte din, weñe du komen wellest, welcher wis du bútest mit einem heligen ende zû mir. Das dritte, die vúrige gerunge, die ich habe na dir. Das vierde, miñe breñen und verlôschen in mir dur dich. Das fúnfte, din erste gegenblik dines heren antlútes gegen mir. Dc konde mir in ertrich leider nach miner gerunge nie geschehen, des singet min sele dike, o we! Dc sehste getar ich kume nemen, ich wúrde stum, als ich es bekeñe, ich gehorte es in ertriche nie geñemen, dc ist die spilende miñevlût, die von got heimlich in dú sele vlússet und si wider mit siner kraft nach ír maht. Was zwischent ín beiden deñe wuñen si, dc weis nieman von den andern wc si wirken vnderen ander, wan ein jegliches vindet sinen teil; was er hie hat vsgeleit, dc wirt im dôrt alles widergeben.

Dis ist die hiñelsche gotz miñe,
Die hie vil kleinliche begiñet
Und dôrt niemer ende gewiñet.

Das sibende mag man kume mit worten rûren; mit cristanem gelôben mag man es vûlen, wie gros, wie hoch, wie wit, wie wuñeklich, wie erlich, wie vrôdenrich, wie vnzergenglicher vrôden vol. Wol ím, der da eweklich wonen sol! Die vrôlich angesiht vol aller wollust und die helige gebruchunge nach wunsche, die vbersûsse gerunge, wuñekliche, hungerig, miñevol, die vlússet jemer mere in die selen vberswendig von gotte. Noch deñe behaltet die sele iren sûssen hunger und lebet doch ane kumber.

XXIII. Wie in drien stetten sprichet got mit der selen.

In der ersten stat sprichet der tůfel der sele dike zů, in den andern zwein stetten mag er es nit tůn. Die erste stat sint des menschen siñe. Disú stat ist gemeine gotte, den tůfeln und allen creaturen, inzevarende, ze sprechende nach derselben willekor. Die ander stat, da got mit der sele redet, dc ist in der sele. In die stat mag nieman komen deñe got alleine. Sweñe aber got in der sele sprichet, dc geschihet ane allerhande wissentheit der siñen mit grosser, ereftiger, sneller einunge gotz in der sele. So mögent die siñe dc wuñekliche reden nit vernemen. Si werden also diemůtig, dc si keine creature vnder în mögen erliden. Sol sich der mensche vnder den tůfeln diemůtigen? Ja mit solicher andaht, dc în des dunken sol, dc er gotte so grosse smaheit gebotten habe mit sime lebende, also dc er dike des tůfels glichnisse an siner sele gemalet habe mit tegelichen súnden und etweñe mit den höbetsůnden grosse wunden geslagen hat an sine sele.

Die sele die mit dem heligen geiste bevangen ist, die mag sich nit enthalten, si můs je sinken von allem irdenschem troste und wollust in dem troste; aber die sele, die mit irm eigenen můtwillen bevangen ist, die neiget sich mit manger wollust zů irdenischen dingen.

Die dritte stat, da got mit der sele sprichet, dc ist dc himelriche, sweñe got dú sele vfruket mit sines willen wollust und henget si dazů, da ir sins wunders gelusten můs.

XXIV. Wie in wêtagen offenbart Cristus sine wunden. Vier diñg kloppfent vor der himelporten.

In minen grossen wetagen offenbarte sich got miner sele und wisete mir sines herzen wunden und sprach: Sîch, wie we si mir getan habent! Do sprach min sele: Eya herre, warvmbe lidest du also grosse not? Sit dem male dc dines reinen blůtes also vil vergossen wart in dinem reinen gebette, do solte billich alle die welt mit gelöset wesen. Nein, sprach er, minem vatter genůgete also nit, wan alles dc armůte und alle dú arbeit, und alle die marter und smacheit ist alles ein klopfen vor der himelporte, vntz an die stunde, do min herzeblůt gos vf dise erden. Do wart dc himelrich erst vf entsclossen. Do sprach dú sele: Herre, do dis geschah, do were du tot; mich wundert von einem toten, wie mag er blůten. Do sprach vnser herre:

Min licham wc do menschlich tot,
Do min herzeblůt
Mit der stralen der gotheit dur mine siten vlos.
Das blůt kam [1] von gnaden zc glicher wis alse die milch,
Die ich von miner megetlichen můter sŏg.
Min gotheit wonete in allen mines lichamen gelider,
Diewile ich tot was, als vor und sider.
Min sele růwete diewile in miner gotheit
Nach ir langen trurekeit,
Und ein geistlich bilde miner menscheit,
Das swebet je sunder begiñe in miner ewigen gotheit.

XXV. *Von der verbranten miñe.*

Eia lieber herre, crbarme dich vber den, der hie verbrant ist in diner miñe, verre und verswunden in diner diemůtekeit, und ze nihte worden in allen dingen. Gott spricht:

Min gotheit hat dich verbrañt,
Min mŏnscheit hat dich bekant,
Min heliger geist hat dich geheligot an der armůte.
Die da vil minent die swigent gerne,
Die niht miñent die sint je verer der miñe.

XXVI. *Gedenken an den tot und lange leben ist gůt.*

Ich bin sere wunderlich und mich wundert in minen menschlichen siñen, dc min sele als wunderlich ist. Sweñe ich gedenken an den tot, so vrŏwet sich min sele mit so grosser craft gegen der vsvart, dc min licham swebet in vnmenschlicher sanftekeit und mine siñe bekenent vnsprechelich wunder in der vsvart der sele. Alsust stirbe ich allergernost in der zit, die got vorgesehen hat. Nu sprechе ich aber harwider: ich wil leben allergernost vntz an den jungesten tag, und nu sterket sich min gêrunge hin in die zit der martireren, vf dc ich noch min sůndiges blůt in warem cristanem gelŏben mŏhte giessen, dur Jesum

---

[1] Handschrift: kan.

den ich liep han. Dc ich das gesprechen getar, dc ich got liep habe, dazû zwinget mich ein sunderlichû gabe, wand swen̄e mit laster und pine wirt gebotten, zehant begin̄et min sele ze brennende in dem fûre der waren gotzliebi mit so wuneklicher suessekeit, das min lichame swebet in gôtlicher wollust. Aber mine sin̄e behaltent ein jamer und bittent got fûr alle die mich lesternt oder schendent, dc si got vor sûnden beware.

XXVII. *Wie du solt danken und bitten.*

Herre vatter, ich danke dir ser, dc du mich geschaffen hast.
Herre Jesu criste, ich danke dir, das du mich erlôset hast.
Herre heliger geist, ich danke dir dc du mich gereinget hast.
Herre, ganze vngescheiden helige drivaltekeit,
Ich bitte dich, dc du nu gedenkest aller trûwe
Und sende mir nu einen barmherzigen tot,
Der mich lôse von aller not.
In manus tuas com̄endo spiritum meum.

XXVIII. *Swen̄e du sterben solt, so nim urlop zû zehen dingen.*[1]

Swen̄e ich sterben sol, so nime ich vrlop alsus ze allen den da ich von scheiden sol: Ich nim vrlop zû der heligen cristanheit und ich danke des gotte, das ich ein cristanmensche hies, und bin ze warem cristanen gelôben komen, und blibe ich langer hie, so wôlte ich mit erbeit ein helfe sin der heligen cristanheit, die in manigen sûnden stat.

Ich nim vrlop zû allen den armen selen, die nu in dem vegefûr sint. Blîbe ich langer hie, ich wôlte gerne vwer schulde helfen gelten, und ich danke got dc ir gnade werdent han.

Ich nim vrlop zû allen den, die in der helle sint und ich danke got, dc er sine rehtekeit an inen vbet. Belîbe ich hie, ich wôlte inen niemer gûtes gewûnschen.

Ich nim vrlop zû allen den sûndern, die in den hôptsûnden ligent. Ich danke es got, dc ich ir geselle nit bin, und blîbe ich hie, ich wôlte gerne ir burdin tragen vor gotte.

Ich nim vrlop zû allen den rûwern, die an irre bûsse stant.

---

[1]) Greith 263.

Ich danke des gotte, dc ich ir geselle bin. Blibe ich langer hie, ich müste si liep haben.

Ich nim vrlop zû allen minen vienden. Ich danke des gotte, dc ich vnûberwunden von in bin. Blibe ich langer hie, ich wôlte mich vnder ir fûsse legen.

Ich nim vrlop zû allen irdenischen dingen. Ich klage got, dc ich ir nie gebruhte nach siner heligen ordenunge.

Ich nim vrlop zû allen minen lieben vrûnden. Ich danke gotte und in, dc si min helfe in nôten gewesen sint. Blibe ich langer hie, ich müste miner vntugenden mich jemer schemen, die si an mir erkeñent.

Ich nim vrlop zû aller miner bosheit. Ich klage dc gotte, das ich sin helige gabe an miner sele also verderbet habe, dc nie kein gebreste so cleine enwart, er sie in himelriche an miner sele bekant. Swi es gewandelt si, so ist der schade doch dabi. Herre Jesu, ich klage es dir, joch ist die smacheit alles din.

Ich nim vrlop zû minem leiden lichamen. Ich danke des gotte, dc er mich an maniger stat vor maniger sûnde hat bewart. Blibe ich langer hie, sin bosheit ist so manigvalt, ich wûrde im niemer rehte holt.

XXIX. Von zehen stukken gotliches fûres vs der edelkeit gotz.

Ein vnwirdig mensche gedahte einvaltekliche vmb die edelkeit gotz. Do gab im got ze bekeñende in den siñen und ze beschôwende mit der selen ôgen ein fûr, dc brande ane vnderlas in der hôhi vber allû ding. Das vûr hatte gebrant ane begin und sol noch briñen jemer ane ende. Dis vûr ist der ewig got, der in im behalten hat dc ewig leben und vs von im gegeben hat allû ding. Des vûres funken die sint gevlôgen, dc sint die heligen engele. Des vûres blikken die sint komen, dc sint alle gotz heligen, wan ir leben dc hat manigen schônen blik der cristanheit gegeben. Dis vûres kolen die glûient noch; das sint alle die seligen, die hie briñent in der himelischen miñe und lûhtend mit gûtem bilde, als die erkaltet sint in den sûnden, di môgent sich bi den kolen wermen. Des vûres geneiste sint gestoben und sint ze nihte worden, das sint alle die seligen lichamen die in ertrich noch beitent des himelschen lones. Dis vüres meisterschaft sol noch komen, dc ist Jesus Cristus, dem sin himelsch vatter die erst lösunge und dc jungest gerihte bevolhen hat. Der sol an dem jungesten tage vs von den geneisten die allerschönesten köpfe machen dem himelschen vatter, da er in siner ewigen hochgezit selber vs trinken wil alle die helikeit, die er mit sinem lieben sune in unser sele und in vnser menschlichen sin gegossen hat.

Ja ich sol trinken vs von dir,
Und du solt trinken vs von mir,
Alles dc got gûtes in vns behalten hat.
Wol dem der nu veste [1]) stat,
Und nit hie verscürz, dc got in in gegossen hat.

Dis vüres röch sint allú irdenschú ding, der man dike gebruhet mit vnrehte wollust. Wie schöne si lúhtent in vnsern ögen, wie lustlich si spilent in vnserm herzen, si tragent doch manige bitterkeit in inen verborgen, wan si verswindent als ein röch und machent blint die hohesten, ja si machent öch surögende die heligösten.

Das gemach dis vúres, dc ist die wunenkliche wollust, die vnser sele innewendig enpfât von gotte mit so heliger wermi des götlichen vúres, dc wir hie búrnen wider in dem gotlichen füre und mit tugenden bestan, dc wir nit erlöschin. Die bitterlicheit des füres das ist das wort, dc got sol sprechen an dem jungesten tage: Gant von mir ir vervlûhten in dc ewige für. Der schin dis vúres dc ist die lúhtende anschöwunge des gotlichen antlútz der heligen drivaltekeit, die vnsern lip und vnser sele durlúhten sol, also dc wir da die wunderliche selekeit sehen und bekennen, wir wir nu hie nit mögen nemen.

Dise ding sint vs von disem vúre komen, und vliessent öch wider in, jedes nach gotz ordenunge mit ewigem lobe.

Swer hievon me sprechen wil der lege sich in das vúre,
Und sehe und smeke wie dú gotheit vlússet
Wie die menscheit gússet,
Wie der helig geist ringet
Und manig herze twinget,
Dc es got manigvalteklich minnet.

[1]) Handschrift: vaste.

XXX. Die luter miñe hat vier ding.

Di luter gotzmiñe hat disú ding an ir, also dc man eintrahtig si mit gotte swas vns geschehe ane súnde, das wir es mit iñikeit got dankin. Das ander, dc wir ordenlich gebruchen der gabe, die wir von gotte haben an lip und an sele. Das dritte, dc wir luterliche leben in gůten sitten, ane alle súnde. Dc vierde, dc wir alle tugende an uns haben. O we, dc ich die hette und werlich an allen sachen vollebrehte! Das nême ich fúr alle die contemplacie da ich je gehorte von sagen. Was helfent hohú wort ane barmherzigů werk? Wc hilfet liebin zů gotte und grimi zů gůten lúten? So sprichest du: Geb mir es got, ich tete es gerne. Hôre nu: Die tugende sint halb gabe von gotte und halb sint si tugenden an vns. Sweñe vns got gibet bekentnisse, so sôllent wir der tugenden gebruchen.

XXXI. Wie got die sele gemachet hat von wollust und pine. Wie got glich ist eime clote.

Ich sprach an einer stat in diseme bůche,[1]) dc die gotheit min vatter ist von nature, dc verneme du nit und spreche: Alles das got mit uns hat getan, dc ist alles von gnaden und nit von nature. Du hast war und ich han ŏch war. Nu hôr ein gliehnisse: Wie schône ŏgen ein mensche hat, er mag gesehen úber ein mile weges; wie scharpfe siñe der mensche hat, er kan vnsiñelicher dinge nit begriffen deñe mit dem gelŏben und greiffit als ein blinde in der vinsternisse. Die miñende sele, die alles das miñet dc got miñet und alles dc hasset dc got hasset, die hat ein ŏge, dc hat got erlúhtet. Damit sihet si in die ewige gotheit, wie die gotheit gewircht hat mit ir nature in der sele. Er hat si gebildet nach im selber, er hat si gepflanzet in im selber, er hat sich allermeist mit ir vereinet vnder allen creaturen. Er hat si in sich besclossen und hat siner gôtlichen nature so vil gegossen, dc si anders nit gesprechen mag, deñe dc er mit aller einunge me deñe ir vatter ist.

---

[1]) I. Cap. 44.

Der licham enpfât sin wirdekeit von dem sune des himelschen vatters an brûderlicher gesellschaft, und an dem lone der arbeit. Der gotzsun Jesus Cristus hat ŏch sin werk gewirket in herzeklicher liebi durch not, in armûte, in pine, in arbeite, in smacheit, untz an sinen heligen tot. Der helige geist hat ŏch sinú werk gewirket, als du sagest, mit siner gnade in aller vnser gabe, die wir je enpfiengen.

Disú werk sint drierhande, doch hat si ein vngescheiden got in vns gewirket. Zwŏi ding wirkent in ertriche in das vegefúr mit der gotzkraft ane vnderlas; das eine wirket alleine in der helle, das ist wollust in himelriche ane pine und pine in der helle ane wollust.

Wa was got eb er ihtes iht geschûf? Er was in im selber und im warent alle ding gegenwirtig und offenbar, als si hútte sint. Wie war vnser herre got do gestalt? Rehte ze glicher wis als er ein clote [1]) und alle ding in gotte besclossen ane sclos und ane túr. Das niderteil des klotes dc ist ein grundelose vestenunge beniden alle abgrúnde. Das oberste teil des clotes das ist ein hŏhi, da nút ýber ist. Das vmbetal des clotes dc ist ein cirkel vnbegriffenlich. Noch deñe was got nit schepfer worden; do er aber alle ding geschûf, do wart der clote vfgeschlossen. Nein, er ist noch gantz und er sol jemer gantz beliben. Do got schŏpfer wart, da wurden alle creaturen an în selben offenbar. Der mensche got ze miñende, ze gebruchende und ze bekeñende, gehorsam ze blibende; — vogel und tier ir nature ze bekeñende, die toten creaturen ze stande in irme wesende. Nu hŏre, was wir erkeñen dc ist alles niht, wir miñen deñe got ordenlich in allen dingen, als er selber allú ding in ordenlicher miñe geschaffen hat, und uns selben gebotten und geleret hat.

---

[1]) Am Rand: „Die klote was der val der túr." Clote = close, soviel als Verschluss, Klause.

XXXII. Wie wir glich werden gotte, S. Marien und den engelen.

Alse vil wir miñen barmherzekeit, und stetekeit ủben, alse vil glichen wir dem himelschen vatter, der disů ding ane vnderlas ůbet in uns.

Also vil als wir hie armůtes, versmacheit, verweisete, pine liden, also vil glichen wir dem waren gotz sun.

Als vile als wir hier vsvliessen mit aller miltekeit vnsers herzen, ze gebende vnser gůt den armen, ze dienste vnsern lip den kranken, also vile gelichen wir dem heligen geiste, der ein milte vsvlůt ist des vaters und des sunes.

Also vile als wir warhaftig sint, messig und bescheiden in heliger einvaltekeit, also vile glichen wir der heligen drivaltekeit, die ein war got ist und alle sinů werk in ordenlicher masse gewirket hat und noch tůt.

Also vil als wir kůsch sin mit aller luterkeit, diemůtig mit aller vndertenekeit, diensthaftige mit aller heligkeit, vnsculdig von aller bosheit, also vil glichen wir vnser lieben frowen Sante Marien, die mit disen tugenden geedelt ist, also dc si maget můter ist worden und můter maget ist bliben und ist alleine keyseriñe ůber alle creaturen.

Also vil als wir gůtlich, miñesam, vridesam sin, also vil glichen wir den engeln die nie mer arglich tůnt.

Also vile als wir helcklich leben in ellende und in vngemach vngetrôstet, also vil glichen wir Sante Johanse baptisten, der ủber manigen heligen gehôhet ist.

Also vil als wir gerunge haben nach gotz lobe, bekantnisse in der gabe, ordenliche gebruchunge des willen gotz, also vil glichen wir den propheten, und den heligen vettern, die sich mit grossen tugenden getwungen hant in gotte.

Also vil als wir wisheit lernen, und ander lůte damitte bekeren und mit gotte bestan in aller not, also vil glichen wir den heligen aposteln, die sich verlassen hatten bis in den tot.

Als vil als wir gedult haben in aller not und als gros als vnser cristangelôbe ist untz in den tot, alse vil glichen wir den heligen martirern die mit irme blůte vns haben besprenget den waren himelweg.

Als vil als wir mit vlisse tragen die not der heligen cristanheit, beide der lebenden und der toten, alse vil glichen wir den heligen confessoren, die mit manigen arbeiten wachent und mit sorge bihte hôrent.

Alse vil als wir strites haben und ŷberwinden und mågetlich ere behalten, alse vil glichen wir den heligen juncfrôwen, die den waren sig nit verloren hant.

Alse grosse růwe wir haben und alse manigvaltige bůsse helige wir leisten, alse vil glichen wir den heligen wittewen, die nach den sůnden als grosse ere erarnet hant.

Alse vil als wir aller tugenden an vns haben, als vil glichen wir gotte und allen sinen heligen die mit aller vrůmekeit got gevolget hant.

XXXIII. Von dem scharpfen capittel, da der bilger in zůkam, der schein ein gros herre.

Ein mensche pflag des lange, das er mit eim scharfen capittel in sin herze gieng und besach sinen schaden und gotz smacheit an im selber. Do warf er vs von sinem herzen allen sůndigen smak sines vleisches und saste wider ĩn alle pine gerne ze lidende dur got. Er warf ôch vs alle wollust siner magen und vrůnden und saste wider ĩn die smacheit, die ĩm sine anvechter tůn wolten. Er warf ôch vs alle liebin richtůmes und eren, da sich die sůndig welt zů vrôwet, und saste wider ĩn alles dc armůte, dc môglich ist ze lideñ nach rate.

In das kapitel kam vnser herre Jesus Cristus glich eim armen bilgerin. Do wart des menschen geist so erlůhtet, dc er bekande, dc es vnser herre was und sprach: Eya lieber bilgerin, wañen kunstu? Do antwurt er: Ich kum von Jerusalem, da wart ich sere gewundet, da leit ich grosse smacheit, armůt und pine, dc han ich dir gebracht. — Des danken ich dir vil lieber herre, und das han ich wol bevunden vil manigen tag. Do nam vnser herre ein einvaltige crone und saste si dem menschen vf sin hôbet und sprach: Dis ist dů krone des armůtes, der smacheit unde pine; disú krone sol noch gezieret werden mit min selbes bilde. Do vůr der bilgerin hin. Der mensche wart betrůbet und sprach: O wî! o we mins lieben bilgeris? Ja, wan ich wolte gerne me mit im geredet haben.

Do sach si[1]) vf in die hôhin, do wart si sin gewar. Do was er glich einem gewaltigen herren und was vnbevangen mit himelscher wuñe und sprach: Ich segne dich und grůsse dich! min vride si jemer mit dir, amen.

XXXIV. *Der die welt versmahet den sol man êren mit aht dingen.*

Ein stiñe wart gehôrt und dise wort wurden gesprochen alsust:

Ja sehent, si (komt) kunt, dú die welt hat versmehet
Und die lugene hat ervlouget
Und die warheit hat gemiñet
Und die gebenedigt hat.
Man sol si enpfân mit aller ere,
Man sol si stetigen in der warheit,
Man sol si benedigten ane ende,
Man sol si kleiden mit aller schônin,
Man sol si crônen mit aller wirdekeit,
Man sol si setzen vf den stůl des ewigen gemaches,
Man sol si grůssen mit allen zungen,
Man soll ir dienen mit aller gift,
Man sol si vrôwen mit aller gabe.

XXXV. *Wie die selig sele spricht zů irme lichamen an dem jüngesten tage.*

Stand uf min vil lieber,
Und erhole dich aller diner pine,
Aller diner wetagen, aller diner smacheit,
Aller diner trurekeit, alles dines ellendes,
Aller diner serekeit, aller diner arbeit.
Der morgensterne ist vfgegân[2])
Dc ist Sante Marien geburt und ir leben.
Die soñe hat iren schin getan,
Dc ist dc got mensche wart,
Sin werk und sin himelvart.

---

[1]) Die sele.
[2]) Handschrift: vfgegangen.

Der mân sol jemer stete stan;
Dc ist, das wir deñe jemer stete sôllen wesen
In dem ewigen lebeñe.
Etteweñe lag alles min heil an dir,
Nu lit aller din trost an mir.
Were ich zû dir nit widerkomen,
Us disen aschen wúrdest du niemer genomen.
Der ewige tag ist vns entstanden,
Nu sôn wir vnsern lon enpfân.

XXXVI. Dc Johañes Baptista der armen dirnen messe sang, dc wc geistlich bekantnisse in der sele.[1])

Man mag gôtliche gabe mit menschlichen siñen nit begrifen, darumbe besúndent sich die lúte, die nit habent den offenen geist der vnsehelichen warheit. Das man mit vleischlichen ôgen mag gesehen, mit vleischlichen oren mag gehôren, mit vleischlichem munde mag gesprechen, dc ist also vngelich der offenen warheit der miñenden sele, als ein wachslieht der claren suñen.

Dc Johañes baptista der armen dirnen messe sang, dc wc nit vleischlich, es wc also geistlich dc die sele alleine beschôwete und gebruchte. Aber der licham hatte nit davon, deñe er von der sele edelkeit in sinen menschlichen siñen mohte begriffen, darum mûssen die wort menschlichen luten.

Min pharisei sprach vf die rede, Johañes baptista were ein leie: Das allerheiligoste dc in der messe ist, dc ist gotz lichame. Denselben gots sun berûrte Johañes baptista mit diemûtigen, bibenden vorhten, in also grosser wirdekeit sines heligen lebeñes, dc er des himelschen vatters stiñe horte und sinú wort vernam und den heligen geist sach und bekante in în beiden. Johañes baptista prediete ôch offenbar allen lûten den heligen cristanen gelôben und bewisete mit sinen vingern den lúten vf den waren gots sun, der da gegenwertig wc. *Ecce agnus dei.* Dc Johañes baptista gotzwort sprach, alsus verre mag es niemer babest noch bischof noch priester vollebringen, deñe alleine mit vnsrem vnsiñelichem cristanen gelôben. Wc dis ein leie? berihtent mich ir blinden, ́vwer luginen und ́vwer has wirt úch niemer vergeben ane pine.

[1]) L. II. c. 4.

XXXVII. Du solt got loben, clagen und bitten zwölf ding.

Gebenedict sîstu lieber herre Jesu criste, got des lebenden gotz, sun an der acht mines gelöben; so weis ich werlich, dc du hie gegenwirtig bist, war got und mensche. In demselben namen bitte ich dich, herre, hûte an, als minen got und minen herren, als minen schöpfer und minen löser, als minen aller mañen liebesten und aller herren werdesten hûte und jemerme.

Herre, himelscher vatter, nu klage ich diner heligen drivaltekeit, dc ich vor dinen ögen gesûndet han ane vorchte und ane schame. O we, hilf mir hûtte, milter got (mit) diner ganzen hulde, wan min herze vinster ist von gewonheit der sûnden. Reinige, herre, hûtte min herze von aller irdenischer liebin und gûs herre nider dine himelvlût in mine dûrre sele, dc ich beweine din grosse smacheit und miner sûnden jamerkeit.

Herre, ich danke dir aller der gnaden, die du, lieber herre, mit vns getan hast und nu mit vns tûst, und eweklich mit vns tûn wilt. Ich bitte dich, herre himelscher vatter, in dem namen Jesu cristi, dc du mich mit diner gnade lûterst von allen minen sûnden und beschirmest mich vor aller sûnde und helige mich mit allen tugenden in das ewige leben.

Ich bitte dich, herre Jesu Criste, dur dinen heligen tot und dur die kumberliche not, die din heliger licham an dem heligen crûze leit, dc du herre, mit den ögen diner gotlichen erbarmherzekeit und diner menschlichen trûwe und dines heligen geistes gunst, alle mine not und minen jungesten tot wellest rûchen anzesehen; und gib mir herre, deñe din selbes lichamen, dc ich dich herre, deñe mûsse enpfân mit warem cristanen glöben, mit herzeklicher liebin, also, dc din heliger licham mûsse wesen und bliben die jungeste spise mines lichamen und dc ewige brot miner armen sele.

Ich bitte dich mer, vil lieber herre, dc du deñe miner armen sele mit dir selber wellest trösten und mich deñe von allen vienden wellist lösen. Ich bitte dich, vil lieber herre Jesu Criste, dc du den min arme sele wellest enpfân in dine vetterliche hende, und bringe mich deñe mit aller vröde us von disem ellende in dines gebenedigten vatter lant, da ich dich, herre, mit allen seligen heligen můsse benedigten und loben, die nu da sint und noh komen sŏllent.

Des gewêr mich, lieber herre Jesu christe, und alle die mit mir, die mich dur dine liebin gnedig und getrůwe sint, und hilf ŏch alle den mit mir, die mir wider dine hulde vngetrůwe und vngenedig sint, und gemeine allen den mit mir, die gelŏbig cristanmenschen sint.

Ich bitte dich, herre, dur din selbes ere, dc du vns cristanen lůten wellest geben ane vnderlas in dem stůle ze Rome ein hŏpt vol aller cristanen tugenden, da die helige cristanheit von gebreitet můsse werden in der meine und gelŏset von allen sůnden und geheliget mit allen tugenden, also dc du, lieber herre, hůtte mit diner almehtigen hant wellest růchen zů lŏsende Jerusalem und alle die stette und die lant, die mit unrehter gewalt betrůbet sint, durch dine, herre, namen drie.

Mit allen heligen bitte ich dich, vil lieber Jesu Criste, vmb cristanlichen vriden und vmb notdůrftige frůhte und vmb genedichlich[1]) wider disem lande und allen cristanen landen.

Ich bitte dich, herre, dc du dine vrůnde behaltest in dime dienste, und dine viende bekerest und krenkest an ire bosheit.

Ich bitte dich, keyser aller eren und crone aller fůrsten, herre Jesu Criste, fůr die fůrsten in disem lande und in allen cristanen landen, dc du si, herre, hůtte růchest vereinen mit deinem heligen geiste, also das si niemer kein sůndige reise stiften wider dinen hulden und wider ir selekeit.

Ich bitte dich, lieber Jesu Criste, vůr alle die cristanmenschen, die hůtte in nŏten sint, in wassernot, in sůche, in gevengnisse, in betrůbnisse, in alzegrossem armůte. Ich bitte dich dur dine milten gůti, dc du si hůtte also wellest trŏsten, dc si dinen ewigen trost und dine gebenedigten hulde niemer mŏgen verlieren.

Ich bitte dich, heliger vatter von himelrich, fůr alle die cristanen selen, die hůtte von irme lichamen scheiden, dc du,

---

[1]) Hier scheint etwas in der Handschrift zu fehlen.

erbarmherziger got, ir behalter wellest sin, und vrteilen si in das ewige lieb.

Eya, lieber herre, erbarme dich vber die selen mins vatters und miner mûter und vber alle die sela, die in dem vegefür sint. Lôse si herre, dur dine here namen dri in dirre stunde: *Requiescant in pace. Amen.*

Ich bitte dich, lieber herre vür mine gaden, dc du uns allen die tugende wellist geben, die vnser leben reinigen und heligen, dir ze lobe und ze helfe der heligen cristanheit. Nu enphâh herre, hütte dis gebet und min clage, und gewêr mich nach dinen gnâden. Amen.

XXXVIII. Nieman mag Gotz himel stôren. Die helle verwiset got.

Eya lieber herre, almehtiger got, wie lange sol ich hie stan in der erden mines vleisches glich eime stekken oder einem male, da die lüte zû lôffent, werfent und schiessent, und lange miner eren hant geramet, mit geswinder argheit? Hôrent nu dise antwurt: Nieman ist so listig in sime schutze, nieman ist so arg an sinem grimme, dc er mine himele môge zerstôren, zerbrechen oder schedelich gerûren, da ich wonhaft inne bin. Mere die mich hüte in die herberge zûhen und mich morne vswisent, die glichent der helle. Des fundament ich bin, des tynaphel wil ich ôch bliben. Eya herre, wer sol mir des gehelfen, dc ich alle mine wege also wandele, eb ich *glippfe*, dc ich nit valle. Die vorhte sol mich vfhalten, der gotz wille sol mich leiten.

XXXIX. Von dem gegenblike gottes schin an vnser Vrôwen und ir gewalt.

O o o, drie personen hant ein namen in einem got vngeteilt. Si vliessent gegen Marien antlize wunenklich in eime strame vngescheiden mit voller vlût, in milter gabe mit clarem schine der himelschen eren. Mit vnsprechlicher grûsse rûret er ir herze, dc si schinet und lühtet also, dc der hohe gegenblik der heligen drivaltekeit vor vnser frôwen antlize entstet.

Er vlûsset noch fürbas
Und erfüllet alle diemûtigen minnenvas

Und git inen schin und ere
Vor den andern verre.

In dem gegenblikke mag unser frowe wol gebeiten; mere wil si bitten, dc mag si diemûteklichen tuon, wan got mit siner miñe in irer diemûtekeit mensche wart, bedarf vnser frŏwe diemûtekeit in dem himelriche niht mere, deñe dc si den almehtigen got eret úber sich in vndertenikeit, mit allen seligen, die irem bilde volgent.

Unser vrŏwen gegenblik ist geklâret mit aller der gabe unverderbet, die si enpfieng von gotte. Si ist ŏch gezieret mit allen tugenden vollekomen; si ist gekrônet mit aller wirdekeit. Hiemitte vlússet si wider in got vol aller annemikeit.

Wie vnser frŏwe gebruchet der heligen drivaltekeit und wie sich got mit ir vereinet ob allen lutern menschen, dc ist vnsprechlich; mere, also vil als si hie vereinet waren, also vil gebruchet vnser vrŏwe und also vil gússet vnser herre ob allen heligen in si. Vnser vrŏwe hat gewalt vber alle túfel ze hindernde von den menschen. Darvmbe bestanden wir gerne vnser Ave maria in irme gegenblike, dc si vnser hie gedenke.

XL. Bekorunge, die welt und ein gût ende prûfent vns.

Nieman weis wie vaste er stât, er werde ê gestossen mit der bekorunge des libes.

Nieman weis wie stark er si, er werde deñe ê angesûchet von der welte bosheit.

Nieman weis wie gût er selber si, eb im werde ein gût ende.

XLI. Von dem gegenblike gotz in den Menschen und in die engele. Fúnf ding hindernt die schrifft.

Ir wellent dc ich fúrbas schribe und ich enmag. Die wuñe, die ere, die clarheit, die trútunge, die warheit, die ist ob mir also gros, dc ich stum wurde[1]) vúrbas me ze sprechende das ich bekeñe. Mere ein spiegel wart gesehen in dem himelriche vor der brust einer jeglichen sele und lip, darin schinet der

[1]) Handschrift: wrde.

spiegel der heligen drivaltekeit und git warheit und bekantnisse allen den tugenden, die der lip je begieng, und aller der gabe, die dû sele in ertrich je enpfieng. Davon schinet der here gegenblik von einer jeglichen persone wider in die hohen majestat da si vsgevlossen hat.

Der engel gegenblik ist fúrig miñenclar, wan si haben grosse liebin zû vnser selekeit. Si dienent vns ane arbeit und ir lon wahset, diewile dise welt gestat. Dú ware gottesmiñe hat dieselben craft an den engelen die si an den menschen hat. Das wir mit arbeiten dienen, dc ist davon dc wir sûndig sin.

XLII. Dis schreib swester mehtilt an einer cedelen irem brûder B. predier orden und sprach.

Die allergrôste vrôde die in himelrich ist, dc ist der wille gotz. Dc vnwille wille si, davon kumet gôtlichú vrôde in des betrûbten menschen herze. Das ist eis geistlichen menschen bihte, dc man die gabe versmahet, die von gotte kumet. Pinliche gaben sôllen wir mit vrôde enphân. Trôstlich gaben sôllen wir mit vorhten enpfahen, so môgen wir vns alle ding nûtze machen, dû über vns gant. Lieber bûle, siest eintrehtig mit gotte und vrôwe dich sines willen.

XLIII. Dise schrift ist vs got gevlossen.

Dise schrift die in disem bûche stat, die ist gevlossen vs von der lebenden gotheit in Swester Mehtilden herze und ist also getrúwelich hie gesetzet, alse si vs von irme herzen gegeben ist von gotte und geschriben von iren henden. Deo gratias.

Dis ist dc sibende teil.

I. Von der crone und von der wirdekeit vnsers herren Jesu cristi, die er nach dem jungesten tage empfahen sol.

Unser herre, der himelsch vatter, hat noch behalten in siner gotlichen wisheit manige vnsprechliche gabe, da er nach dem jungesten tage sine vserwelten kinder mitte zieren wil, nemlich sinem eingebornem sune Jesum vnsern lôser. Dem hat der hiñelsche (vater) ein cronen bereit mit also grossen, erlichen, manigvaltigen werke gemachet und gezieret, das alle die meister die je wurden und nu sint und jemer sônt werden nit môhtent volle schriben die clarheit und die manigvaltigen wuñe der crone. Die crone wart gesehen mit geistlichen ôgen der miñenden sele in der ewigen ewikeit, und wart ir bekant ir geschôpfnisse. Wc ist dc, ewekeit? Das ist die vngeschaffene wisheit der endelosen gotheit, die weder begiñe noch ende hat. Die crone hat drie bogen: Der erste boge der crone waren die patriarchen, der ander die propheten, der dritte die helige cristanheit. Die crone wirt gebildet und geblůmet mit der gegenwirtikeit aller seligen die an dem jungesten tage gotz rich besitzen sôllent. Si sôllent doch ire wirdekeit ordenlich besitzen nach iren werken. Der erste boge der crone wirt gewiret und erlůhtet mit edelme gesteine aller der heligen iñikeite und gůter werken, die die patriarchen je vollebrahten. Der bogen wirt ŏch gebildet mit menschlichem bilde sel und lip. Dc erst bild uf dem bogen der crone ist Sant Stephan und alle die martyrer gebildet mit ime, die je in cristanen gelŏben ir blůt gegossen hant; dabi sant Peter und alle gotz apostelen mit im ŏch gebildet. Dabi alle die seligen, die der apostelen lere gevolget habent. Di elichen lüte sŏn ŏch an dem bogen gebildet sin mit iren kinden, die mit gůten werken gotte gevolget hant.

Der ander bogen der crone der wirt gebildet mit allen Bebisten und allen geistlichen vettern mit îm, denen got sinû schaf bevolhen hat. Der bogen wirt gewiret mit aller geistlicher gewalt und wirt geblůmet mit cristanlicher lere.

Der dritte bogen der crone wirt gebildet allerschonost mit der edelen menscheit vnsers herren Jesu cristi, und bi îme sin erlichû můter Maria mit allen iren jungfrŏwen die dem lambe volgen sŏllent. Sant Johans Baptiste der wirt da dem lambe gebildet vil nahe, und alle die geblůmet bi ime, die vnder sinen henden cristen worden sint. Der boge der crone wirt mit der schŏpfnisse aller creaturen gewiret nach der liebi und nach der meinunge des schŏpfers die er dozů hatte, do er alle ding geschůf nach sinem willen. Dû crone wirt vberal geblůmet mit mangem ritterlichen schilte des heligen starken cristanen gelŏben. Dc keyserrich sol ŏch an der cronen stan gebildet, gewiret und geblůmet untz an den jungesten geburen jemer danach wirdig dc si gotte gedienot hant. Die crone sol ŏch geziñet werden bi endecristes zite mit manigem erlichen bilde, als helyas und Enoch und manig helig martyrer vor în, geblůmet mit der helikeit irs lebeñes und gewihet mit irm getrůwen blůte.

Die crone sol ŏch geverwet sin mit des lambes blůte und erlühtet und vergüldet mit der creftigen miñe, die Jesu brach sin sůsses herze enbiñen. Dise crone hat vnser himelscher vatter geschaffen, Jesus cristus hat si verdienet, der helig geist hat si geworcht und gesmidet in der vürinen miñe und also vůge[1]) gemachet mit der edelen kunst der heligen drivaltekeit, dc sî

[1]) Handschrift: wge.

vnserm lôser Jesu christo also wol fûget und also erlichen stât, dc der himelsche vatter und von sinem eingebornen sune me vrôden enpfât. Dc mû sin. Alleine die ewige gotheit sunder begiñe alle wuñe und vrôde hat in ime und nu hat und jemer haben sol, so tût im doch dc sunderlichen eweklich wol, dc er den ewigen sun mit allen sinen volgen so vrôlich anschôwen sol. Sweñe Jesus cristus sin júngest gerihte hat getan und sin abentessen hat gedient und begangen, so sol er dise crone von sinem himelschen vatter in grosser ere enpfân und mit ime die mit libe und mit sele zû der ewigen hohgezit dar mit arbeit komen sint. So sol ein jeglich sel und lip ir wirdekeit an der crone sehen.

Die crone ist gezúget in ertrich in túrer koste, nit mit silber noch mit golde, noch mit edelm gesteine, mer mit menschlicher arbeit, mit menschlichen trehenen, sweis unde blût, mit allen tugenden und ze jungest dem pinlichen tot. Die engele werdent an der cronen nit gesehen, darumb das si nit menschen sin; aber si mûssent mit wuñeklichem sange got loben an der crone.

Der erste kor singet alsus: Wir loben dich herre, vmbe din elichen ê, da alle dise von sint komen, die gebildet siñt an diner crone. Der ander kor: Wir loben dich herre mit dem gelôben Abrahe und mit der heissen gerunge und prophetien aller propheten. Der dritte kor: Wir loben dich herre, mit der wisheit und vromekeit aller diner apostelen. Der vierde kor: Wir loben dich herre mit dem blûte und mit der gedult aller diner martyrer. Der fúnfte kor: Wir loben dich herre, vmb dc helige gebet und cristanliche lere aller baptisten und aller bihtern. Der sehste kor: Wir loben dich herre, mit der rúwe und stetekeit diner wittewen. Der sibende kor: Wir loben dich herre, mit der kúscheit aller juncfrôwen. Der ahtode kor: Wir loben dich herre mit der fruht diner mûter und maget. Der núnde kor: Wir loben dich herre vmb dinen heligen tot und vmbe din erlich leben nach dinem tode und vmb dinen grossen vsvlus aller gabe und aller gûte, da du uns herre mitte gehôhet und loblich geordenet hast. Wir loben dich herre mit diner vúrinen miñe, da du uns iñe vereinet hast.

Oben vffen der crone swebet dc allerschônste baner, dc je in disem keyserriche wart gesehen. Dc sol das helige crûze wesen, do cristus sinen tot het an gelitten. Das crûze hat vier ende, dc niderste ende ist gezieret mit wuñe, claror deñe die suñe. Zû dem vordern ende vnder dem crûze swebent vfgerihtet die sûle, geverwet mit des lambes blûte, geblûmet und gezieret mit den nagelen, da vnser herre mitte wart gewundot. Oben vf dem bôme des crûzes swebet die allerschônestû keyserlichû dûrninû crone des riches.

Die dorne sint geblûmet
Lilienwis, rosenvar,
Wuñeklich, himelclar.

Dis ist dc baner der cronen, da Jesus cristus den sig mitte gewan und lebendig wider zû sinem vatter kam. Alzehant nach dem jungesten tage in der ewigen hochgezit, als got allû ding nûwe hat gemachet, so wirt disû crone geoffenbart und swebet vf dem hôbet der menscheit vnsers herren, der heligen drivaltekeit ze eren und ze lobe und allen seligen ze vrôde jemer mere.

Die menschheit vnsers herren ist ein begriffenlich bilde miner ewigen gotheit. Also, dc wir die gotheit begriffen môgen mit der menscheit, gebruchen gliche der heligen drivaltekeit, halsen und kûssen und vnbegrifliche gotheit vmbevahen, den himelriche noch ertrich, helle noch vegefûr niemer begriffen mag noch widerstan.

Die ewige gotheit schint
Und lûhtet, und machet miñelustig
Alle die seligen die ime gegenwirtig sint,
Dc si sich vrôwent ane arbeit
Und lobent jemer ane herzeleit.
Die menschheit vnsers herren grûsset,
Vrôwet und miñet ane vnderlas
Sin vleisch und sin blût.
Alleine da vleisch noch blût nu nit si,
So ist doch die brûderliche sibbe also gros,
Dc er sine menschlich nature
Sunderlichen miñen mûs.
Der helige geist git ôch us
Sinen miñenden himelvlus,
Damitte er den seligen schenket
Und si so vollen trenket,

Dc si mit vrôden singent,
Zartelich lachent und springent
In gezogener wise, und vliessent und swiment,
Si vliegent und kliment
Von kore ze kore und vúr des riches hôhin.
Da sehent si in den spiegel der ewekeit
Und bekenent den willen und die werk der heligen drivaltekeit;
Und wie si selbe geformet sint an libe
Und an sele, als si jemer mere sôllent blibe.
Die sele ist in dem lichamen gebildet menschen glich,
Und hat den gôtlichen schin in ir
Und schinet dur den lichamen
Als das lúhtende golt dur die clare cristallen.
So werdent si also vro und also vri,
Snelle, gewaltig und minerich,
Clar und gotte glich
Als das mag múglich sin.
So varent si war si wellent úber tusent mile,
Als man nu einen gedanken denken mag.
Prúuent was das varendes sie;
Denoch môgent si das ende des riches niemer begriffen
Noch berúren das wite rum und die guldine strassen;
Die sint vbergros, und sint doch wol ze masse;
Und doch nit guldin, want si eweklich besser sint
Dene golt und edelgesteine;
Dis ist alles erde
Und sol ze nihte werden.

Hie kunt das ende der crone:

Der helig geist der smidet noch das ende diser crone
Untz an den jungesten tag;
So wil im der vater und der sun sin arbeit lonen.
Er wil im geben ze lone alle die selen und lip,
Die in gotz rich gesamet sint.
Da sol der helig geist eweklich ine rúwen,
Und er sol si ane vnderlas grûssen und vrôwen
Alles dc dur gotz liebin je gûtes wart
Oder je wirt getan;
Alles das durch got wirt gelassen und gelitten,
Dc mûs alles an den cronen geblûmet stan.
Eya wel ein crone!
Eya wer gehilfet mir des, dc ich noch an der cronen
Ein klein blûmelin môge sin,
Als die westbaren, die dú minsten blûmen an der crone sint!

Ist dise rede iht ze lange, das ist des schult, dc ich in der crone manigleie wune vant; doch han ich mange lange rede mit kurzen worten gesetzet. Dis sprich ich vf mich selben: Wie lange wiltu, snôde welt, bellen? Du mûst doch swigen, wan dc allerliebeste mûs ich verswigen.

II. Wie an aller selen tag ein mensche bat vúr die selan gemeine.

An aller selen tag bat ich mit der heligen cristanheit fúr die gemeine selen, dic ir bûsse in dem vegefûr gant. Do wart ich gewar eins vegevúres, dc war glich eim ouen, der was ussen swarz, innenan was er fûresflammen vol. Do sach ich hinin, wie si stûnden in den flam̃en, und brun̄en als ein gebunden strŏ. Do stûnt eine bi mir, die wc glich einem grossen engele, den vragete ich wie dc were, dc sich die selen so sere vstrungen, swen̄e das gebette kam zû inen von gûten lúten. Súmliche trungen vs, und súmlich mohten nit vs. Do antwurt mir der den ich vragete: Do si in ertrich waren, do wolten si nit ze helfe denen, die si in nôten baten. Do erbarmete sich min sele úber ir maht und úber ir wirdekeit und rief in den him̃el: Herre got, môhte ich zû inen hie in varn und liden mit inen, uf dc si deste ê zû dir kemen! Do wisete sich vnser herre, dc er der engel was, der bi mir stûnt und sprach: Wiltu hie in, so wil ich mit dir hie in. Do vmbevieng vnser herre des menschen geist und vúrte si hinin. Do dú sele hinin kam mit vnserm herrn, do was ir nit we. Do vragete si, wie manigi ir were? Do sprach vnser herre: Du maht ir nit erzellen, und es sint die, vúr die du hast gebetten, do si uf ertrich waren.

Do vant ich den, úber den ich vor drissig jaren pflag ze bitten, do wc ich betrûbet, wan ich hatte (bate?) mich in ze geben, und ich entorste vor miner snôdekeit also grossen herren also grosser dingen nit bitten. Do sprach ich ein wort alsus: Eya lieber herre, wôltestu si lôsen? Do hûben si sich allzemalè vf in grosser meine, wun̄enklich, wisser den̄e ein sne und swebten hin gegen dem paradis in einer sûssen, claren wun̄e; da rûweten si mit vrôden ine. Do si sich hûben vs dem vúre, do sungen si den salmen allen vs: *Laudate pueri dominum.* Da nach sungen si: Wir loben dich herre, vmbe die grôssi diner gûti, vmb die milti diner gabe und die trûwe diner helfe.

Noch stůnt vnser herre bi der stette des vúres und hatte des menschen geist vmbevangen; do sprach des menschen sele:

Eya herre, du weist wol was ich gere.
Das wc dc si gerne wolte, uf unsers herren fůsse,
Dc si ime danken mŏhte.
Do lies si vnser herre nider,
Und si dankete ime wider,
Dc si die grossen ere mohte ansehen,
Die von gotte den armen selen was geschchen.
Do vant si vf sinen vŏssen
Die rosevarwen wunden
Vnser waren lŏsunge.
Do bat si: Herre gib mir dinen segen.
Do sprach vnser herre:
Ich segne dich mit minen wunden. —
Dc můsse mir geschehen
Und allen gotz und minen frůnden.
Dis ist leider von minen arbeiten nit geschehen,
Wan ich han der heligen cristanheite vile
Vil werder deñe das mine.

III. Wie núze dc sî, dc ein mensche mit diemůtigen worten sin herze besehe âne vnderlas.

Ich enweis nieman also gůt, ín sî des not, dc er sin herze ane vnderlas besehe und bekeñe, wc da iñe wone und ŏch vil diker beschelte sine werk alle. Dis sol man tůn mit diemůtigen worten. Dis lerte mich gottes stiñe, wan ich nie kein werk so wol getet, ich hette es wol bas getan. Dis ist min schelten, nu schelten wir vnser blŏdekeit alsus: Eya du allersnŏdestú creatur, wie lange wiltu din vnnútze gewonheit herbergen in dinen fúnf siñen? Vnser kintheit die was toreht, vnser jugent wird angevohten, wie wir dariñe gesiget haben, dc ist gotte offenbar. O we, leider min alter stat mir nu sere ze scheltende, wan es ist uñútze an schinenden werken und ist leider kalt und von gnaden. Es ist ŏch vnmehtig, dc es der jugent nit hat, da es die vúrigen gotzmiñe mitte tragen mag. Es ist ŏch vnlidig, dc ime kleinú pine vil we tůt, da dú jugent nit vf enahtet. Doch ist dc gůt alter gerne langbeitig und es getrúwet got alleine.

Vor siben jaren do clagete ein betrůbeter alt mensche disen schaden vnserm herrn. Do antwurte im got alsus: Din kintheit wc ein geselline mines heligen geistcs, din jugent was ein brut miner menscheit, din alter ist nu ein husvrŏwe miner gotheit. — O we, lieber herre, wc hilfet dc der hunt billet; diewile dc der wirt sclafet, so brichet der diep in sin hus: Das gebet des reinen herzen erweket doch vnderwilen denselben toten súnder. O we súnder, wie sere mag man dich beweinen, wan du bist ein morder din selbes, und du bist ein schade aller gůte und ŏch ir vrom̄e! Der gůte mensche enpfahet grossen vromen; swen̄e er sihet dc ein ander snŏdet oder vallet in die súnde, so sihet er wîl wite vmbe sich, dc er in die not iht kome; so bessert sich der gůte mensche bŏser dingen, da volgent gerne gůti werk nach; aber der bŏse wirt erger. Wen̄e er bŏse bilde sihet, so wirt er also bŏse, dc er gůtú werk und gůte lúte versmâhet; so behaget im sin eigen verkertú wisheit allerbest.

Min lieber schůlmeister, der mich einvaltigen, tumben, dis bůch geleret hat, der lerte mich ŏch dise rede alsus: Swas der mensche tůt, ist er nit warhaftig, du sôlt îm nit heimlich sin. Ich beken̄e einen vient, der ist ein dilker gŏtlicher warheit in des menschen herzen. Eb man ime die statte git, so scribet er mit willekor des menschen die valschen wisheit dem mŏnschen in sin herze und spricht: Ich bin von nature zornig und krank. — Damitte mahtu dich nit enschuldigen mit gotte noch mit eren. Du solt von gnaden sânftmůtig und stark werden. „Ich habe kein gnade.“ — So soltu in vngnaden den gnedigen got anrůfen mit diemůtigen trehnen und mit stetem gebette in heliger gerunge, so můs der wurm des zornes sterben. Du solt dir selber gewalt tůn, so darf kein pinlich gewalt ́vber dich gan von gotte noch von jeman; so wirt der wurm des kornes zeniht. Wellen wir vnsern zorn und alle vnser vnvollekomenheit mit gotte ́vberwinden und vertriben, so můssen wir rehte vnser súntliche bekorunge heimeliche verswigen, und bewisen vswendig helig vrŏlich gelesse.

O we arme! Swie lange wir in zorne stúrmen, haben wir iht gůtes an vns. Wir můssen doch je wider zů vnserme herzen komen, so můssen wir vns von schulden schemen, so hat der zorn vnser maht verzert, und hat vnser vleisch verderret, und so haben wir vnsre nůtze zit verlorn, da wir got iñe gedienet solten han. O we, das ist ein ewig schade! Aber o we! die sůndige trehne růwent mich, die man weinot in homůtigem zorne. Da wirt die sele also vinster von, dc der mensche diewile keiner gůter dinge rehte kan gebruchen.

Die růwige trehne sint also helig; mǒhte ein grosser sůnder einen růwigen trehnen vmb alle sine sůnde weinen, er keme niemer zů der ewigen helle, blibe er also. Swie kleine teglich sůnde der gůte mensche an im hât, die er v́berein nit lassen wil diewile er lebt; stirbet er also ane bihte und ane bůsse, wie helig er ist, er můs[1]) ein zů bitterem vegefůre. Wan, als erbarmherzig got ist, als gereht ist er ǒch dabi allen sůnden und gram.

Das rate ich mir, do můs di miñe wonen, bi dunkel gůt sollen wir niemer sin. Da wonet dů diemůtekeit gerne bi.

IV. *Von dem besmen vnsers herren.*

Do ich ze kloster kam, darnach nit lange, so wart ich also sere gepinget von sůche, dc es mine vrǒwen erbarmete. Do sprach ich ze vnserm herren: Lieber herre wc wiltu mit diser pine? Do sprach vnser liebe herre alsus: Alle dine wege sint gemessen, alle dinů vosspor sint gezellet, din leben ist geheliget, din ende dc wirt vrǒlich und min rich ist dir vil nahe. — Herre, warumbe ist min leben geheliget, und ich so wenig gůtes mag getůn? Do sprach vnser herre: Damitte ist din leben geheliget, dc min beseme nie von dinem ruggen kunt. — *Te deum laudamus,* dc got also gůt ist.

V. *Warumbe dc kloster ze einer zit angevohten wart.*

Die sǒllent den heimlich gůt tůn, die si wisent des si nothaftig sint, wan dc gůt dc man in enthaltet, dc wil ich an dem clostere nit haben. — Dis ist dů glosa. Dc ein jeglicher v́on sinem ambahte barmherzeklich denen gůt tůt, die er weis nothaftig sin.

---

[1]) Handschrift: v́bein.

VI. Von dem capitel und wie der mensche besehen sol sine brúche und die beweinen. Von zwein guldin pfeningen und von gûtem willen und gêrunge.

Swer dise bekantnisse hat, der klage und weine mit mir. Wan die vserwelten gotzkinder dike gotz lichamen nement und heleklich enpfahent, so mûs ich mit breñender samwitzekeit in min capitelhus gan. So kunt min vnwirdekeit und rûret mich, so kunt min vnvlis und beschuldet mich, so kunt die lihtekeit mines gemûtes und verwiset mir mine vnstetekeit, so kunt die snôdekeit mines unnúzen lebeñes und betrûbet mich, so kunt die gôtliche vorhte und geiselet mich, so krúche ich hin als ein cleines wúrmelin in der erden und hûte mich vnder dem grase miner manigvaltigen versumnisse alle mine tage, so sitze ich und schrie vf in den himel: Eya barmherziger got! Gônne mir, dc ich hûte teilsamig môge sin der gnaden, die dine vserwelten nu enpfangen habent. Hie antwurt unser herre alsus: Nim zwene guldine pfeñing die beide glich swere sint und kôf damitte; geltent si glich vil, so sint si glich gût. O we lieber herre, wie mag min snôdekeit diner gûti glichen, wan ich bin nit, als ich dir eren wol gônde! Ich habe nit als es dir wol gezimet, und ich haften an nihte mit trost miner sele in der welte. Alsust bin ich verworfen und leiderer worden. Ich enbin nit als ich lange gegert habe. Unser herre spricht alsus: Mit gûtem willen und mit heliger gerunge maht du vergelten we du wilt.

VII. Wie der mensche ze aller zit mit got vereinet sî.

Dc der mensche ane vnderlas vereinet si mit gotte, dc ist himelschû woñe über alle irdensche wollust. Wie sol uns dis geschehen? Unser gerunge sol ane vnderlas wandeln in allem vnsern werk, und sôllent mit cristanem gelôben und mit gotlicher bekantnisse ane vnderlas allû vnser werk besehen und niemer unûtze sin, so leben wir vnserm herren got mit allen vnsern werken, vmb allû sinen werk, dû er je gewirchte in ertrich durch vnser liebin. Sus sin wir vereinet mit ime in sinen irdenischen werken mit himelscher liebin. Hienach werden (wir) geistlich erlühtet, so loben wir vnsern herrengot mit allen den gaben, die je gegaben (wurden), unsern lip und gůt, vrůnde und mage und alle irdenische wollust, die wir begeren mǒhten. Hiemitte so danken wir gotte aller siner milten gaben, die er vns je gegab in ertrich an libe oder an sele. So sin wir aber mit got vereinet an nemelicher liebin und demůtiger dankbarkeit Damitte sǒllen wir alle gotzgaben in vnser herze druken, so wirt unser herre [1]) miñenvol, so werdent vnser siñe geoffenet und so wirt vnser sele also clar, dc wir sehen in die gǒtlichen bekantnisse, als ein mensche sin antlize besihet in einem claren spiegel. So mǒgen wir gotz willen bekeñen in allen vnsern werken, dc wir den willen gotz eren und liep haben in pinlicher gabe als in trǒstlicher gabe, und vrǒwen vns des dc vns geschihet ane sünde. Die sǒllen wir beweinen und hassen wan si ist zit verwassen. Hie mitte werden wir in ertriche vereinet mit den heligen in dem himelrich, wan si vrǒwent sich allermeist vmb den willen gotz in dem himelriche.

Ich enweis nit, wie der vient des gewar wart, do mir got dise bekantnisse gab in der naht, und ich da iñe mit grosser wuñe vereinet was, do er zů mir kam und sprach getrüwelich, wan er wolte mich beswichen. Sin stiñe horte ich mit min vleischlichen oren und ich sach schǒpfenisse mit geistlichen ǒgen, swartz, horwehtig and eime grüwelichen mañe gelich. Ich vorhte mich doch vor ime nit. Dc ist davon: Swen gotz gabe in der sele swebet und in den siñen ringet, so mag sich der lichame in siner gegenwrtekeit nit [2]) vorhten. Aber sweñe der licham doch in nützen werken ringet, kunt er deñe, so wirt dem lichamen also we in siner gegenwǒrtekeit, dc ich (nie) in so grosse pine in ertrich kam.

Do sprach er zů mir: Mir trǒmet ze naht, wie ich rich were und vil hatte. Do wolte er, dc ich solle wenen, das dise helige gotteseinunge mit der sele alles ein trǒm were. Do sprach die husvrowe inwendig, des lichamen (die) sele: Du bist nit warhaftig. Do sprach er: Ja, sol ich doch geweren also lange als got lebt. Do sprach die sele: Nu bistu doch gelert, sag mir,

---

[1]) *sic vieleicht*, herre. [2]) Handschrift: mit.

we sol ich tůn? Der tůfel mahte es alzevil: Du soltest dich vrŏwen und soltest dis grosse ding tragen in grossem gemůte. *Die Sele:* Ich bin noch leider also cleine niet, dc ich mŏge griffen durch der nadelen ŏri aller miner vienden in die himelporten mines ewigen landes. *Der tůfel:* Du bist alzesere bezůnet. *Die sele:* In dinen worten bekeñe ich din valscheit, zwifel, ital ere und hofart. Gienge ein stehelin mure vntz in die wolken alvmbe mich, deñoch wůrde min herze niemer von minen vienden sicher und vri. Do stůnt er und bibente vor mir. O we, wie vel valscheit dûchte mich das sine. Do rŏfte er sin hŏbet und sprang zornelichen hine.

VIII. *Wie ein mensche got sůche.*

Als got wil wesen dem menschen vrŏmede, so sůchet er vnsern herren got und sprichet: Herre, min pine ist tieffer deñe das abgrunde, min herzeleit ist bitterer deñe die welt, min vorhte ist grŏsser deñe die berge, min gerunge ist hŏher deñe die sterne. In disen dingen kañ ich dich niergen vinden. — In disem jamer wart die sele irs lieben gewar bi ir, gelich einem schŏnen jungeling also schŏne, dc es vnsprechlich ist. Und noch hette si sich verborgen, so vallet si vf sine vŏsse und grůsset sine wunden, die sint also sůsse, dc si aller irer pine und alles irs alters nit bevinden mag. So dahte si: We, wie gerne sehestu sin antlůt, so můstest du dich der wunden verzihen, und wie gerne hortestu sinů wort und sine gir! So stat si vf in vnwenklicher zuht gekleidet und gezieret. So spricht er: Sist willekomen min allerliebeste! In der stiñe des wortes erkante si dc, dc imé ein jeglichů sele, die in sinen hulden gotte dienet, die allerliebeste ist. Do sprach er: Ich můs din schonen an der bruchunge beide, din und min. „Die bruchunge ist vnsprechlich.“ — Do sprach er: Nim dise cronen der juncfrŏwen. Do kam die crone von im und gieng vf ir hŏbet, die luhte als ob si were von luterm golde. Die crone was zwivalt und was ŏch der miñen crone. Do sprach vnser herre: Dise crone sol offenbar sin vor allem himelschen here. Do bat si: Herre, wiltu morne min sele enpfan, als ich dinen heligen lichamen enpfangen han? Do sprach er: Du solt noch richer werden mit lidende. — Herre, was solte ich hie in diseme closter tůn? — Du solt si erlúhten und leren, und solt mit inen bliben in grosser ere. — Do gedahte si: Eya, nu bistu hie alleine bi vnserm herren. In dem gedanke sach si zwen engel bi ir stan, die waren also ahtbar alse irdenische vúrsten vor andern armen lúten. Do sprach si: Wie wil ich mich nu verbergen? Do sprachen si: Wir wellen dich bringen von pine ze pine, von tugenden zů tugenden, von bekantnisse zů bekantnisse, von miñen ze miñe. — Das dis ein súndig munt sprechen sol und můs, dc ist mir swere und ich engetar es doch nit lassen von gotte, und vor gehorsami menschlicher schemede und gǒtlicher vorhte můs ich behalten alle mine tage.

IX. Wie die miñende sele lobet vnsern herren mit allen creaturen.

Die miñende sele wirt niemer lobes sat, darumbe samet si in sich selber alles dc got je geschůf in ir gerunge und růffet deñe in den himel: Herre, werin alle dise personen also vollekomen, und also helig, eb es múglich were, als din gebenedigte můter Maria, deñoch genůgete mir armen nit, dc ich dich nút mǒhte volle loben mit dinem eineborney sune. Herre, mag man dich volle loben? Nein, des vrǒwe ich mich. Do antwurt vnser herre alsus: Die juncfrǒwen die mir lange gedienet habent, die sǒnt mich loben.

X. Dis geschach ze einer zit, do gros vnfůre was.

Ich bat vnsern herren got fúr vrlúges not und fúr manige súnde der welte, do antwurt vnser herre alsus und sprach: Die súnden stinkent mich an, vs von dem abgrunde des ertriches untz in den himel. Were es múglich, si triben mich vs. Die súnde hatten mich einist vsgetriben, do kam ich diemůteklich und diente der welte untz an minen tot; nu mag des nit me geschehen. Nu můs ich biwilen mine rehtekeit buwen *(sic)* durch die súnde. — Lieber herre, was sǒllen wir armen nu tůn? Do sprach vnser herre: Ir sǒllent ǔch diemůtegen vnder die bibenden hant des almehtigen gottes und vôrhtent in in allen vweren werken. Ich wil noch volk lôsen von aller not, dc sint mine vrûnde. Das gemeine gebette sattet min herze. Wie min gemûte stât, dc bewise ich. Das gebet hôre ich gerne von geistlichen lûten, die es von herzen miñent. *(Adjutorium nostrum in nomine Domini. Laudate dominum omnes gentes. Gloria patri. Regnum mundi. Eructavit cor meum. Quem vidi. Gloria patri etc.*[1])

Herre, himelscher vatter, enpfahe dinen dienst und din lop von dinen betrûbten kinden und lôse din volk von diser gegenwirtigen not, und lôse vns von allen vnsern banden, deñe alleine der miñe banden, die mûssen nie von vns genomen werden.

XI. Wie vnser herre wart glich gesehen einem arbeitenden mañe.

Unser herre wisete mir ein glichnisse, das er an mir erfüllet hat und noch tût. Ich sach einen armen vfstan vf der erden, der wc gekleidet mit armen lininen tûchen als ein arbeitende man. Ein borien hat er in den hande, da lag ein burdi vffe glich der erde. Do sprach ich: Guter man, wc tragest du? Ich trage, sprach er, dine pine. Kere dinen willen zû der pine und heb vf und trag. Do sprach der mensche: Herre, ja bin ich als arm dc ich nút habe. Do sprach vnser herre: Also lerte ich min jungern, do ich sprach: *Beati pauperes spiritu.* Das ist, sweñe ein mensch nit vermag und gerne tete, dc ist geistlich armûte. *Der mensche.* Herre, bistu es? Kere din antlút zû mir, dc ich dich bekeñen môge. Do sprach vnser herre: Bekeñe mich enbiñen. *Die sele.* Herre, sehe ich dich vnder tusenden, ich bekante dich wol. Min herze hat mich gebuwen in biñen ze eime vare, und ich getorste ime nit zihen dc er es weri. Do sprach ich: Lieber herre, disû burdi ist mir ze swere. Do sprach vnser herre: Ich wil si mir also nahe legen, dc du si wol maht getragen. Volge mir, und sich, wie ich stûnt vor minem himelschen vatter an dem crúze und blip also. Do sprach si: Herre, des gib mir dinen segen. — Ich segne dich ane vn-

---

[1]) Psalmen und Antiphonen im Officium von hl. Jungfrauen.

derlas. Diner pinen sol werden gût rat. — Herre, des hilf allen den, die gern pine liden dur dich.

XII. *Wie ein mensche ital êre und bekorunge widerstân sol.*

Sweñe der mensche iht gûtes gedenket von ime selben, so kunt zehant die ital ere gesprungen vs dem winkel des hiñelschen herzen mit einer süntlichen wollust und wil sich bereiten in die fünf siñe. So sol der mensche sin gemûte zû twingen, und sel sich ze hant vür sin herze mit diemûtiger vorhte slagen und segen sich mit dem segne des heligen crúzes, so wirt si zehant ze nihte, als eb si nie wurde. Dc han ich arme dike bevunden. Dis selbe sol man tûn zehant, sweñe die bôsen vliegenden gedenken koment. Die verswindent ŏch von der craft des heligen crúzes, sweñe es dem menschen leit ist.

XIII. *Wie unser herre wart gesehen glich einem pilgerin.*

Ich arme vnwirdige, ich versache min selbes und sprich das ich gesehen han und gehôret in gotte. In einer naht sach ich vnsern herren stan in einem glichnisse eines pilgerines, und er tet als er gewandelt hette die cristanheit durch. Do viel ich vf sine fûsse und sprach: Min lieber pilgerin, wañan kumestu? Do sprach er: Ich kum von Jerusalem, (do meinte er die cristanheit) und ich bin vertriben von der herberge min. Die heiden bekanten min nit; die Juden wellent min nit, die cristane vehtent mich an. — Do betete ich für die cristanheit. Da entschuldete sich vnser herre allerschônest von der grossen smacheit, die er lidet von der cristanheit, und leite us, wie vil gûtes er der cristanheit getan hat von anegenge, und wie vil er gearbeitet het vür die cristanheit und noch alle tage sûchet die stat an în, dc er sine gnade in si giessen môhte. Do clagete vnser herre aber und sprach: Mit ir willeküre tribent mich die lûte von der herberge irs herzen, und sweñe ich keine stat an în vinde, so lasse ich si bestan an irre willeküre und weñe si sterbent, als ich si deñe vinde, als vrteile ich vber si. — Do bat ich für die samenunge: Lieber herre, la si nit verderben, ich wil in iren frithof setzen ein lieht, da sônt si sich bekeñen bi.

XIV. *Von gotz erwelunge und segene.*

In einer andern naht, do ich in minem gebete was und in gerunge und versach mich nihtes, do wart ich gewar vnsers herren. Er stůnt in dem frithove und hatte vor im die ganzen samenunge, also geordenet als si komen waren ze clostere. Do sprach vnser herre zů inen: Ich han ŭch erwelt, erwelent ir mich, so wil ich ŭch geben. Do sprach ich: Herre, was wiltu în geben. Do sprach er: Ich wil schinende spiegel vs în machen in ertriche, also, alle die si geren, dc si ir leben bi în bekeñen sŏllent. Und iñ dem himelriche wil ich sî machen lůhtende spiegele, also alle di si gesehen dc si bekeñon, wie ich si erwelt habe.

Do reichte vnser herre sine hant und gab în sinen segen und sprach: Ich segenen ŭch mit mir selben; ir wellent mich in allen ŭwern gedenken. — Die vnsern herren wellent in allen iren gedenken, dc sint die seligen, die vnsern herren ze rehte lobent. Do sprach ich, si wellent mich vragen, in welicher ahte ich dich gesehen habe. Do sprach er: Es sint semliche vnder inen die mich bekenent.

XV. *Wie der mensche, der die warheit miñet, bitten sol.*

Der mensch der die warheit miñet, der bittet gerne alsus: Eya lieber herre, gŏñe mir und hilf mir dc ich dich ane vnderlas sůche mit allen minen fůnf siñen, in allen dingen heleklich, wan ich dich erkorn habe ob allen herren, und ich dich erkorn habe ob allen vůrsten miner sele brůtegŏme. Gib mir och herre, dc ich dich vinden můsse mit aller miner gerunge, breñender und verlŏschener. Ich geren ŏch, dc ich din gebruchen můsse mit vliessender miñe aller diner gabe. Gib mir herre, vollen dinen widervlus, der ervolle[1]) minen munt, dc mir pine, smehnisse, bitterkeit, jemer senfte tů. Das můsse mir von diner gnaden jemer geschehen; milter got, nu gewer es mir. Hilf mir ŏch herre, dc ich dich behalte in verzihunge alles mines willen nach diner gere, so verlůre ich miñe vnverlŏschen jemer me. Amen.

[1]) Handschrift: er vollen.

XVI. Wie ein mensch geret und bât.

Ein mensche begerte über alle gabe und über alle pine, das got sine sele entbunde mit eime heligen ende. Do sprach vnser herre: beit min. Do sprach der mensche: lieber herre, ich mag mine gerunge nit gestüren, ich were bi dir also gerne. Do sprach vnser herre: Ich habe din begert ê der welt begiñe; ich gere din und du begerest min. Wa zwôi heisse begerunge zesamen koment, da ist die miñe vollekomen.

XVII. Wie bekantnisse sprichet zů dem gewissede.

Das bekentnisse sprach zů dem gewissen: Wie vil man dich smehet und dir pine tůt, das du doch luter in gotte stast.

Das gewissen. Vrŏ bekantnisse, ir hant ein gůt wôrtelin geseit. Sweñe alle sine wirrenisse[1]) hangen, der můs ein diemůtig herze haben.

Bekeñtnisse. Vrŏwe gewissen, ir hant einen so edeln spiegel, da ir ůch so dike teger *(sic)* iñe besehent. Dc mag wol der lebendige gotz sun sin mit allen sinen werken. Es môhte ŏch anders nit gesin, dc ir alsus wise sint.

Dc gewissen. Vrŏ bekantnisse, sweñe ich ni....[2]) ich, so ist mir beide wol und we; wol, wan got dc vliessende gůt ist gegen mir, we, wan ich so kleine an gůten werken bin.

Dc bekantnisse: Vrŏ gewissen, ir hant an allen dingen lieber gottes willen und gottes ere deñe ẃwern vromen an libe und an sele, ir sint des túfels hélle und gotz himelrich, was mag ẃch deñe gelichen.

Die gewissende. Vrŏ bekantnisse, alles dc ich von gotte habe, dc hat er mir ze borgende getan, das ich damitte werbe sin lob und sin ere und ŏch minen vromen; wan ich es im widergeben sol, so bedarf ich siner gnaden wol.

Die bekantnisse: Vrŏ gewissende, ir sint sere gebunden mit der werlte sûnden, und geistlichen lůten vnvollekomenheit tůt

[1]) Handschrift: wenisse.
[2]) Lücke in der Handschrift.

vch manig herzeleit. Si habent die vrien willekür, dc si mögent varen ze himelriche oder zů der helle, oder in das lange vegefür; das ist vch ein swerů burdin.

Das gewissen: Vrŏ bekantnisse, ich klagen nit, dc ich vnwillen habe und dc ich wetag lide. Mich růwet der weltc sünde ze glicher wis als die miñe pine reiniget den lichamen von sünden und heliget die sele in gotte; alsus wellen wir mit fröden stân ze sinem gebotte.

Die bekantnisse: Vrŏ gewissende, die gůtwilligen richen in der welte, die opfernt got ir gůt und ir almůsen, die geistlichen lüte oppferent got in sinem dienste ir vleisch und ir blůt, ob allen dingen oppferent si gotte in gehorsami iren eigenen willen. Dc me wiget dc můs me gelten.

Die gewissende: Vrŏ bekantnisse, hiemitte ist es nit genůg, wellen wir gotz gebruchen in der höhin, so můssen wir haben die crone der diemůtekeit und luterkeit, der küscheit angeborn oder angenomener, und die höhi der miñe ob allen dingen. Dis selbe wuñecliche cleit treit an ir die helige drivaltekeit; der vatter die höhi der miñe, der sun der diemůtigen luteren küscheit, die hat er allen sinen vserwelten mittegeteilet; der helig geist das miñe breñen zů vns, allen vnsern gůten werken.

Die bekentnisse: Vrŏ gewissende, die stetikeit an gůten dingen, dc ist ein arbeitende miñe, der mag man nit enbern, wil man mit gotte besitzen die höchsten eren in beidi, hie und in sinem ewigen riche. Wol îm, der sich hie an in vlisset.

XVIII. Von der bevelhunge der siben ziten der martir vnsers herren.

Ze mettin.

O grosser tow der edelen gotheit!
O cleiner blůme der sůssen maget!
O nütze fruht der schönen blumen!
O heliges oppfer des himelschen vatters!
O getrůwes lösepfant aller welte, herre Jesu Criste!
Enpfahe din helige mettin ze lobe und eren
Diner ellenden geburt, diner ellenden not,
Diner seren martir, dime heligen tode,
Diner erlichen vrstendi, diner schöner himelvart,

Diner almehtigen ere ze lobe und ze eren.
Gedenk min, lieber herre,
Dc ich an allem minem tůnde, an allem minen lassende
An allem minen lebende
Dinen heligen willen můsse vollebringen
Vf ein gůt ende, diner heligen drivaltekeit zů eren,
Und alle die mit mir, die in dinem namen
Dine und min vrúnde sint.

Ze prime zit.

O ellendú smacheit, o kumberlicher smerze,
Die totigete din herer licham und din sůsses herze!
Hilf mir, lieber herre, dc ich alle min smacheit
Und alles min herzeleit
In diner liebin můsse und mȯge verklagen,
Als es dir in dinen ewigen eren mȯge behagen,
Und ich da jemer selig iñe blibe.

Ze terçie zit.

O swere burdi, o ellende draht,
Die du uns herre hast getragen vnder dinem crúze!
Trag uns herre, vber alle unser not
In das ewige leben.

Ze sexte zit.

O blůtigú not,
O wunden tief, o smerze gros!
La mich herre nit verderben
In aller miner pinen not. Amen.

Ze none zit.

O allerseligistú not!
O allerheligester tot!
O allerwuñeklichester spiegel des himelschen vatter,
Jesu criste, hoch an dem crúze gesclagen
Dur fůsse und dur hende:
Ich bevilhe dir herre, min sele an minem jungesten ende,
Das ich můsse ane vnderlas jemer me vereinet sin,
Also din himelscher vatter was und ist mit dir.
Des gewer mich und alle die dich mit trúwen meinent. Amen.

Ze Vesper zit.

O gebundenes miñevliessen!
O getrúwes herzegiessen!
O herer licham, der da dur mich getȯdet wart,
Vil lieber Jesu Criste!
Ich bitte dich,

Dc mine fünf sine ane vnderlas
Müssen und mögen sich fröwen
An dem blûtigen sper
Und an den wunden dines sûssen herzen,
Und dc mich min ellendû sele
Da eweklich mûsse iñe vrôwen
Und die mit mir, fûr die ich
Cristanlich bitten mûs und wil. Amen.

Ze complete zit.

O heligû tieffin aller diemûtekeit!
O miltû breitin aller gaben!
O erlichû miñe aller hôbin, aller miñe, Jesu criste,
Da du iñe bittest dinen himelschen vatter!
Erfülle nu herre, din gebet an uns
Und helige vns in der warheit
Und gib vns die tieffin aller diemûtekeit,
Da wir iñe neigen mögen vnder alle creaturen
Wan die creaturen in widerstan
Der nit als wir tût.
Gib vns herre, die breitin aller miltekeit,
Gûtwillig in aller vnser ordenunge
Ze vollebringen dur din liebin.
Und gib uns herre die hôhin diner miñe,
Die vns luter halte in dir
Und vnverderbet von allen irdenischen dingen. Amen.

XIX. Von dem grûsse vnser vrǒwen.

Ich grûsse dich, vrǒwe, liebû Maria:[1])
dc du bist ein wuñe der heligen drivaltekeit.
dc du bist ein begiñe aller unser selekeit,
dc du bist ein gesellin der heligen engelen hie und in gottes riche. —

Ich grûsse dich vrǒwe, liebû Maria:
dc du bist ein blûme der patriarchen.
dc du bist ein hoffnunge der propheten,
dc du bist ein wysse lylie der diemûtigen juncfrǒwen und

Gedenken wie dir gekomen ist der grûs von Gabriels munde,
Und grûsse mine sele an miner jungesten stunde,
Und bring mich mit vrǒden vnbetrûbet

---

[1]) Ich grüsse dich etc. wird jedesmal litaneienartig wiederholt.

Vs disem ellende in dc vrŏdenriche lant

Dines lieben kindes da ich růwe vinde.

Ich grůsse dich etc.
dc du bist ein lerende wisheit der apostelen,
dc du bist ein rose der marteren,
dc du bist ein bescherunge der bihtere,
dc du bist ein helferin aller wittewen,
dc du bist ein ere aller heligen dines lieben kindes,
bit vůr mich, dc ich mit allen minen werken
geheliget werde mit inen,
als es mir arme mǔgelich si,
Maria liebe keyseriñe.

Ich grůsse dich etc.
dc du bist ein zůvluht der sǔndere,
dc du bist ein menlich helverin der verzwivelten,
dc du bist ein trŏsterin aller heligen cristanheit,
dc du bist ein eisunge aller der ẏbelen geisten,
Wan si vervlŏchet sint von dir worden.
Betwing si, liebů vrŏwe von mir,
dc si sich niemer me gevrŏwen an mir,
und ich jemer stete si an dinem dienste.

XX. *Wie man dc ave Maria sol bevelhen vnser frŏwen.*

Gegrůsset siestu himelschů keyseriñe, gotz můter und herzeliebe vrŏwe min, enpfahe vrŏwe, hůtte din Ave M., ze lobe und eren dem wuñeklichen ŏgenblike des vatter und des sunes und des heligen geistes, der so wuñeklich gegen dem megtlichen mǔterlichen antlize offen und vnverborgen stat, vol aller selekeit.

Eya vrŏwe, da an gedenke ich
Mit aller miner gerunge und aller miner bette.
Alle mine pine und allů minů not,
Und alles mins herzeleides, miner eren,
Miner solen und mines jungesten endes,
Weñe ich hinan wende
Us disem jemerlichen ellende, —
Dis můsse alles dinen mǔterlichen trǔwen
Und diner megtlichen ere bevolhen sin,
Und diner vrŏwelichen gůti ane vnderlas bevolhen sin,
Und darzů alle die mit mir,

Die dine und mine vrůnt
In dem namen des almehtigen gottes sint.
Herzeliebe vrowen min,
Maria, edele keyserin.

XXI. *Wie ein mensche sin herze sol besehen eb dc er ze gotz tische gê.*

Ir wellent lere haben von mir, und ich selber vngeleret bin. Des ir je gerent, dc vindet ir tusentvalt in ŷweren bůchen.

Weñe ich arme dar zů gan und můs enpfahen den lichamen vnsers herren, so besihe ich dc antlitze miner sele in dem spiegel miner sůnden. Da sihe ich mich iñe wie ich gelebet habe, wie ich nu lebe und wie ich noch leben wil. In disem spiegel miner sůnden, da sihe ich niht iñe deñe o we und o we! So wirf ich min antliz zů der erden und klage und weine eb ich mag, dc der ewig vnbegriffenlicher got also gůt ist, dc er sich wil neigen in den vnvletigen pfůl mines herzen. So gedenke ich alsus, dc billicher were nach rehte, dc man minen lichamen zuge zů dem galgen als einen diep, der sinem rehten herren verstossen hat den tůren schatz der luterkeit, den mir got in dem heligen tŏffe hat gegeben.

Des wellen wir jemerlich klagen
Alle die wile wir leben,
Dc wir dikke vervinstert haben
Dc můssestu vns herre, vetterlich vergeben,
Welch sůnde der mensch nit gebihtet hat, noch ŏch nůt bihten wil,
Da mitte sol er nit gotz lichame enphahen.
Nu wil ich an die ware hoffennnge tretten
Und danken des gotte, dc ich je wart gesehen,
Dc mir armen dc mag geschehen,
Dc ich gotz lichamen můs enpfân.
Nu wil ich mit vrŏden zů gottes tische gân,
Und ich wil enpfân das selbe blůtige lamp,
Dc an dem heligen crûze wolte stân,
Blůtig vnverbunden,
Mit sinen heligen fůnf wunden.
Wol uns dc dc je beschach!
In siner heligen marter
Wil ich verklagen alles min vngemach.
So gan wir deñe mit vrŏden und mit herzeclicher liebin,
Und mit einer offenen sele und enpfahen unsern lieben,

Vnsern aller herzeliebosten lieben,
Und legen in in vnser sele
Als in ein süsse süssende wagen,
Und singen ime deñe lop und ere,
Vmb dc erste vngemach dc er liden wolte,
Do er in der kripfen lag.
So nigen wir ime mit vnser sele
Und mit vnsern fünf siñen
Und danken vnserm lieben und sprechen alsust:
Herre, ich danke dir din selbes,
Nu bitte ich dich, vil lieber,
Dc du mir din cleinöter wellest geben,
Dc ich luterlich möge leben
Vs von allen sünden.
Herre, war wil ich dich deñe legen?
Was ich habe das wil ich dir geben.
Ich wil dich an min bette legen.
Das bettelin ist alles pin,
Sweñe ich gedenk an dine pine,
So vergesse ich der mine.
Du solt mir herre min hüffe legen.
Dc wangeküssen, dc ist min herzeleit,
Dc ich nit enbin ze allen ziten bereit
Ze enphahende dine pinlichen gabe;
Des ist herre, alle min clage.
Dis bettes dekki ist min gerunge,
Da mitte ich bin gebunden.
Wiltu nu herre mich stillen,
So tů minen willen,
Und gib mir die sundere, die in den höbetsünden sin,
So vröwestu die sele min.

Herre, wc wellen wir nu von miñen reden,
So wir alsust nahe zesamen sin gelegen
In dem bette miner pine.

Ich habe dich herre, enpfân,
Als du vf erden erstanden bist von dem tode.
Lieber herzeliep, nu tröste min gemüte,
Dc ich ane vnderlas luterlich bi dir gestân,
Da volget grosse selekeit nach.
Gib mir herre, die schuldigen sele vs dem vegefür
Alleine mir; dc widergelt si alzetür.

Nu han ich dich herre, enpfangen,
Als du bist ze himel gevarn,
Nu soltu mich, vil lieber, nit ze sere sparn.
Ich můs je sterben von miñe,
Du maht mich herre niemer anders gestillen.

Gib mir herre, und nim mir herre alles wo du wellest,
Und las mir je disen willen,
Dc ich sterben můsse von miñe in der miñe. Amen.

XXII. Von dem lobe des himelschen vatters.

Wol mir! ich lobe dich alle wege,
Got, diner edelen gůti,
Dc du mich erwelt hast
Zů dime heligen dienste.
Helige min gemůte,
Dc ich mit heliger iñekeit
Alle dine gabe enpfah
Und ich mit vrôden bi dir bestâ.

XXIII. Wie man dem sune danken sol.

Wol mir! ich danken dir, keyserlicher gotz sun.
Des denke ich dir jemer me,
Dc du mich in der welte von der welte hast genom̃en.
Din helige pine ist min,
Die du dur mich hast gelitten.
Alles dc ich jemer gelide,
Dc wil ich dir da wider geben.
Alleine es vngeliche si,
Es machet doch mine sele vrî.
Halt mich je in dinen hulden,
Dc du jemer gelobet můssent sin.
Jesus, min vil lieber,
Lôse mine bende, la mich zů dir beliben.

XXIV. Von der miñe vlůt.

Wol mir! Ich danke dir, heliger geist.
Dc ist min gelôbe, dc du bist
Ein persone der heligen drivaltekeit.
Din sůssen minenden bruñenvlůsse
Vertilgent alles min herzeleit,
Wan si sanfte hergand
Vsser der heligen drivaltekeit.
Ich bitten dich herre, heliger geist,
Dc du mich bedekkest von aller argheit
Der vblen geisten mit diner gôtlichen miñe,
Was si an mir sůchen, dc si dc nit vinden.

XXV. Von dem grůsse der heligen drivaltekeit.

Ich arme von allen tugenden,
Ich snôde an minem wessende,

Getar ich oder mag,
So grûsse ich die hôhin, die clarheit,
Die wuñe, die wisheit, die edelkeit,
Die wunderliche einunge der heligen drivaltekeit,
Do alles dc vsgevlossen ist, vnbewollen,
Dc do wc, dc ist, dc jemer wesen sol.
Da mûs ich je wider in;
Wie sol mir dc geschehen?
Ich mûs widerkriechen, wan ich schuldig bin;
Ich mûs gân vf besserunge mit gûten werken;
Ich mûs lôffen mit getruwem vlisse;
Ich mûs vliegen mit tubenvederen,
Dc sint tugende und gûti werk und heliges gemûte.
Ich mûs sweben an allen dingen ûber mich selber;
Als ich allermûdest bin,
So kuñe ich wider in.
Wie ich deñe enpfangen werde,
Dc gesach nie menschen ôge,
Das gehort nie menschen ore,
Es mohte nie menschen munt gesprechen.
Gloria tibi trinitas!

XXVI. Wie man zû gotte vliehen sol in der bekorunge.

Herre Jesu criste, ich armer mensche
Vlehe dir und gere diner helfe,
Wan mine viende jagent mich.
Herre got, ich klagen dir,
Wan si wellent mich dilken von dir.
Herre, almehtiger gotz sun, tilge si von mir.
Gib mich nit in ir gewalt,
Und halt mich luter in dir,
Wan du hast mich mit diner marter erlôset.
Sist nu min helfe und min trost
Und la mich herre nit verderben,
Wan du wolltest fûr mich sterben.
Herre Jesu Criste, ich sûche dine helfe.
Erwek mine sele von dem sclaf miner tragheit
Und erlûhte mine siñe von der vinsternisse mines vleisches,
Gib mir din geleite,
Ze wandelend alle mine wege zû dir ane sûndc,
Als es mûgelich si von menschen,
Wan minû gebresten sehen dinû ôgen.
Maria, gotz mûter, himelschû keyserin,
Hiezu mûssest min helferin sin,
Wan ich leider schuldig bin,
Das ich gnade vinde

Zû dime lieben kinde,
Mûter aller kûscheit,
Ich klagen dir alles min herzeleit. *Salve regina.*

XXVII. Wie der geistlich mensche sin herze sol kêren von der welt.

Sweñe der geistlich mensche mage und sinen liebsten vrûnt vor im sihet schone gezieret und gekleidet nach der welte, so bedarf er wol, dc er gewaffent si mit dem heligen geiste, dc er nit gedenke: Alsus mõhtestu õch wol getan haben! Von dem gedanke wirt im sin herze als vinster und sin siñe als vnbereit zû gotte, und sin mût also treg ze heligem gebette und sin sele also rehte ellende von gotte, dc er deñe sinen weltlichen magen iñewendig gelicher wirt deñe eim geistlichen menschen:

Wil er luter mit gotte gestan,
So mûs es an ein striten gan,
So ist deñe sin gewissede betrûbet,
Das ein lûhtevas ist des heligen geistes,
Wan die gewissede lûhtet niht
An des heligen geistes lieht.
Sweñe dc lieht schone in dem lûhtevas ist entbrant,
So ist des lûhtevasses zierde schone bekañt.
Also ist es vmb dem geistlichen menschen,
Dem aller der welte zierde
Ein eisunge ist in sinem herzen,
Der behaltet sin lûhtevas schõne und vnverlõschen;
Ist aber sin herze offen gegen der welte,
So ist sin lûhtevas zerbrochen,
So kunt der bitter nortwint der girekeit
Der welte von vnsern magen,
Das si vns vil klagen,
Dc si des pfûles alze kleine haben,
Da si doch leider iñe versinkent,
Und in den sûnden ertrinkent.
Dis verlõschet vnser lieht
Und haben doch der welte niht.
Darnach kunt der sûnde wint,
Die valsche wollust der welt, dc si schõne schint,
Und hat doch manig bitter pine;
Wil vns dis wol behagen,
So haben wir in den ewigen schaden.
Dc mõgen wir gerne bewarn,
Wan es ist kein sûnde so cleine,

Si si vns an vnser sele ein ewig schade.
Warumbe? Es wart nie sünde als beleklich gewandelt,
Si were besser ungetân.
Darumbe můssen wir stete vorhte han[1])
Ob wir mit gotte mǒgen biterlich bestan.
Dc wir gotte haben gegeben,
Dc mǒgen wir im niemer ane vnsern schaden wider genemen,
Wand wir sin im erlich gegeben
Der visch in dem wassere der sihet
Mit grosser ger dc rote as an,
Damitte man in wil vâhn;
Er sihet aber nit den angel.
Also ist es vmb der welte vergift,
Si bekeñet ires schaden nit.
Wiltu nu rehte widerkeren,
So sieh an dinen brútgǒmen, aller welte herren,
Wie schǒne er gekleidet stůnt
Mit pfellorinen cleidern, rot blůt,
Swarz varwe, mit geiselen zersclagen,
Zů der súle gebunden.
Do enpfieng er dur dine liebin
Manige scharpfen wunden.
Dis las in din herze gân,
So maht du der welte trúginen entgân.
Wiltu fúrbas volgen mit dinen heligen gedanken,
So sich vf, wie er an dem crúce stunt,
Vfgerichtet hohe,
Vor aller welte ǒgen mit blůte beruñen.
Die cleider sǒllent wesen dines herzen wuñen,
Sine keyserlichú ǒgen mit trehnen vbervlossen,
Sin sůsses herze mit der miñe durstossen[2])
Nu hǒre noch die stiñe;
Dc leret dich die gotzmiñe,
Wie der smiden hañere klopfeten und slůgen
Dur sine hende und vǒsse an dem crúze.
Gedenk ǒch an des speres wunde,
Das dur die siten gieng ze sines herzen grunde,
Und clage im alle dine sünde,
Sust gewinestu gotz kúnde.
Sich die scharpfen cronen an
Die er vf sinem hǒbet trůg,
Kús in vor allen dingen,
Er gibet dir aller wuñen gnůg.

[1]) Handschrift: haben.
[2]) Handschrift: durvlossen.

Danke im wie er sterben wolte
Dur dine grosse liebin
Und la dich nieman betriegen,
So maht du ein kúniginē sin sines riches jemerme
Wiltu hiezu kriesen, so vberwindestu
Mit vrǒden aller welte herzeleit.

XXVIII. Von der not eis urlûges.

Mir wart bevolhen mit eime heligen ernste, dc ich bete vúr die not, die nu ist in Sahsenlanden und in Düringenlanden. Da ich mich zû bot mit lobe und mit gerunge, do wolte mich vnser liebe herre nit enpfān, und sweig mit ernster stille: Dc mûste ich vertragen sibenzehen tage mit minenclicher gedult. Do sprach ich zû vnserm lieben herren: Eya lieber herre, weñe sol komen die behegeliche stunde, dc du wilt und dc ich mûs bitten vúr dise not. Do wisete sich mir vnser herre und sprach:

Der wunenkliche morgen rot
Mit maniger varwe, dc sint die armen
Die nu lident manigerleie not.
Da sol in die ewige suñe nach vfgan des ewigen liehtes,
Di si beschinen sol mit ewiger vrǒde na diser not.
Do werdent si mitte geheliget
Und gekleret als die spilende suñe,
Als si gegen dem mitten morgen vftringet
Und die bǒhi tritet.
Semlich sint in deme hêr
Da si nǒte sint und mit vorhten,
Die lan ich werden gevangen und libelos,
Vf dc si zû mir komen mǒgin.
Die die sache sint des vrlûges,
Die sint grúwelicher an in selber
Und griñe an iren werken,
Dc si die bilde mines gotzhuses getǒrrent angriffen.
Do bekante ich, dc do der ewige tot nachvolget.
Die die strasse rǒbent ze vûsse,
Were kein vrlûg, so weren si diebe und valsche lúte.
Alsus machent je die bǒsen die seligen gût.
Alsust mûs got die sinen mit pine miñen,
Er kan si anders nit gewiñen.
Alsus hat mir got gesaget *(von)* den vromen,
Und nit weis noch wa es sol ende nemen.
Ich weis dc wol vúrwar,
Dc ich noch gotz vrúnden von herzen sol wol behagen.

16*

Ich weis das wol vúrwar wc gotz vrúnde lident,
Dc ir got niemer vergisset,
Wan er ist ir helfe und ir trost in aller ir not.
Darnach sóllen wir kriegen und mit vróden gerne liden,
So mógen wir vor gotte bliken und schinen.

XXIX. Von einer lêre.

Wiltu din herze ganz zů gotte keren,
So soltu drú ding haben zů einer lere:
Vórhte dich vor allen súnden,
Gůtwillig zů allen tugenden,
Stete zů allen gůten dingen,
So mahtu din leben zů einem gůten ende bringen.
Wiltu dich selben dazů twingen,
So mahtu es mit gotz helfe wol vollebringen.
Bitte got steteklich hieumbe,
So tragest du sanfte allen dinen kumber.
Bitte luterlich und diene got mit vlisse,
So wirstu vródenriche.

XXX. Ein gebet weñe man die jungfröwen crónet.

Enphahe herre, dine brúte[1]) und begegene ĩn mit den lylien der luter kúscheit alle ire tage.

Enphahe herre, dine brúte und begegene ĩn mit den rosen der vlissigen arbeit uf ein gůt ende.

Enphahe herre, dine brúte und begegen inen mit der violen der grundelosen diemůtekeit und leite si in din brutbette unde vmbehalse si mit aller liebin jemer vngescheiden.

XXXI. Von einer klage.[2])

Dis ist der miñenden sele klage,
Die si alleine nit mag getragen;
Si můs es gottes vrúnden sagen,
Vf dc inen miñedienst behagen.
Miñen siech und libes krank,
Pine, not und harten twang,
Dc machet mir den weg zelang,
Zů minem lieben herren.
Wie sol ich dich, lieb, alsus lang enberen.
Ja, bin ich dir leider alze verre.

---

[1]) Handschrift: bruche.
[2]) Greith S. 264 und 217.

Wiltu herre, mine clage nit enpfân,
So můs ich wider in min truren gân,
Und heiten und liden, beide, stille und offenbar.
Du weist dc wol lieber herre,
Wie gerne ich bei dir were.
Vnser herre. Weñe ich kume, so kume ich gros.
Es war nie vngemach so gros,
Ich mőge es wol geheilen.
Du můst noch me beiten,
Ich wil dich bas bereiten,
Eb ich dich bringe vúr minen vatter,
Vf dc du vns deste bas behagest.
Ich hőre noch gerne dinen miñe klang.
Sweñe vinster werdent unser menschliche siñe,
So erweken wir mit der klage
In vnserm herzen die gőtlichen miñe.

XXXII. *Wie des gůten menschen werk lúhtent gegen den werken vnsers herren.*

Wie des gůten menschen werk sőllent lúhten und schinen in der himelschen ere, dc merkent an disen worten:

Darnach als wir hie vnschuldig sin gewesen, darnach (wirt) gotz vnschult schinen und lúhten in unsere helig vnschult.

Darnach als wir hie arbeiten in gůten werken, darnach sol gotz helige arbeit lúhten und schinen in vnsere helige arbeit.

Darnach als wir hie iñekeit haben in gotte heimliche, darnach sol gotz helige iñekeit lúhten und bliken in vnsere helige iñekeit manigvaltekliche.

Darnach als wir hie vnsere pine dankbarlich enpfahen und gedulteklich liden, darnach sol gotz helige pine lúhten und schinen in vnsere pine.

Darnach als wir hie alle tugende geúbet han mit vlisse, darnach sőnt gotz helige tugende lúhten und schinen in vnser tugende in manigvaltiger ere. Dc were eweklich jemer mere.

Darnach als wir hie in miñe breñen und lúhten in heligem lebeñe, darnach sol gotz miñe in vnsere sele und in vnsern lichamen breñen und lúhten ane vnderlas, jemerme vnverlőschen.

Dise gegenblike schinent und lúhtent von der ewigen gotheit.
Dis gůten werk han wir enpfangen von gotz heliger menschheit.
Und haben si vollebraht mit des heligen geistes volleist.

Sust kumen vnser werk und vnser leben wider in die heligen drivaltekeit.
Da wirt es offenbar, wie es vns nu hie stat.
Darnach de wir hie helekliche in gôtlicher miñe leben,
Darnach sôllen wir da in der hôhin wuñeklich sweben,
Und darnach wirt der miñe maht vns da ze lone gegeben,
Das wir gewaltig werden allen vnsern willen ze tuende,
De wir von den heligen bekant werden wie wir sint gewesen,
Hiemit mûssen wir ir geselle wesen. Amen.

XXXIII. Von dem geistlichen trank.[1])

Ich bin siech, mich lustet sere eis gesunden trankes,
De Jesus Cristus selber trank.
Do er, got und mensche in die kripfen kam,
Do wc im das trank zehant bereit,
Des trank er also vil,
De er also miñenvûrig trunken was,
Das er in allen tugenden vúr[2]) alles sin herzeleit.
Er gab jemer tugende, die gûti sin die wart nie siech.
Des gesundes trankes lustet mich.
Dis trank ist pine durch gotz liebin.
Die pine ist bitter,
So malen wir darzû eine wurzen, heisset: gerne liden.
Die ander wurzen heisset, geduld in der pine
Die ist ôch bitter;
So malen wir darzû eine wurzen, heisset, helige iñekeit,
Die machet die gedult sûsse und aller vnser arbeit.
Die dritte wurze, de ist, in pine lange beiten
Vnsers ewigen lebeñes und vnsers heiles;
Das ist ôch vil bitter.
So malen (wir) darzû ein wurzen, die heisset: Mit vrôden vnverdrossen.
Eya lieber herre, wôltestu mir dis trank geben,
So môhte ich vnverdrossen mit vrôde in pine leben.
Da wôlte ich zû einer wile des hiñelriches enbern,
Alsus sûsse ist nach ime min gere.
Nu mûssistu dis, herre, mir
Nach dinem liebesten willen geben,
Und allen dên, die es durch dine liebin geren.

XXXIV. Von der geistlichen spise.

Nach bitterme tranke bedarf man wol senfter spise. Die vfstigende gerunge und die sinkende diemûtekeit und die vlies-

---

[1]) Greith S. 265.
[2]) Handschrift: vir.

sende miñe, dise drie juncfrǒwen bringent die sele uf ze himele vúr got, und so wirt si irs lieben gewar. So spricht si: Herre, ich klagen, dc du so sere angevohten bist von dem liebesten dc du in ertrich hast, dc ist der cristanmensche. Herre, ich klage dir, dc dine vrúnde so sere gehindert sint von dinen vienden. *Vnser herre.* Haben si di rehte gůti an în, alles das vber si gat ane súnde, dc verzerent si wuñenkliche zů der waren gottes kúnde. Darumbe die pine růffet allerlutost: vber allen gotzdienst, wichent mir, wan dc der mensche vngetrǒstet ist nach dem willen gotz, wan dc der mensche getrǒstet were nach sinem eigenen willen. Gotz wille ist luter, vnser wille ist sere gemenget mit dem vleische. Alle, die sere miñent iñewendig, die werdent uswendig gestillet, wand allú vswendig arbeit hindert den inwendigen geist. Dc deñe der geist inwendig singet, dc gat úber alle irdensche stiñe.

Die gedult singet allerschǒnost úber aller engelen chǒre, wan die engel haben kein gedult, wan si kein pine enpfindent. Dis haben wir von der menscheit vnsers herren, dazů alle die ere damit wir von gotte in ertrich geeret sint und damit in dem himelriche mit gehǒhet sǒllen werden. Von der edelen arbeit vnsers herren und von siner heligen pine ist vnser cristanlichú arbeit und vnser gůtwilligú pine geedelt und geheliget, ze glicher wis als allú wasser sint geheliget von dem Jordane, da vnser lieber herre iñe getǒffet wart.

Eya lieber herre, hilf vns, dc vnser helige gerunge niemer můsse gerúwen[1]) und vnser sinkende diemůtekeit sich niemer můsse vfgerihten mit dem homůte, und die vliessende búrnunge der heligen gotzmiñe, die můsse hie vnser vegfúr sin, da alle vnser súnden iñe getilget werde.

XXXV. Von den siben salmen.[2])

Lieber herre Jesu Criste, dise heligen siben salmen spreche ich ze lobe und ze eren aller diner heligen pine, da du iñe sterben woltest dur mich an dem heligen crúze.

---

[1]) Handschrift: gerúwen.

[2]) Die Busspsalmen.

Vil lieber, ich bitte dich, sweñe kunt die zit,
Dc du din gebot ervúllen wilt
An mir mit minem tode,
Dc du deñe komen wellest zů mir
Als ein getrúwer arzat zů sinem kinde.
Und gib mir deñe herre, eine helige súche,
Da ich mich iñe bereite mit rehten siñen
Und mit warem cristanem gelõben. — *Domine ne in furore.*

Ich bitte dich, vil lieber herre,
Dc du deñe komen wellest
Als min allerliebster vrúnt ze miner not;
Und bringe mir deñe, herre, also waren rúwen
Da alle min súnde iñe getilget werden,
Dc ich ir nach disem libe
Unbetrůbet blibe. — *Beati quorum remis.*

Ich bitte dich vil lieber herre,
Dc du deñe komen wellest
Als ein getrúwer bihter zů sinem lieben vrúnde,
Und bringe mir deñe das ware hebt, dines heligen geistes gabe,
Da ich mich iñe sehe und bekeñe,
Und alle mine súnde von herzen iñe vor clage,
Mit also heliger hoffunge,
Dc min (geist) werde mit gebunden
Von allen minen súnden
Und das ich luter werde vunden,
Und gib mir herre deñe din selbes lichamen,
Dc ich dich deñe, vil lieber,
Mit also grosser liebi můsse enpfãn,
Als je ein menschen herze kan;
Dc du deñe můssest bliben
Die wegespise miner ellenden sele,
Also, dc ich, vil lieber, din liep geselle blibe
Mit dir zů dem ewigen liebe. Amen. — *Domine ne in furore.*

Ich bitte dich lieber herre
Dc du deñe wellest komen
Als ein getrúwer brůder zu siner lieben swester —
Und bringe mir das helige waffenkleit,
Da min sele mit werde bereit,
Dc mir mine viende nit mõgen geschaden,
Weñe si wellent úber mich klagen,
Dc si sich deñe můssen schamen aller ir arbeit,
Die si an mich haben geleit. — *Miserere mei deus.*

Ich bitte dich herre, dc du wellist zů mir komen
Als ein getrúwer vatter zů sinem lieben kinde,
Und beware deñe min ende.

So ich mit minem súndigen munde nit sprechen mag,
So sprich deñe miner sele inwendig zů,
Dc du si trôstest und jemerme behûtest,
Do ich gevrôwet werde und nit betrûbet.
Des bitte ich dich, herre, dur dine milten gûtin. Amen.
Domine exaud. o. et. cla.

Ich bitte dich herre, dc du mir deñe wellist senden
Dine mågetliche mûter;
Der mag ich nit enbern,
Dc si deñe ir volle miñe lange gere,
Und min arme sele vor allen vienden beware.
De profundis cla.

Ich bitte dich, lieber jungeling
Jesus, der reinen megde kint,
Dc du deñe wellest komen
Als min allerliebster brûtgôm,
Und rihte deñe úber mich
Als die edelen brûtgôme pflegent,
So si iren brûten grosse morgengaben gebent,
Und enpfahe mich deñe an dem arem diner miñe,
Und bedeke mich mit dem mantel diner langen gerunge.
Wol mir jemerme, so bin ich deñe entbunden.
Wolten wir dikke gedenken an die stunde,
So sunke aller vnser hochmût ze grunde.
Als er vns deñe sin her antlitze offenbaren wil,
So hat min sele wúnsches spil.
Da ich nu nach jamerig bin,
Dc mag mir in ertriche nach wunsche niemer geschên.
Domine exaudi or. m. auribus percipe.

XXXVI. Von einem geistlichen closter.

Ich gerte des zů gotte, eb es sin wille were, dc er es mich liesse verstan, dc ich nit mere schribe. Warumbe? Dc ich mich nu also snôde und vnwirdig weis, als ich wc vor drissig jaren und me, do ich es begiñen mûste. Do wisete mir vnser herre in siner hant ein sekelin und sprach: Ich habe noch wurzen. Do sprach ich: Herre, ich erkeñe der wurzen nit. Do sprach er: du solt si wol erkeñen, so du si sihest. Man sol die siechen mit laben, die gesunden sterken, die toten weken, die gûten mitte heiligen. Hienach sach ich ein geistlich closter, dc wc mit tugenden gebuwen.[1])

[1]) Greith 275 Dies Gleichniss kommt im M A öfter vor.

Die **eptischin** ist die ware miñe,
Die hat vil heliger siñe,
Da si mit vlisse die samenunge mit bewarct
An libe und an sele, alles zů gotz eren,
Si gibet in manige helige lere;
Dc jemer gottes wille si,
Davon wird ir eigen sele vri.

Der miñe **capellanine** ist die gôtliche diemůtekeit;
Die ist jemer der miñe vndertan,
So můs die hofart bi siten gan.

Die **prioriñe**, dc ist der helige gotzvride.
Irme gůten willen wird gedult gegeben,
Das si die samenunge mit gôtlicher wisheit leret;
Zů welen dingen si keret,
Dc ist je ze gottes eren.

Die **vnderprioriñe**, das ist miñesamkeit.
Si sol die cleinen broken zesamene lesen
Und tilken si mit gotlicheit.
Swas man missetůt dc sol man nit lange tragen im gemůte,
Damit meret got des menschen gůte.

Dc **capittel** sol vier ding in im haben:
Dc ist die offenbarunge der helikeit,
Die an gotz dieneet lit. Ir senftmůtige arbeit
Tůt den vienden manig leit
Und gotte manig ere,
Des mag si sich vrôwen sere.
Si hůte sich vor italer ere,
Andere der eren helfe sin.
Dienent si mit vlisse, so lonet in got geliche.

Die **sangmeisteriñe**, dc ist die hoffunge,
Ervůllet mit heliger, diemůtiger andaht,
Dc des herzen vnmaht
In dem sange vor gotte so schône clingen,
Dc got die noten miñet, die in dem herzen singen.
Der mit ir also singet, dem sol mit ir gelingen
In der himelschen miñe.

Die **schůlmeisterin**, dc ist die wisheit,
Die mit gůtem willen die tumben vlisseklich leret,
Des wirt dc closter geheliget und geeret.

Die **kellerin** ist ein vsvlus in helflicher gabe.
Dc si das in gôtlicher vrôde tůt,
Davon gewiñet si helig gemůte in gôtlicher gabe,
Alle die iht von ir gerent,
Die sôllent gezogen und genůgig wesen
Jemer ane clage.
So vlůsset in ir herze die sůsse gottesgabe.

Die ir helfe do zů sin,
Die sôllent jemer gewiñen
Alse si die sûsse gotzgabe.
Die kamererin, dc ist die miltekeit,
Die jemer gerne woltůt in ordenlichen massen.
Si gibet dc si nit enhat mit gůtlichem willen,
Des můs si von gotte sunderliche gabe gewiñen.
Den si was gibet die danken des gotte
Mit heliger iñekeit, der bevindet des herzen stat
Als dc edel tranke in reine vas.
Der siechen meisteriñe, dc ist die vlissende barmherzekeit,
Die jemer danach hungeret,
Dc si vnverdrossen den siechen si bereit
Mit helfe und mit reinekeit,
Mit labunge und mit vrôlicheit,
Mit troste und mit miñesamkeit.
So gibet ir got sin widergelt,
Dc si es jemer gerne tůt,
Der ir helfe dazů senden sol,
Dc selbe von gotte geschehen.
Die porteneriñe dc ist die hůte,
Die jemer ir vůlet mit heligem gemůte
Ze werbende wc ir ist bevolhen,
So blibet ir arbeit vnverloren,
So mag si bereite zů gotte komen
Sweñe si bitten wil,
So ist got mit ir in einer heligen stille,
Ze verclagende ir herzeleit.
Wand si es vnderwilen swerlichen tůt,
Dc versůnet alles die helige gehorsami,
Der si deñe ist mit vrôden vndertan.
Die zuhtmeisterin, dc ist die helige gewonheit,
Die sol jemer breñen als ein kerze,
Vnverlôschen in der hiñelschen vriheit,
Sust tragen wir sanfte alles vnser herzeleit
Untz in ein helig ende.
Der Brobest ist die gôtliche gehorsami,
Dem sint alle tugenden vndertan
So mag dc closter in gotte gestan.
Der sich in dis closter wil begeben,
Der sol jemer mit gôtlicher vrôde leben.
Hie und in dem ewigen leben.
Wol in die da iñe blibent!

XXXVII. Von der ewigen hochgezit der heligen drivaltekeit.

Swer in warer miñe sich bereiten wil
Zů der ewigen hochgezit der heligen drivaltekeit,

Der můs es je begiñen:
Er sol dem himelschen vatter volgen und dienen
Ane vnderlas mit heligen vorhten
Und mit diemůtiger diemůtekeit an allen dingen.
Er sol sinem sune volgen und dienen
Mit pine und mit gedult,
Mit willigem armůte in heligen arbeiten.
Er sol dem heligen geiste volgen und dienen
In heliger hoffunge ob allen worten
Mit sůssem herzen in senftem gemůte,
So smeket man siner gůte.

Die reinen miñenden juncfrŏwen,
Die sŏllent vúrbas volgen dem edeln jungelinge
Jesu Cristo, der reinen megde kint,
Der al vol miñen,
Als er we von ahtzehen jaren, so ist sin persone
Den juncfrŏwen allerminenklichost und er allerschŏnost;
So volgent si ime mit wuñenklicher zartheit
In die blůiende wise ir reinen gewissi.
Da brichet inen der jungeling
Die blůmen aller tugenden,
Da machent si die edelen crentze von,
Die man zů der ewigen hohgezit tragen sol.

Sweñe die edelen gerihte sint geschehen,
Da Jesus Cristus selber dienen wil,
So sihet man da den allerhŏhesten lobetanz,
Da sol deñe ein jeglich sele und lip
Tragen iren tugenden krantz,
Die si hie haben vollebraht
Mit maniger heliger andaht.
So volgen si dem lambe in vnzellicher woñe,
Von woñe ze miñen, von miñen ze vrŏden,
Von vrŏden ze clarheit, von clarheit ze gewaltekeit,
Von gewaltekeit in die hŏhsten hŏhin,
Vúr des himelschen vatter ŏgen.
So grůsset er sinen eingebornen sun
Und darzů manige reine brut,
Die dar mit im sint komen.

Eya lieber sun, dc du bist, dc bin ich,
Und dc si sint, des vrŏwe ich mich.
Mine lieben brúte, vrŏwent ẏch jemer me,
Vrŏwent ẏch in miner ewigen luterkeit,
Verklágent nu sanfte alles we und alles leit.
Min heligen engele sont ẏch dienen,
Mine heligen sont vch eren,
Die můter mines sunes menscheit

Sol ẃch mit lobe sin bereit,
Dc ir geselle sint. Vrôwent ûch lieben brûte,
Min sun sol ẃch al vmbevân,
Min gotheit sol ẃch al durgân,
Min helig geist sol ẃch jemer me leiten
In wuñeclicher augenweide
Nach allem ẃwern willen.
Wie môhte ẃch bas gelingen?
Ich wil ẃch selber miñen.
    Die nit lutere megde sin,[1])
Si sôllent dise hochgezit besitzen und besehen
Und gebruchen als verre es múglich mag gesin.

Do ich in kurzer stunde mit miner sele ŏgen dis gehorte und gesach, do wc ich ein menselich stúppe und ein esch als ich ê was.

XXXVIII. *Wie ein geistlich mensch sol clagen und bekeñen got sin súnde alle tage.*

Ich súndiger mensche,
Ich klage und bekeñe gotte alle mine súnde,
Da ich schuldig an bin vor gotz ŏgen.
Ich bekeñe und klage allú minú gûten werk,
Dú ich versumet han.
Ich bekeñe und klage die súnde die ich tet,
Do ich nit wiste wc súnde was.
Ich klage die súnde die ergor sint,
Die ich getan habe mit wissen
Und mit argheit und mit vnmúsekeit und mit itelkeit.
Erbarme dich herre, úber mich,
Wan si sint mir warlich leit,
Und gib mir herre, dine ganze sicherheit,
Dc du si mir alle habest vergeben,
Ich mag anders nit mit vrôden leben.
    Jesus, villieber bûle min,
Lâ mich in warer rúwe
Und in herzelicher liebe zû dir (in),
Und lâ mich niemer erkûlen;
Also dc ich diner herzeklicher miñe
In minem herzen und miner sele
Und in minen fúnf siñen,
Und in allen minen geliden
Ane vnderlas enpfinde,
So mag ich nit erkûlen.

---

[1]) Die Wittwen.

XXXIX. Wie die túvel sich sclahent und jagent, bissent und nagent, weñe ein miñendú sele, die von gôtlicher miñe breñet, von diser welt scheidet.

Wol dem gûten menschen, dc er je wart geborn,
Der mit allen tugenden volget gotte,
Die ime múglich ze vollebringende sint!
Sin sele virt in miñen vrî,
In sinem jungesten ende, so koment die heligen engele
Und enpfahent die reinen selen
Mit vnzellicher liebin in himelischer wuñe
Vnd vûrent si von hiñan mit vrôden,
Und mit grossem lobe bringent si sî ze gotte.
Die viende von der helle, die dar warent komen,
Den wart alle irú arbeit benomen.
Mit hasse und mit griñe warent si dar komen;
Alse si deñe das gesehen,
Dc irs willen nit ist geschehen,
Wie si sich deñe sclahent und jagent,
Wie si sich deñe bissent und nagent,
Wie si sich deñe húwelent und grinen,
Wan si vôrhtent die grúweliche pinen,
Die si von iren meisteren sônt enpfân,
Dc si die sele verloren han. —
So schelten si sich vndereinander:
Vnseliger, es wc din schult! —
„Swig geselle! Ich vant sie nie an grosser vngedult.
Als ich îr bôse gedenke zûschos,
So was je rúwe ir genos.
Das runen mit den bihtern, dc beniñet vns alle vnser ere;
Vnser gesellen war vil mere,
Den[1]) si túre was bevolhen.
Wie sônden wir nu ze hove komen?
O we meister, wc hast du vns gewissen,
Dc du vns disen menschen hast bevolhen!
Wir konden keine grosse sünde an ir bekeñen.
Ich bekorte si dike sere,
So gieng es an ein weinen,
(Ich) und ander mine gesellen,
Wir konden si nie gevellen.
Mit weinen vertreip si mich,
Mit súfzende verbrañte si mir
Min har und mine clawen,

---

[1]) Handschrift: dem.

Ich mohte ir niergen genahen;
Ir gehorsami was also gros,
Ir wart nie eben genos.
Von der ist bekomen,
Si ist vns mit rehte benom̄en,
Dc ist vnser grôster schade.
Alle ir gûten werk branten enbiñen
Von gôtlicher miñe,
Wan si tet alle ir gûten werk mit gûtem willen."
So spricht ir meister:
„Ir sint mit schaden ze hove komen.
Ich hatte si v́ch bevolhen,
Die pine wirt v́ch niemer benomen;
Die ich v́ch darumbe wil geben.
Ir wellent bi den lúten nit wesen, als ich gerne were,
Ob mir die ere were gegeben;
Nu mûssent ir mit mir hie in der helle leben,[1])
Dc sol v́wer bûsse wesen.
Ich wil hoher meister vssenden,
Vf dc si gûter lúte bekentnisse verblenden.
Konden wir iren grossen vlis
Den si haben ze gotte, zerstôren,
So begiengen wir alle vnser ere,
So volgeten în die jungen,
Sus wúrde alles vnser gescleht gemeret.
Môhte mir der selen eine werden,
Die von gotlicher miñe so sere breñen!
Damit wolte ich mich selber crônen,
Und welte mir selber lonen miner langen arbeit,
So verclagete ich sanfte alles min herzeleit."
Tû dich diner diemûtigen gerunge abe,
Du gerost des, dc dir nie geschach
Und dir niemer sol geschehen.
Dir werde v́bel oder we,
Alle die seligen, die in der cristanheit got im herze miñent,
Die sint so sere durgossen
Und mit der miñe durvlossen,
Dc si lûhten mit heligen tugenden
Und miñenclichen búrnen in allen iren werken.
Du weist wol, es hilfet dich nit,
Dc du si so sere verkerest.
Si beitent kume vntz dc es kome,
Dc si got dariñe loben.

[1]) Handschrift: ligen.

Wie vil du inen mit listen nach gast,
Si sint je mit lobe bereit.
Das brumen und dc grimen
Und dc bissen und dc nagen, dc er do tet,
Dc ist vnsprechlich in sinen banden.
Herre got, wir danken dir! gib vns ein helig ende!
Dis ist der grôsten vrôden ein, die die selige sele hat,[1])
Dc si sihet und weis,
Dc sich die viande vnderenander sclahen
Und ir hûsse in der helle haben.
Die ir also manig leit han getan,
So ist si doch inen mit vrôden entvarn
Und sol die ewige crone tragen,
Von der pine (so) si ir getan haben.

XL. *Alsus sprichet dú miñende sele ze irme lieben herren.*[2])

Were alle die welt min
Und were si luter guldin,
Und solte ich hie nach wunsche eweklich sin,
Die alleredelste, die allerschôneste,
Die allerricheste keyserin, —
Do were mir jemer vnmere,
Also vil gern
Sehe ich Jesum Cristum minen lieben herren
In siner himelschen ere.
Prôvent wc si liden, die sin lange beiten.[3])

XLI. *Wie ein predierbrûder wart gesehen.*

Ich bekante vor vierzig jaren einen geistlichen mañ; deñoch warent geistliche lûte einvaltig und miñenvûrig. Er nam zû in geistlichem lebende und in vromekeit und leiste vnserm herren offenbar manige helige arbeit. Der ist nu hiñangevaren; do bat ich vnsern herren vûr sine selen cristanliche, eb einig schult an ime were, dc got îme dc vergebe. Do sach ich allererst eine clarheit, die wc ime von gotte bereit; do envant ich în nit iñe, do betrûbete sich min sele. Darnach zû einem andern male, do ich aber vûr în bat, do vant ich în in einer vûrigen wolken, do bat er deñe, man ime (welle) wc geben. Do sprach ich mit

---

[1]) Handschrift: die seligen selen hant.
[2]) Greith S. 266.
[3]) enberen.

aller maht zů vnserm lieben herren: Eya lieber herre, gōne mir des, dc ich můsse vbels mit gůtem lonen. Do rihte er vf in dem wolken und sprach: O herre, wie stark ist din kraft! Wie rehte ist din warheit. Do sprach ich: Wa nu, wie gehabestu dich nu? Do sprach er: ich gehabe mich als mir schinet. — „Wavon habestu dise pine?“ — Die selen, die valsch helig schinen, die besageten die vnschuldigen zů mir; des lies ich entgelten, und hatte sůndigen wân vf si, davon habe ich diese pine. — „Eya hette ich noch ein sůfzen, des mohte ime von mir nit beschehen, er hatte sich ŏch ein teil vergezen an mir.“

Zem drittenmale bat ich aber vůr in, do vůr er wunenklich hin. Do begegente im vnser lieber herre und sprach ime zů: Das din weg alsus lange und alsus swere ist gewesen nach dinem tode, dc ist dir von bŏsen lůten gegeben. Du hast mir heleklich gevolget und getrůweklich gedienet, du solt der juncfrŏwen cronen tragen, cronen der rehtekeit und cronen der warheit. — Do vůr er lůhtende hin vber aht kŏre und rûrte den nůnden; do sach ich sin nit mere. Hetten ime die valschen lůgenere nit zůgetragen, so were er ane pine zů der ewigen vrŏde gevarn. Dc er inen getrůwen wollte, dc was sin schade.

XLII. Von dem honigtrank.

Herre got, besclůs nu dinen tůren schatz
Mit eime heligen ende,
Und sclůs den vf, dc er dir ze lobe werde
In himel und in erde.
Do sprach ein stime: Du solt mir honges trank behalten,
Der liget in maniger valden;
Ich wil in vf scliessen;
Des sol noch maniger geniessen.

XLIII. Von der einvaltigen mine, wie die wise wart gesehen.

Die wellent bekenen und wenig minen,
Die blibent je in eim beginen
Eis gůten lebenes.
Des můssen wir je stete vorhte tragen,
Wie wir gotte da ine behagen.
Die einvaltekliche mine
Und cleine bekenen,
Die werdent grosser dingen ine.

Die helige einvaltekeit
Ist ein arzatine aller wisheit.
Si machet den wisen, dc er sich biñet vúr einen tumben.
Dc die einvaltekeit des herzen
Wonet in der wisheit der siñe,
Davon kunt manig helikeit an des menschen sele.

XLIV. Von fúnf súnden und von fúnf tugenden.

In armůte girikeit
Und lugenhaftig in der warheit,
Trege zů der barmherzekeit,
Honsam spot in der gegenwirtekeit,
....in der ordenunge:
Dise fúnf ding unvollekomen
Machent hŏptsiech geistlich leben.
Warheit ane valsch,
Offenbare miñe vndereinander,
Vorchte in drien vorchten,
Verborgen lieb ze gotte in mime herzen offenbar,
Vlis zů allen gůten dingen
Disů fúnf ding haltent gesunt geistliche liebin.

XLV. Von siben dingen in der miñenden gêrunge.

Siben ding můs ich gotte zů eren sprechen:
Herre got, ist es múgelich, so gib es mir,
Dc ich ir in ertriche niemer mŏge vergessen.
Fúnfe vindet man in himelrich,
Zwŏi můssent hie bliben.
Dc erste ist der schade miner schulde,
Wan ich gesúndet han und versumekeit gůter werken,
Die ich wol getan mŏhte han.
Dc ander ist, herre, dc ich ane vnderlas warte din, weñe du mir
Komen wellest, welicher wis
Du gebútest mit eime heligen ende zů mir.
Das dritte din vnrůwig gerunge,
Die ich habe nach dir.
Dc vierde, miñenbúrnen vnverlŏschen jemer dur dich.
Dc fúnfte der erste gegenblik
Dines heren antlúzes gegen mir.
Das konde mir in ertriche
Leider nach miner gerunge nie geschehen,
Des singet min sele dike: o we!
Dc sehste getar ich kume neñen *(neñen)*
Ich werde stum als ich es bekeñe.
Ich horte es in ertriche nie geneñen.

Dc ist die spilende miñe vlût,
Die von gotte heimlich in die sele vlûsset
Und si wider mit ir craft nach ir maht.
Was zwischent in beiden deñe wuñe si,
Das weis nieman von dem andern,
Wc dc si wirken vndereinander,
Wan ein jeglicher vindet sinen teil.
Was er hie hat vsgelûhen,
Dc wirt ime dort alles wider gegeben.
Dis ist die himelsche gotzmiñe,
Die er hie vil cleinlich begiñet
Und dort niemer ende gewiñet.
Das sibende mag man kume mit worten rûren,
Mit cristangelŏben mag man es enpfinden,
Wie gros, wie hoch, wie wit, wuñeklich,
Wie erlich, wie vrŏdenrich, wie rich.
Wol im, der eweclich bi in wonen sol!
Die vrôliche angesihte vol aller wollust
Und die helige gebruchunge nach wunsche,
Die sint vil manigvalt ane zal
Und ane geschen jemer me erlich gezogen,
Wand si swebent vs von dem lebendigen gotte.
Die vbersûsse gerunge, wuñenklich hungerig, miñenvol,
Die vliessent jemer me in die selen
Vberswenkig von gotte,
Noch deñe behaltet die sele iren sûssen hunger
Und lebet ane kumber.

XLVI. Wie sich die sele meldet in geistlichem armûte.

Hie meldet sich die sele in geistlichem armûte und in ewiger liebi ze gotte und unrûwiger gerunge ze gotte hin ze varende. Si sprichet alsust: Der lange beitunge der gât abe, die zûkunftikeit die machet dc got und die sele vereinet sŏllent werden vngescheiden jemer me. Sweñe ich daran gedenke, so vrŏwet sich min herze sere.

Eya lieber herre, wie stille du nu swigest.
Des danken ich dir jemer me, dc du mich so lange vermidest,
Sust mûstest du jemer eweklich gelobet sin,
Dc din wille geschihet und nit der min.
Nu wil ich mich *hûten*[1]) in dinen worten,
Die ich in cristangelŏben gehôrt han,
Da du sprichest: Die mich liep hant, die han ich liep,

[1]) Handschrift: hûtte.

Zů den wollen wir komen, min vatter und ich
Und wellent ein wonung mit im machen.
Wol mir lieber herre, diner milten gůti!
Des mahtu nit versagen.
Do sprach vnser herre:
Weñe kunt die zit miner behaltunge,
Das ich dir die himelschen gaben wolle geben,
So bin ich vil snel,
Da min ewekeit lit iñe behalten.
Ich wil si noch entvalten,
Und ich wil si hohen us von der blůtigen erdon,
Wan mir mag nit liebers me werden.
Die ewig liebi ze gotte wonot in der sele,
Die vergenglich liebi ze irdenischen dingen, die wonot in dem vleische.
Hie sint fůnf siñe gewaltig ůber, zů welem si sich keren.

XLVII. Von einer sůnde die bǒse ist ůber alle sůnde.

Ein sůnde hab ich gehǒret neñen. Ich danken des gotte, dc ich ir nit erkeñe, si dunket mich und ist ob allen sůnden bǒse, wan si ist der hohste vngelǒbe. Ich bin ir von aller miner sele und von allem minem libe, und von allen minen fůnf siñen, und von allem minem herzen gram. Ich danken des Jesu cristo, dem lebendigen gotzsune, dc si nie in min herze kam. Dise sůnde ist nit von cristanen lůten vfkomen; der diemůtige (sic) vient hat die einvaltigen lůte mit betrogen. Si wellent also helig sin, dc si sich in die ewigen gotheit wellent ziehen und legen bi der ewigen heligen menscheit vnsers herren Jesu cristi. Weñe sich die vindent in bobenheit so gebent si sich in den ewigen vlůch. Si wellent doch die heiligosten sin. Si habent iren spot vf gotz wort, die von der menscheit vnsers herren sint gescriben.

Du allerarmester mensche, bekantestu werlich die ewigen gotheit, so were dc vnmůgelich, du bekantest ǒch die ewigen menscheit, die da swebet in der ewigen gotheit, du můstest ǒch bekeñen den heligen geist, der da erlůhtet des cristanmenschen herze und smeket in siner sele ůber alle sůssekeit und leret des menschen siñe ůber alle meisterschaft, dc er diemůtekliche da sprach, des (er) vor gotte vollekoñen mag.[1])

[1]) Der Text scheint verdorben.

XLVIII. Wie die miñe wart gesehen mit iren jungfröwen.

In der naht sprach ich alsus ze vnserm herren: Herre, ich wone in eime lande dc heisset ellende, dc ist disú welt, wand alles dc da iñe ist, dc enmag mich getrôsten noch gevrôwen anc pine. Daiñe han ich ein hus, dc heisset pinenvol, dc ist das hûs, da min sele iñe gevangen lit, min lichame. Dis hus ist alt, clein und vinster. Dis sol man geistlich vernemen. In disem hus han ich ein bette, dc heisset vnrûwe, wan mir ist mit allen dingen we, die gotte nit zû hôrent. Vor dem habe ich einen stûl, der heisset vngemach. Dc vngemach git mir vrômde sünde ze bekeñende, der ich nie wart schuldig. Vor dem stûle han ich einen tisch, der heisset vnwille, dc ich geistliches lebendes vnder geistlichen lüten sol cleine vinden. Vf dem tische lît ein tischlachen, dc ist reine, dc heisset armûte, dc hat in ime vil manige helige gûte. Wolte man es rehte gebruchen, so hette man es von herzen liep. Die liebin richtûmes ist ein diep des armûtes. Vf den tische kunt mir ein spise, dc heisset bitterkeit der sünden, darzû sol dc heissen gûtwillig arbeit. Das drank heisset kume loben, wan ich leider alzekleine gûter werke an mir han.

Dis sach ich vinster enbiñen, do offenbarte sich mir die geware gotzmiñe. Die wc glich einer edelen keyserin jungfrôwen. Si was adellich gebildet an irme libe, wis unde rot in blûiender jugent. Si hatte mit ir vil manige tugent, die warent alle jungfrôwen glich; damit diente si mir ob ich selber wolte. Joch wolten si sich mir alle gerne ze dienste geben. Si wc gecrônet mere deñe mit dem lûhtenden golde. Ir gewant wc gelich grûnem zendale.

Do ich si rehte angesach, do wart min viñster hus erlûhtet, dc ich alles dc bekante, dc da iñe was, und dc je da iñe geschach. Do ich si gesach, do bekante ich si wol, wan ich si ŏch gesehen hette, do si min liebe conpaniñe wc. Des wil ich nu swigen, wan die sint ŏch in dem bûche geschriben. — Do sprach ich: Eya allerliebestû jungfrowe, nu bistu mere deñe tusendvalt v̂ber mich; noch deñ so dienest du mir mit also grossen eren, als ob ich mer deñ ein keyserin were. Do sprach si: Do ich dich in dem luteren willen vant, dc du dich von allen vergenglichen dingen wollest begeben, do enwolte ich nit alleine din vrŏwe wesen, ich mûste ŏch din stetú juncfrŏwe sin, also sere lustet mich eins lutern herzen, dc sich dur die waren gotzmiñe hat gelŏset von allen irdenschen dingen. (Das meinet si: Wie vil man irdenscher dingen hat, dc es doch den menschen nit ze herzen clebet.)

Liebú jungfrŏwe, sit du mir so lange hast gedienet, dc ist der snŏden vrŏwen reht, dc si der edeln jungfrŏwen erlichen lonen. Ich habe dir ze lone gegeben alles dc ich hatte und dc mir in ertrich mohte geschehen sin. Do sprach si:

Ich han es alles vfgelesen,
Ich wil es dir mit grossen eren wider geben.
Ich enweis vrowe, wc ich dir me sol geben;
Deñ wiltu mine sele, die wil ich dir alzegerne geben.
Do sprach si: des han ich lange an dir begert,
Nu hastu mich des jungesten gewert.
Sprich ŏch minen jungfrŏwen zû,
Dc si dir vlisseklichen dienen
So mag ich bliben bi dir in warer gotzliebin,
Die ich selber bin.

So spricht dú sele der ersten jungfrŏwen zû der r ú w e:
Vrŏw ware rúwe, koment har zû mir
Und bringent mir helige trehene,
Die machen mich súnde ane.
Frŏ d i e m û t e k e i t, sitzent hie bi mir,
Und tribent homût und ital ere von mir.
Weñe si ẏch bi mir sehent, so mûssen si vor mir vliehen.
Liebin Frŏ s e n f t m û t e k e i t,
Sitzent hie bi mir under min cleit,
So blibet mir die miñesamekeit bereit.
Eya edeler g e h o r s a m, ich gibe mich dir
In allen minen werken vndertan,
Du solt niemer von mir gan,
So mag ich behalten in allen minen werken
Dú gotlich warheit ane lugine,
Die gotz vrúnden wol stat.

Liebú vrŏw e r b a r m h e r z e k e i t,
Sint bi mir, so ich den siechen dienen vlissig,
Dc ich die koste wol mŏge liden,
Dc ich den diene mit gûte und mit libe.

Eya liebú vrowe **küschekeit**,
Ich bevil v̇ch min magetlich kleit,
Dc es jemer luter und reine si,
Wand min lieber brútgŏm Jesus Christ,
Der ist ze allen ziten bi mir.
Vrŏ **gedult**, ich habe grosse kraft
In swigende und in lidende,
Ir benement aller miner anevehtunge ir maht,
Dc si mir nit mögen schaden.
Ich wil v̇ch mit arbeiten bi mir halten.
Vrŏ **helikeit**, koment har zů mir,
Und küssent miner sele munt,
Und wonent in mines herzen grunt,
So blibe ich jemer mere gesunt.
Frŏ **hoffunge**, ich bitte v̇ch,
Das ir zesamen bindent alle min herzenwunden,
Die mir die miñe hat geslagen,
Dc ich je behalte den gotz segen,
Was mir vngemaches werde gegeben.
Eya erlicher, heliger cristaner **gelŏbe**,
Du erlúhtest je miner sele ŏge,
Dc ich wol weis war ich gekert bin
An cristanlichen dingen;
Ich bevilhe dir minú werk und mine siñe.
Eya liebe vrŏwe **verhůte**, sitzent nit,
Stant ze allen ziten mir bi, [1])
So belibe ich von v̇bel vri.
Vrŏwe **messekeit**, wesent ze allen ziten mir bi,
So mag ich gotte zů allen ziten
Zů sime dienste bereit sin.
Vrŏwe **genůglicheit**, ir sint min liebú kameriñe,
Ich můs v̇ch sere miñen,
Ir machent min herte bette senft,
Mine groben spise smakhaft,
Ir gebet mir macht in dem armůte,
Dis kunt von gotz gůti.
Vride und **stillekeit** mag ich nit enberen,
Ir můssent mit mir wandelen in allen minen wegen.
Di vil sprechent und vil runent
Und die behaltent ire ere kume;
Die vil růme redent
Dc mag in niemer alles nútze wesen.
Die **wisheit** ist ze allen ziten bi der miñe.
Und ist aller jungfrŏwen meisteriñe.

[1]) Handschrift: bi mir.

Si behaltent swas die miñe git,
Si machet den menschen nútze wc er leret oder liset.
Die kúsche schemede hat sunderliche tugent an ir,
Si ist gerne vngelobet in aller lúten gegenwirtekeit.
  Nu bin ich mit jungfrŏwen wol besessen;
Noch sint zwŏi der wil ich nit vergessen,
Vorhte unde stetekeit —
Dú zwŏi sŏllent jemer bi mir wesen,
So mŏgent alle mine jungfrŏwen
Irs ambahtes wol enpflegen.
  Ich danke dir, liebú gotzmiñe,
Vrŏwe keyseriñe;
Dc hast du alles ze helfe mir gegeben
In mime ellendigen himelwege.

XLIX. *Von eim leienbrůder.*

In der predierorden wart ein brůder ersclagen von dem tunre; do wart vúr sine sele gebetten mit getrúwer gerunge, eb iht an ime were vngewandelt, dc ime dc werde vergeben. Do wart sin sele demselben menschen bewiset, der vúr in bat, do was er schŏne in himelscher wuñe und hatte kein pine. Das was davon, als sin sele sprach: Ich was diemůtig in minen werken, ich was vorhtig an minen siñen, ich was gůtwillig in allen minen werken, darumbe hab ich keine pine. *Die sele:* Warumbe vŏre du nit zehant zů dem himelriche: Do sprach er: Ich můs allererst hie enphahen gotliche bekantnisse und himelsch miñe, der hette ich in ertriche nit. „Wavon ist dc, dc du den cleinen vleken hast an dinem antlize?“ — Do sprach er: Ich wiste min antlize ernst den, die minen willen nit taten, das bleip vngewandelt an mir. — „Wamit mag man dir den vleken benemen?“ — Do sprach er: Hette ich einen súfzen! — Do mohte ime davon nit geschehen von dem menschen, wan diewile wart im gegeben. Do vrŏwete er sich und sprach: Nu ist es enweg. — „Wavon tragest du dise cronen? Nu bistu noch zů dem himelrich nit komen.“ — Do sprach er: Ich hatte einen sunderlichen tot, davon hat got mir si gegeben.

L. *Von der pinlichin gottes.*

Eya lieber herre Jesu Criste, der da ist ein ewig got mit dem ewigen vatter, gedenke min. Ich danke herre, dir diner sûnlichen gaben, da du mich mitte rûrest ane vnderlas, die alles min gebein und alle min adern und alles min vleisch dursnidet. Sweñe ich dir des herre, mit heliger dankberkeit danken mag, so bin ich sicher und anders nit. Du maht wol dinen snôden snôdenlich halten, wan, herre, din meinunge ist gût und besser deñe gût; wand manig ding heisset gût, dc also gût nit enist als dc dine, dc du mir tûst. Wan du aber mich rûrest mit diner überheren sûssekeit, die mine sele und minen lichamen al durgat, so vôrhte ich mich, dc ich diner gôtlichen wollust alzevil in mich mag geziehen, wan ich ir in ertriche vnwirdig bin. Darumbe bitte ich dich vnderwilen vür ander lüte me deñe vür mich, dc ich miner wollust verzihe dur gotz liebi und dur cristanliche trûwe.

Hienach vorhte ich die vfstigunge des homûtes, die den werdesten engel vs dem himelriche warf. Ich vôrhte ôch den sclangen der italen eren die Evam betrôg. Ich vôrhte die vntrûwe die Judam von gotte sclûg. Bin ich gotte getrüw so hestan ich mit allen tugenden, mit aller gûte in aller hûte, bi gotte mit vnser lieben vrôwen siner megtlichen mûter.

LI. Ein gebet vor versumekeit.

Ich allerminste, ich allersnôdeste, ich allervnwirdigoste vnder allen menschen küñe, ich gere, ich bitte dich himelscher vatter, herre Jesu Christe, herre heliger geist, herre heligû drivaltekeit, dc du mir hütte wellest vergeben alle die versumekeit, da ich mich mit versumet han an dinem heligen dienste nit alleine durch nutz und dur notdurft, mere dur miñe sündige bosheit, die ich wol gelassen hette eb ich wolte. Nu enpfahe herre, dise cleine besserunge, die ich dir nu leiste mit minem willen und diner lieben mûter ze eren und allen den heligen, die man hütte begât in der heligen cristanheit, und allen gottesheligen ze lobe und ze eren in selekeit, da si, lieber herre, mitte zû dir komen sint.

Nu hilf mir, lieber herre, sogetaner wandelunge an minem lebende, dc ich diner heligen geselle mûsse werden in ertriche alse in heligem lebende, dc ich in dinem riche ir gesellschaft mőge besitzen vor dinem heren antlútze und alle die mit mir, die mines gebettes begerent.

LII. *Wie sich die miñende sele neiget under die hant gottes.*

Ich sprich minen fúnf siñen zů: Neigent ṽch vnder die almehtigen hant gottes, wan die viende von der helle můssen sich neigen und bőgen, wie homůtig si sint, in iren vúrigen banden vnder dem herten getwange des almehtigen gottes.

Die in dem vegfúr sint,
Die můssent sich neigen in irre schult vnder die bůsse,
Untz in die jungesten stunden,
Dc si luter werden vunden.

Die súndere vf dem ertrich, die můssen sich neigen vnder die burdin irre schult in dem vrteile mit der rúwe in die bůsse oder in die ewigen helle.

Die gůten lúte vf deme ertriche die můssent sich neigen mit der... [1]) in die bůsse alle ir tage.

Die vserwelten reinen die vnsern herrengot mit allen trúwen meinent, die sint sere betwungen, und si lident manigen heligen kumber. Si neigent und bőgent sich vnder alle pine und vnder alle creaturen mit swebender miñe. In ist homůt vil túre. Hie an sol ich gedenken, und ich wil und můs vsser demselben napfe trinken, da min vater vs getrunken hat, sol ich sin rich besitzen.

Das himelrich neiget sich mit allen heligen engelen mit wuñeklicher helikeit, wan dc si sint und lebent, dc hat în got vergebens gegeben.

Die heligen neigent sich und bőgent sich vor gotte
In vliessender miñe und wuñenklicher gerunge
Mit vlizeklicher annemekeit.
So danken si gotte,
Dc inen sine gaben in iren nőten
In ertriche wc so miñeklichen bereit;
Damit vertrůgen si alles ir herzeleit.
Also můsse mir geschehen,
Wan ich ŏch dur sine liebin
In manger pine bin.

---

[1]) Das Wort fehlt in der Handschrift.

LIII. Von dem gevengnisse geistlicher lúten.

Mich erbarmet in minem herze der kumber diser samenunge da ich bin. Do sprach ich in der naht in der einóte mines herzen vnserm herren alsus: Herre, wie behaget dir dis gevengnisse? Do sprach vnser herre: Ich bin gevangen in im. — In diseme worte wart mir gegeben der sin aller dirre worten alsus:

Ich vastete mit in in der wôstunge.
Ich wart bekort von dem viende mit in.
Ich arbeite alle mine tage gezogenliche in nútzer vruht mit in.
Ich wart verraten mit hasse mit in.
Ich wart verkŏffet ime glŏben mit in, alse si sich offenten mir in gotzdienste.
Ich wart gesůchet in der vare mit in.
Ich wart angegriffen mit in in ganzem grim̄e.
Ich wart gevangen mit giriger abgunst mit in.
Ich wart gebunden in der gehorsami mit in.
Ich wart verspottet in grosser vngunst mit in.
Ich wart georschlaget mit grosser vnschult mit in.
Swas si nôte hôrent, dc sol si nit betrůben.
Ich wart fúr gerihte gezogen mit in als ein schuldig diep.
Des sont si gedenken im capittele und in der biht.
Ich wart gegeiselet mit in; alse si sich geiselent, so sônt si min gedenken.
Ich trůg min crúze mit in.
Wen̄e si beswerent sint, dabi sôllent si gedenken min.
Ich wart mit in an dc crúz geslagen,
Dur dc si gerne liden und nôte cumber clagen.
Ich bevalch minen geist an minem tode minem vater mit in;
Also sôllent si sich mir bevelhen in allen iren nôten.
Ich starp mit in in einem heligen ende,
Also sol los werden alle ire gebende.
Ich wart begraben mit in in einem irdenischen steine;
Also sôllent si wesen und beliben, von allen irdenischen dingen reine.
Ich stůnt vf von dem todc, also sônt si jemer von iren brúchen vfstân,
So môgent si die himelschen clarheit in ire sele enpfân.
Ich vôr ze him̄ele mit miner gotlichen craft,
Dar sôllent si mir volgen in aller dirre vorhte maht.

Ich hoffe des werlich, dc ir dc ane vnderlas leistent und beken̄ent. An wem es noch nit ensi, das můsse noch der ware got an ime vollebringen!

LIV. Von vier dingen des gelŏben.

Das man cristanliche gelŏbet an got, und dc man got helekliche min̄et und dc man Jesum Cristum werliche beken̄et, dc man siner lere getrúwelichen volget untz in des menschen ende, des gelŏb ich, das man in disen vier dingen dc ewige leben vinde. Wir gelŏben cristanliche, niht alse juden, noch als vngelŏbige cristanlúte. Si wellent gelŏben gotte und nit an sin allerheligosten werk die er worchte, das ist, dc er vns sin eingebornen sun gegeben hat; den versmahent si. Herre got dc clagen wir dir. Wir gelŏben ime vntz an den willen gotz, da er vns sin eingebornen sun gesant hat in dise welt. Wir gelŏben an die werk und an den tot vnsers herren Jesu Cristi, da er vns mitte gelŏset hat. Wir gelŏben an den heligen geist, der alle vnser selekeit vollebraht hat in dem vatter und in dem sun und noch vollebringet in allen vnsern gůten werken.

Wie sŏllen wir got helekliche miñen? Wir sŏllen alles dc miñen dc die helige drivaltekeit heisset. Got hat die súnde nit geschaffen, darumbe hasset er si an vns. Got miñet die gůte an vns, die er selber ist.

Wie sŏllen wir Jesum Cristum bekeñen? Bi sinen werken sŏllen wir in bekeñen und sŏllen in ýber vns miñen. Wie sŏllen wir siner lere volgen? Als er vns geleret hat und sine volgere vns noch lerent. Diewile dc wir hie sint, so wirt vnser selekeit gemeret.

LV. Also schribet ein frúnt sineme frúnde.

Wand du got miñest ýber dine menschlichen maht, wand du got liep hast mit aller diner sele craft, wan du got bekeñest mit aller diner sele wisheit, wan du gotzgabe enpfangen hast mit maniger heliger dankberkeit, — darumbe sende ich dir disen brief.

Der grosse ýbervlus gŏtlicher miñe, die niemer stille stat und vlússet jemer me ane vnderlas, ane allerhande arbeit, mit also sůssem vlusse jemer vnverdrossen, dc vnser clein vesselin vol und ýbervlússig wirt, — wellen wir es nit verstopfen mit eigenem willen, so vlússet vnser vesselin jemer úber von gotz gabe.

Herre, du bist vol und machest vns ŏch vol mit diner gabe. Du bist gros und wir sint clein, wie sollen wir dir glich werden?

Herre, du hast vns gegeben und wir sôllen ôch vúrbas geben. Alleine wir ein cleines vesselin sin, so hastu es doch gefûllet. Man mag ein clein vol vas so dike giessen in ein grosses vas, dc das grose vas vol wirt von dem cleinen vasse. Das grosse (ist) die gnûgunge gotz, die er von vnsern werken enpfât; wir sin leider also cleine, dc vns ein vôrhtelin von gotte oder von der heligen schrift also vol machet, dc wir nit me môgen zû der stunde. So giessen wir die gabe aber wider us in dc grosse vas dc got ist. Wie sôllen wir das tûn? Wir sôllen es mit heliger gerunge giessen uf die súndere, dc si gereiniget werden, so wirt es aber vol. So giessen wir es aber vf die vnvollekomenheit geistlicher lúte, dc si vúrbas criegen und vollekomen werden und bliben. So wirt es aber vol, so giessen wir es aber vs uf die not der armen selen, die in dem vegefúr qwelent, dc în got dur sine gûte ir manigvaltige not beneme. So giessen wir (es) mit heliger barmherzekeit (vf) die not der heligen cristanheit die in manigen súnden stet. Vnser herre got hat vns allererst geminet, er hat ôch allererst fúr vns gearbeitet, er hat ôch dur uns allermeist gelitten. Dc selbe sôllen wir îm widergeben, wellen wir îm glich wesen.

Also sprach vnser herre zû einem menschen: Gib mir alles dc din ist, so gib ich dir alles dc min ist. Das widergelt der mine dc wir got leisten, dc ist vil sûsse. Dc widergelt der arbeit dc ist vns leider vil dike swere, wan dc die mine hat inwendig verzert, des mûs leider der mensche vnderwilen vswendig enbern. Wie swere dc si, vraget man mich? Dc môhte ich doch mit menschlichen sinen niemer vúrbringen. Vnser herre hat vil vúr vns gelitten bis in den tot. Nu dunket vns leider ein cleines liden also gros, des mûs ich mich selber versmahen und gotte clagen, dc ich also cleine tugende han. Die mine machet liden sûsse, me dene man gesprechen môge, und wellen wir got werden glich, so mûssen wir sigen úber manigen strit. Dc gehúgenisse gotz und der minenden sele kumet zesamene glicherwis als dû sune und der luft mit der edelen gotzkraft sich zesamene mengent in einem sûssen gedrenge, dc die sune dem luft sin keltnisse und vinsternisse vberwindet.

Dc man nit mag gemerken es sie alles ein suñe;
Dc kumet von der gǒtlichen wuñe.
Got gebe vns und behalte vns allen dise miñe! Amen.

LVI. Wie got růret sine frúnde mit der pine.

Sweñe der mensch eine trůbekeit hat,
Da er nit nach enstat
Und cleine schulde an im hat;
Alsus spricht vnser herre darzů:
Ich habe si gerůret. *Glosa.*
Ze glicher wis als mich min vatter ruóren lies vf ertriche,
Also, die ich zů mir zúhe vf ertriche,
Deñe tůt der zug vil we.
Si sǒllent dc vúrwar wissen,
So ich si swerer zů mir zúhe
Je nahor si mir koment.
Weñe der mensche ýber sich selber gesiget,
Also dc er pine und trost glich wiget,
So wil ich ín in die sůssekeit heben,
Also sol ime smeken das ewige leben.

LVII. Ein wenig von dem paradyso.

Dis wart gewiset und ich sach wie das paradys geschaffen was. Siner breiti und siner lengi, der vant ich kein ende. Do ich erste zůkam, dc wc zwischent dirre welte und des paradyses begiñe, do sach ich bǒme, lǒp und clelich gras und nit vncrutes. Etteliche bǒme trůgen ǒppfel und dú meiste menigi nit wan lǒp mit edelme gesmake. Snellú wasser vliessent da durch und sudenwind zů norden. Do begegente in den wasseren irdenschú sůssekeit getempert mit himelscher wuñe. Do wc der luft sůsser deñe ich gesprechen mag. Da iñe was tier noch vogele, wan got hatte es alleine dem menschen bevolhen, dc er mit gemache da iñen wonen solte.

Do sach ich zwene man iñe, dc wc Enoch und Helyas. Enoch der sas und helyas der lag an der erden in grosser iñekeit. Do sprach ich Enoch zů. Ich vragete ín, was si lebten na menschlicher nature? Do sprach er: Wir essen ein wenig von den ǒppfelen und trinken ein wenig des wassers, dc der lichame sine leblicheit behalte, und dc grǒsseste ist die gotzkraft. Ich vragete ín: Wie keme du har? — Ich kam har, dc ich nit wiste wie ich har kam und wie mir was ê ich har sas. Ich vragete vmbe sin gebette. — Gelŏben und hoffunge, darus betten wir. — Ich vragete, wie îm were, eb in it verdrusse da zû sinde. Do, sprach er: mir ist alles wol und niergen we. — Vŏrhtestu iht vor dem strite, der da in der welte noch sol geschehen? — Got sol mich waffenen mit siner craft, dc ich dem stiche (stehen?) wol vermag. — Bittest du iht vůr dů cristanheit? — Ich bitte das si got von sůnden lŏse und bringe in sin riche. Elyas rihte sich vf; do wc sin antliz schŏne vůrig, hiīel-var, als wissů wolle wc sin har. Si waren gekleidet als arme mañe, die mit dem stabe vmb ir brot gant. Do vragete ich helyam, wie er bettete vůr die cristanheit. — Ich bitt barmherzig, diemûtig und getrůwe unde gehorsam. — Bittest v́t vůr die selen? — Ja, als ich gere, so wirt ir pine gemindrot.[1]) Als ich bitte, so gat ŏch die pine abe. — Werdent si it gelŏset? — Ja, ville. — Warumbe hat v́ch got harbraht? — Das wir helfer sin der cristanheit und gotz vor dem iungesten tage.

Ich sach zwivalt paradys. Von dem irdenschen teil han ich gesprochen; das himelsche ist da oben, dc hat dc irdensche teil beteket vor allem vngewitter. In dem hŏhsten teil da sint iñe die selen, die des vegevůres nit wůrdig waren und doch noch nit in gotz rich waren komen.

Si swebent in der wuñe
Als der luft in der suñe.
Herschaft und ere, lon und cronen
Habent si noch nit, eb si in gotzrich komen.
　　Sweñe alles ertrich zergat
Und dc irdensche paradys nit gestat,
Als got sin gerihte hat getan,
So sol dc himelsche paradys ŏch zergan.
Es sol alles in dem gemeinen huse wonen
Dc (was) zû gotte wil komen.
So ensol kein siechhus me wesen;
Wer in gotz rich komet,
Der ist vor aller sůchete vrî.
Gelobet mûsse Jesus Cristus wesen,
Der vns sin riche hat gegeben!

---

[1]) Hier scheint eine Frage zu fehlen.

LVIII. Von Sante Gabriel.

Helig engel gabriel, gedenk min!
Miner gerunge botschaft bevilhe ich dir.
Sage minem lieben herre Jesu cristo,
Wie miñesiech ich sie nach ime.
Sol ich jemerme genesen,
So mûs er selber min arzat wesen.
Du maht ime in trúwen sagen,
Die wunden die er mir selber gesclagen,
Die mag ich nit langer vngesalbet tragen
Und ungebunden.
Er hat mich gewunden
Untz in den tot;
Lat er mich nu ungesalbet ligen,
So mag ich niemer genesen.
Weren alle berge ein wuntsalbe
Und alle wasser ein arzatin trank
Und alle bôme mit blûmen ein heilsam wundenbant,
Damitte môhte ich niemer genesen.
Er mûs sich selber in miner sele wunden legen.
Helig engel gabriel, gedenk min!
Dise miñe-botschaft bevilhe ich dir.
Swer got liep haben welle,
Diser miñebrief erweket sine siñe,
Ob er got volgen welle.

LIX. Wie die botschaft fúr got kam.

Ich habe die warheit in mime geiste wol vernomen,
Min botschaft ist zû gotte komen.
Die antwort die mir da wider sol komen,
Die ist so gros,
So creftig, so grundelos,
So manigvaltig, so wuñerich und so ýberclar,
Dc ich si nit mag enpfân,
Diewile ich irdensche wesen sol,
Ich entscheide aller ein cleine wile
Von diseme armen leben.
Also dc ich da niemer blibe.
Nu mûs ich beswinde der rede geswigen;
Ich enmohte nit me davon enpfân,
Dc man offenlich davon sprechen sol.
Mer ich sach sant Gabrielen in wuñenklicher ere
In der hiñelschen hôhin vor gotte stân,
Als ich arme es mohte enpfân.

Im waren angetan
Núwi miñevúrige cleider, die wurden ime ze lone,
Dc er ware botschaft so erlich werben kan.
Sin antliz sach ich miñevúrig spilende clar.
Er was mit der gotheit vmbevangen und durgangen.
Sine wort mohte ich noch verstân noch gehôren,
Wan ich bin noch glich einem irdenschen toren.

LX. Wie das kint gesehen wart.

In der naht, als gotz sun geboren wart, do wart das kint gesehen in armen tůchern bewunden und mit snůren gebunden. Dc kint lag alleine vf dem herten strǒwe vor zwein tieren. Do sprach ich der můter zů: Eya liebú frǒwe, wie lange sol din liebes kint alsust eine ligen? Weñe wiltu es nemen vf din schose? Do sprach vnser vrowe, sĩ enlies doch dc kint niergen vs iren ǒgen; si reichte im ir hende [1]) und sprach: Es sol dise siben stunden under naht und vnder tage vf diseme strǒwe ligen. Sin himelscher vatter wil es also. Dem himelschen vatter wc sunder wol damitte, dc bekante ich do. Ich bat dc kint vúr die, die sich mir bevolhen hatten. Do sprach ein stiñe vs dem kinde, es regte doch sinen munt niergen: Wellent si mich halten in irme gehúgenisse, so wil ich sie halten in minen hulden. Ich han în nit ze gebende deñe minen lip und dc ewige leben. In presepio dc kint lag vf dem strǒw herten, sin himelscher vatter wolte also.

LXI. Wie man sich bereiten sol zů gotte.

Dc der vogel lange bi der erden ist, da mitte verbôset er sine vlúgel und sine vedern werdent swere. So hebet er sich vf in eine hôhin und weget sine vederen und zůhet sich vf in eine hôhin also lange, untz er den luft ergriffet, so kumet er in dem vluge. Je lenger er vlúget, je er wuñenklicher swebet, kume als vil dc er dc ertrich berůret dc er sich labe. Also hat ime der miñe vlúgel die irdensche wollust benomen, glicher wis sollen wir vns bereiten, alse wir zů sollen komen. Wir sollen die vederen vnser gerunge jemer vfwegen zů gotte. Wir sollen

[1]) Handschrift: in ir bêde.

vnsere tugenden und unsrú gûten werk hohen mit der miñe, wellen wir hie nit abe lassen, so werden wir gottes iñe.

(Vacat.)

Eya begerende miñe,
Du rûffest manige sûsse stiñe
In dc ore dines lieben herren;
Din rúwe die ist cleine.
Nu frôwe dich und swige nit,
Er wil sich noch mit vrôden zû dir keren.
Eya sinkende miñe,
Du lidest manige sûsse not,
Din ellende dc ist gros.
Wie soltu Jesum gewiñen?
Er lôffet dir alzelange vor.
Du hast in doch vúr die súnde erkorn
Und hast dich selber in im verlorn,
Des mûst du manige pine liden;
Ich wil mich in ime erholen.
Eya *volle*[1]) miñe,
Du spengest sere min herze und mine siñe,
Dc ich balde wil von hinan,
Ich enkan dich doch nach wunsche nit gewiñen,
So mûs ich doch nach jamer miñen.
Eya creftige miñe, du bist in grosser hûte,
Du meinest alle ding mit gûte,
Du tragest sere úber alle not,
Din hoffunge und din gelŏbe ist gros,
Du solt vberwinden alle din not.
Eya wisú miñe, du hast helige ordenunge,
Wie du got dariñe lobest und bekeñest
Und sinen willen in allen dingen vollebringest.
Tûstu dis mit trúwen,
So mahtu in gotte rûwen,
Haran wil ich mich vrôwen.

LXII. Wie die jungfrowen dienent ir frôwen der kúnegin.

Alse die rede wart geoffenbaret einem menschen in sinem geiste alsust: Ich sach einen weg, der gieng von osten da die suñe vfgat, untz in westen da si vndergat. In dem wegen wandelten alle die von gûtem willen sint ze gotte. Si wandelten alle bi tale und ileten doch vngeliche. Si wandelten

[1]) Handschrift: wlú — wole?

alse bilgerine, die gelassen hetten dc si liep hetten und wolten sůchen dc allerbeste, dc got ist. Semliche kerten wider mit der wollust, die si gelassen hatten und die vollegiengen nit. Semliche růweten in dem grase der manigvaltigen wollust und in dem blůmen der italkeit, die bliben vil lange in dem wege. Den wirt danach vil swere beseme des bitteren vegevůres gegeben, eb si doch ane hŏbetsúnde lebent.

Hiezů antwurt vnser herre alsus: Semliche lůte, die wandelnt mit gůtem willen an heligen werken, und hant doch an în selben also swere sitten und machen sich mit ire swindekeit also vnbekeme, dc man si kume mag erliden, in den lůten ist min vrteile behalten. Si solten sere min barmherzekeit sůchen mit diemůtigen worten, so behielten si ire gůten werk vnverlorn und die bitterkeit irs herzen wúrde ze nihte, also mŏhten si zů în selber komen. Der mine barmherzikeit sůchet, der mag vinsternisse nit erliden.

Einer gieng alleine in dem wege. Das wc davon, dc ime irdenschů wollust an siner sele nit einen trost mohte geben. Do sach er zwŏi menschen vor im gan. Der eine gieng zer lingen hant der ander ze der rehten hant des weges. Do vragete der mensche, wer si weren und wes si pflegen. Do sprach der zer lingen hant:

Ich bin gotz gerehtekeit,
Gotz gerihte dc wart mir gegeben, dc ist min,
Do Adam in dem paradyso súnde tet.
Min gerihte hat gewesen lange und gros;
Nu ist gekomen dise jungfrowe, die bi mir gat,
Die ist worden min genos,
Die heisset barmherzekeit.
Alle die si sůchent und steteklich anrůffent,
Die v̂berwindent alles ir herzeleit.
Si ist sere vollekomen,
Si hat mir mine rehtekeit benom̄en.
Swas kumbers an dem menschen geschihet,
Und der dem̄e mit rúwe zů mir vlúhet,
So leit si ire senfte hant vf dc crumbe,
So stân ich als ein tumbe
Und mag dawider nit getůn.
Dis machet alles der geware gottes sun,
Der hat mir mit siner barmherzekeit

Benomen mine grôsten gerehtekeit.
Si trôstet den betrûbeten, si heilet den wunden,
Si vrôwet alle die zû ir komen,
Si hat mir grossen gewalt benomen.
Si hat mich liep und ich sie;
Wir sôllen jemer bisamen sin
Untz an den jungesten tag, so ist dc gerihte min.
Gottes gerihte und gottes gerehtekeit
Dc ist nit alles ein.
Das gerihte erteilet die schulde,
Die ime ane rúwe vorgevallet,
Die gerehtekeit ist ein helig leben,[1])
Die hat got allen sinen lieben vrúnden gegeben;
Der wolte er selber an sinem lebende pflegen,
Wan er in allem sinem tûnde gereht wc;
Also weis er dc wir pflegen,
So môgen wir luter mit im wesen.

Dirre gottes barmherzekeit und sines sunes helige gerehtekeit, die er selber hielt in ertriche an sinem lebende und ir beider heliger geistes gabe, dem volgete in dem wege ein erlichú schar. Die waren alle jungfrowen glich. Do ich si sach, do bekante ich alle wol, doch so wolte ich si vragen vf dc, dc ich antwurt von in haben wolte. Ich vragete wer si werin und wc ambahtes si pflegen. Do sprachen si:

Wir sin jungfrôwen edel und wolgezogen
Und dienen gotte ze sinem lobe
An siner allerliebsten kúnigine,
Die got hat erkorn ob allen dingen, —
Dc ist des menschen sele und lip.
Wir dienen vnser vrôwen der kúnigine,
Dc si mit allem vlise und mit allen irem sine
An allen dingen irs herren willen vollebringe
In cristanlicher ordenunge,
So wirt si niemer schuldig vunden.
„Vrô wisheit, wc kúnent ir dienen
Mit vwer swester der bescheidenheit?“ —
Wir leren mine vrôwen die kúnegin,
Dc si jemer kúne scheiden dc bôse von dem gûten
Mit gôtlicher wisheit
In heliger bescheidenheit,
Dc si denken wie es nu si

[1]) Das biblische: justitia justus.

Und wie es noch möge komen.
Des gewiñet si in allen dingen vromen.
„Vrŏ warheit, was kônent ir dienen ze hove
Mit ůwer swester der helikeit?“ —
Ich diene minem herrn und miner vrŏwe der kůnegin
Mit allen trůwen, dc si irme herren
In allen iren nôten jemer getrůwe sin;
Davon blibet si sicher und vrî,
Und dc si jemer inwendig helig si,
In allen dingen irme herren vndertan,
So blibet si vswendig lobesam.
„Vrŏ diemůtekeit, wc kônent ir dienen
Mit vwer swester, der senftmůtekeit?“
Ich lere mine vrŏwen, die kůnegiñe,
Da si mines herren willen
Und alle sine gaben von herzen miñe,
So mag si růwen in heliger sånfmůtekeit,
So vertribet si mit vrôden als ir herzeleit.
„Vrŏ miltekeit, wc kônent ir gedienen
Mit ůwer swester der gehorsamkeit?“
Ich lere mine vrŏwen die kůnegin,
Dc si je mit gerender gotzmiñe
In irme gebette milte si
Den bôsen und den gůten,
Den lebenden und den toten.
Der schatz ist manigvalt und gros,
Der kunt aller wider in ir schos.
Wil si tůn irs herren willen,
So sol si die helige gehorsami
In allen iren werken vollebringen,
So blibet si gotz kůnegin.
„Vrŏ starkeit, wo kônent ir gedienen
Mit vwer swester, der stetekeit?“ —
Ich lere mine vrŏwen, dc si stark si in allem strite,
So mag si in irme riche bliben.
Dc si jemer stete sî,
So blibet si je von irme herren vrî.

Dirre jungfrŏwen ist vil ane menschlich zal, wan alles dc der gůte mensche in got tůt inwendig und vswendig, da hôrent alles tugenden zů. Mit disen jungfrŏwen in dem wege wandelte ein gros herre, der wc glich eime heligosten und eime allergewaltigosten bischof, dc wc vnser cristan gelŏbe, der wc vůrig in biñen und brante alles von gotlicher miñe. Mit allen disen tugenden diente er diser kůnigiñe. Oben in der hôhin swebte ein jungfrŏwe, die wc glich eime guldin aren. Si wc vmbevangen mit eime himelschen schine, si lúhtete und si lerete und si temperte alle dise jungfrŏwen ze dienste irre vrŏwe der kúnegin.

Dise miñe wonet in dem cristangelŏben, si rŭwet in dem palaste ir vrowen der kúnegin. Das ist ir ambaht.

Das si liep zů liebe twinget,
Got zů der sele und die sele zů gotte,
Darumbe stat si in dem ersten gebotte.

LXIII. Gotz wille ist ein fúrste in allem wesende.

Stete gerunge in der gerunge,
Stete wetage in lichamen,
Stete pine in den siñen,
Stete hoffunge in dem herzen nach Jesu alleine.
Alle die sich selber verlassen habent in gotte,
Die merkent wol wc ich meine.
Ich was zwene tage und zwo naht
In also gros ungemach komen,
Dc ich hoffenunge hate, dc min ende were komen.
Do dankete ich gotte als verre ich mohte vmb sine gaben.
Do gerete ich zů gotte, dc er mich zů ime neme,
Ob es sin liebste wille were.
„Jedoch herre, mag din lop davon iht gemeret werden,
So wil ich gerne dur dine liebin bliben
In disem armen libe.
Herre, ich han gelebt alsus manig jar und manigen tag,
Dc ich dir herre, nie also swere oppfer gegab.
Herre din wille geschehe und nit der min,
Wan ich min selbes nit enbin,
Mer in allen dingen din.“

Do sach ich in verren hohe ein bereitunge der heligen, als eb si komen wolten zů minem ende. Ire personen die si waren, der ensach ich nit zwischen im, wan mir wc ein also creftig lieht, das da in mitten schein, das mich das duhte, dc ich mit im were ein. Dis wc hohe in dem westen, da die suñe vndergât. Von norden waren komen vbele geiste, die hielte da bi, die mûsten min gerihte besehen. Si hatten sich zesamen gewunden und waren getwungen als die besclagenen hunde. Si wrgetent mit irme halse ze mir. Ich vorhte iro nit, ich vrŏwete mich.

Do bekañte ich dc si got ze eren dar müssent komen,
Da got sinen vrúnden alle ir not hat benomen,
Und si deñe mit irme lastere wider zů der helle komen.
In disen dingen wart mir in minem libe
Eine wandelunge gegeben,
Do ich můste bliben
In disem bitterm, ellendigem leben.
Ich was also sicher und also vri,
Ane vorhte und ane pine. O wi, o wi, o wi!
Und dc do nit mohte bliben im tode gotz gůte,
So were mir nu we ze můte.
Hette ich nu menschliche maht und gŏtliche miñe,
So wolte ich nu allererst gotte dienen begiñen;
Das wolte ich vf ein gůte ende bringen,
Als ich je wolte und noch wil.

LXIV. *Wie got dem menschen dienet.*

Alsus spricht ein betlerin in irme gebete ze gotte: Herre ich danke dir, sit du mir mit diner miñe benomen hast allen irdenschen richtům, dc du mich nu cleidest und spisest mit vrŏmdem gůte, wan alles das mir in eigenschaft mit wollust nút in dem herzen cleidet, das můs mir alles vrŏmde wesen.

Herre, ich danken dir, sit dú mir benomen hast die maht miner ŏgen, dc du mir nu dienest mit vrŏmden ŏgen.

Herre, ich danken dir, sit du mir benomen hast die maht miner henden....

Herre, ich danken dir, sit du mir benomen hast die maht mines herzen, dc du mir nu dienest mit vrŏmden (henden und) herzen.

Herre, ich bitte dich vúr si, dc du es in wellest lonen in ertrich mit diner gŏtlichen miñe, dc si dir můssen vlehen und dienen mit allen tugenden untz in ein helig ende. Alle die mit luterm herzen allú ding lassent dur gotz liebin,

Die sint alle erzebettelere;
Die sŏllent an dem jungesten tage
Dc gerihte besitzen mit Jesu vnserm lŏsere.
Herre, alles dc ich dir clage,
Dc můsestu wandelen an mir und an allen sünderen.
Herre, alles des ich dich bitten,
Des můsestu mich geweren
Und allen vnvollekomenen geistlichen lúten,

Dur din selbes ere.
Herre, din lop můsse an minem herzen niemer geswigen,
Swas ich tů, lasse und lide. Amen.

LXV. Wie got die sele zieret mit der pine.

Sweñe die jungfrŏwen ze allen ziten sint gekleidet nach dem willen irs brútegŏmes, so bedúrfent si nihtes me deñe hochzit cleidern, dc ist, dc man pinevol si in súchede, in wêtagen in anvehtunge und in manigem herzeliden, des wir vil vinden in der súndigen cristanheite.

Dis sint die hochzitcleider der miñenden sele; aber die werktagcleider, das ist vasten, wachen, discipline, bihten, súfzen, weinen, betten, vŏrhten die[1]) súnde, herte getwang der siñen und des libes in gotte dur got, sůsse hoffunge und ane vnderlas miñekliche gerunge, und ane vnderlas ein bettende herze in allen werken. Dis sint die werktagcleider des gůten menschen. Sweñe wir siech sin, so tragen wir die hochzitcleider; sweñe wir aber gesunt sin, so tragen wir die werktagcleider.

Alsust spricht der gepineget licham zů der ellendigen sele:

Weñe wiltu vliegen mit den vedern diner gerunge
In wuñeklichen hŏhin, zů Jesu, diner ewigen liebe?
Danke im da, vrŏwe, fúr mich,
Alleine ich snŏde und unwirdig si,
Dc er doch min wŏlte sin,
Do er in die ellende kam
Und vnser menscheit an sich nam,
Und bit, dc er mich ane schult behalte
In sinen lutern hulden untz in ein helig ende,
Weñe du, liebú sele, von mir wendest.

Die sele. Eia min allerliebste gevengnisse,
Da ich iñe gebunden bin,
Ich danken dir alles, des du hast gevolget mir.
Alleine ich dike betrůbet bin von dir,
So bistu doch mir ze helfe komen.
Dir wirt noch alle din not benomen
An dem jungesten tage.
So wellen wir nit me clagen,

---

[1]) Handschrift: dise.

So sol es vns allen wol behagen,
Dc got mit vns hat getan,
Wiltu du nu vaste stan
Und sůsse hoffunge han.

Die gehorsami ist ein helig bant, si bindet die sele ze gotte und den lichamen zů Jesu und die fúnf siñe ze dem heligen geiste. Je langer si bindet, je me die sele miñet. Je snôder sich der licham haltet, je snôder sinú werk vor gotte, und vor den lúten mit gůtem willen.

Explicit liber.

Zusatz über die sieben tagzeiten.

(Von gleicher Hand und gleichzeitig.)

Man sol prûven ze mettinzit, eb die craft der gotheit an die sele komen si, und habe den menschen vfgezogen von der kargheit dines libes und der blintheit dines herzen. Da hôrent zwene gezúge zû, ein binunge des libes mit einem sûchenden vlisse, stetekeit des geistes in gotte.

Man sol prûven ze primezit, eb die wisheit der gotheit an die sele komen si, dc man bekeñen kôñe vollekomenheit und vnvollekomenheit. Da hôrent zû zwene.... [1])

Man sol prûven ze mittem morgenzit, eb dc fúr der gotheit an die sele komen si und habe abgebrant alle vleken der súnde. Dazû hôrent zwene gezúge, ein herzeklich blangen nach vnserm herren und iñige trehene nach gôtlicher liebi.

Man sol prûven ze mittemtagezit, eb die miltekeit der gotheit an die sele komen si, und habe begeben alle weltliche vrúnde. Dazû hôrent zwene gezúge, ellendekeit vs allen creaturen, stetekeit des geistes in gotte.

Man sol prûven ze nonezit, wc got an das crúze brahte, menschlich barmherzekeit und gôtliche trúwe. Da hôrent zwen gezúge zû, dc man vnsern herren bekeñe und dc man in miñe. Swie vil tugenden wir hetten, wir sôllen allewegen einen hunger und einen turst haben nach vnserm herren.

Man sol prûven ze vesperzit, eb der vride gotz in die sele komen si, eb der mensche vriden habe mit gotte und mit allen menschen und mit im selber und mit allen creaturen. Dazû hôrent zwen gezúge, swigen und dc einôde.

---

[1]) Die Zeugen sind nicht genannt.

Man sol prûven ze completezit, eb dc gôtliche wunder an die sele komen si, das gotte zûsprach an dem crûze. Dazû hôrent vier gezûge: Dc man got vlisseklich sûche und dc man în behalte in herzeklicher miñe und dc man sîn gebruche. Der getrûwe kneht vnsers herren, der sol niemer sin einen tag, er si eintweder an ṽbunge gûter werken oder an vlisse der lere, das er siñe siñe lere, wie si got von herzen miñen sôllen oder an bevindunge der sûssekeit oder an gebruchunge der vrôden. Ein reht geistlich mensche, dc ist allewege mê besorget vmbe glûke dirre welte, dc es ime iht ze sere zûgê, deñe er besorget si vmbe sine notdurft. Das sint, die gotte wol behagent, werliche es gange în wol alder ùbel.

Bruchstük ûber mystisches leben von einem unbekañten.

Das edelste und dc nûzeste, das alle meister und alle gotzvrûnde gesprechen mûgent von gotte, dc sint die artikel cristans gelôben. Mer nu ist ein verborgen abgrunt in der sele, das rûffet ane vnderlas mit einer wilden, abgrûntlicher vnbegriffenlicher stiñe (vs) deme gôtlichen abgrunde, so dc der vernunfte als in einem ôgenblike endeket wirt. So wirt si gereisset in ein ṽberwunderlich gros jagen danach und kan ir doch nit werden in der zit. Mer dc hohste, dc nùtzeste und das edelste dc ir hie werden mag, dc ist, dc si allû wort, alle gedenke, alle begirde, alle miñe, die sele alzemale, nach ir ziehe und versenke und ertrenke in dem gotlichen abgrunde und dc die vernunft harus bringe wie gros dc sî. Dc ist doch nùwan (nur) dû almûsen schûssele und die brosemen, die von der herren tisch vallent. Und wie hoch und ṽberswenkig dc der vernunfte sî und schine, als es ir von miñe ze eigen gegeben si, so mag si es doch niemer bas behalten vn sicherlicher, deñe dc si es wider von miñen verliere in dem gôtlichen grundelosen abgrunde, da alleine allû ding eweklich iñe behalten sint.

Aber die tegeliche spise, die den iñeren und den vsseren menschen von not bliben, mûs hie vs, dc ist ein vernûnftig warnemen der ordenunge gotz gegen got, gegen im selben, gegen sinem ebenmenschen, der gnûg sin, in welicher wise sie dc erbûtet, es sî în tribende zû dem sacramente, oder vf ein iñer abgescheiden rûwe, oder zû einem iñern vernûnftigen reissen, bekeñen gôtliche warheit, oder ze gebet, oder ze offenbarungen, oder ze geistlicher gesiht, oder ze gôtlicher sûssekeit, oder ze vsseren miñewerken, oder ze einem vernûnftigen, miñenden, reissenden, claffenden der vrûnde gotz vndereinander, von der edelsten gôtlichen warheit. Und alles, dc hie nûwes geborn und gewuñen wirt, dc sol also geteilet werden, dc dc edelste verlorn und wider geoppfert werde in das vorgenant abgrûnde, und mit dem andern gespiset werde die vorgenant ordenunge in einem einzigen zûnemende gôtlicher wisheit in Christo Jesu. Dis ist alleine dem rehte willigû armût und das allervollekomenest leben, danach alle ware gotzvrûnde jagent, und wc in andere wis geboren wirt, dc verblibet und vervallet in manigvaltig vngeordent pinlich wise, der got niemer gantwurtet, oder vallent in vngeordent vernûnftige vriheit des geistes und dc ist der schedelichest val oder keret sich aber wider zû der welte.[1])

[1]) In der Handschrift folgen drei leere Seiten, womit der vierzehende Sextern endet.

Einige Worterklärungen.

Abe, davon.
abegunst, Neid.
achter = after, nach (einem Ziel.)
adan, Athem, auch atten, aten.
agestein, Bernstein, Magnetstein.
ahte, aht, acht.
alleine, obschon.
ambaht, Amt, Dienst.
amehtikeit, Unmacht.
anderhalp, auf der andern Seite.
anderwarbe, noch einmal.
aneth, ohne.
ar, Adler.
arnen, büßen, sühnen.
artedine, Schatzhüterin.
arzat, Arzt; arzatine, Aerztin.
ass, als daß.
aten, atten, s. adan.
aureole, Nimbus, Glorie.
Bagen, zanken, schelten.
bat, Bad.
beiten, warten, entbehren.
bekeme, angenehm.
bekeñen, kennen.
bekoren, versuchen; bekorung, Versuchung.
bermint, Pergament.
besagen, verläumden.
beslagen, geschlagen.
besmen, Besen, Ruthe.
bewellen, bewollen, beflecken.
bewaren, gewahren.
bewisen, weisen, hinzeigen.
beworcht, gewirkt?
bibenen, biben, beben.
biñen, innerhalb; auch: sich für etwas halten.
bleken, zeigen, bloß sein.
bliken, blitzen, glänzen.
blûme (der), Jungfrauschaft.
bobe, über, oben.
bobenheit, Hoheit.
borien, Bohrer.

Bremen, zubremen, murren, zumurren, fremere.
brôde, brodekeit, gebrechlich.
bruch, Raum?
bruchung, Genuß.
bulge, Woge, Welle. Auch Trinkgefäß.
bürnen, brennen.
bûten, bieten.
C siehe K.
Dahte, Docht.
den, denen.
deñe, dañe, dann.
der, deren.
dilker, Tilger.
doln, tragen, dulden.
drahte, Schwangerschaft, von tragen.
druhten, trinten, pflegen.
dürfen, bedarf.
durnehtig, vollkommen, ganz.
E, ehe, zuvor.
ê, Gesetz.
eb; bevor.
egeslich, egestlich, scheußlich.
ehte, Ehleute?
eigenschlich, zugehörend.
einvaltig, einfach.
eisen, schaudern, erschrecken.
eisunge, Schauder.
enbeisen, enbizen, genießen.
end, Ort.
engetar (ich), ich darf nicht.
entgelten, gelten lassen.
enthalten, zurückhalten.
entreinen, beschmutzen.
entrichten, verwirren.
entrisen, reis, rirn, entfallen.
entschulden (sich), sich beklagen.
entwichen, erweichen.
erarnen, abbüßen.
erdriezen, satt haben, übersatt sein.
erschellen, erschallen.
ervlougen, in die Flucht jagen, fugere.
erwegen, aufregen.

Etteswen̄e, etzwen̄e, etwa.
F, siehe V.
Gaden, Haus (Kloster).
gebende, Kopfzeug der Frauen.
gebur, Bauer.
gebùrlich, wohlanständig.
gedenke, Gedanken.
gegen, entgegen.
gegerwe, heiliger Schmuck, Meßkleid.
gehùgenisse, gehùgnisse, Gedächtniß.
gelass, Kleid?
gelòte, Gewicht zu einer Wage.
gelten, gelten (aktiv), s. Schuld.
gemeine, gemeinlich.
geneiste, Funken.
genem̄en, nennen.
genenden, erkühnen.
gere, Begier.
geringe, leicht, flink.
gerùchen, geruhen, belieben.
getempert, richtig gestimmt, geordnet.
getrosten, entbehren.
gewen̄en, entwöhnen.
gewete, Kleid.
gift, Mitgift, Morgengabe.
gran̄e, Bart an der Aehre, Schnurrbart.
grans, Schnabel, Rüssel.
grein, greinen, murren.
grel, grell.
grendel, Riegel.
grinen wie greinen.
groiren, gloriren.
Harte, sehr.
heimlich, vertraut.
herten, ausharren.
hinderrede, Nach-Rede (böse).
hitzen, heißwerden.
hohen, erhöhen.
hor, g. hor wes. m. Koth.
horwetig, kothig.
hùffe, Wange.
hùfhaltz, hùffehalz, hüftenlahm.
hùgenisse, hùge, Freude.
hùlzin, hölzern.
hungerlachen, hungertùch, langes Tuch, in der Fasten die Altäre zu verhüllen.
Iergen, irgend.
joch, und doch.
jtal, leer.
juncherre, Junker, Jungherr.
K und C.
caren̄e, Quadragene, Fasten.
klelich von kle, Samen, fruchtbar.
clote, Klause.
kopf, köpfe, Becher.
kosen, kiesen, wählen.
kouwen, kluwen, Gaumen.
Krank, schwach.
krantwurzen, Wachholder, Juniperus
kriegen, schreien, zanken.
crisen, chrisam oder kreisen.
culter, culteren, Decke über die Matraze
kume, kaum.
kùnde, Kenntniß.
kun̄e, Geschlecht, Verwandtschaft.
Langen, erreichen; aft langen?
lassen, nachlassen.
leid, unverträglich, mürrisch.
lid, Glied (Augenlid).
lidig, ledig, frei.
Magen, Kraft, auch Verwandte.
man, Mond.
manslaht, Krieg, Schlacht.
masse, Maaß.
me, mehr.
meit, die meide, froh, Freude.
mer, aber.
mere, als, außer.
meslichor, mäßiger.
miner, minder.
mortlich, tödtlich, bis zum Tode.
mù, muß von müssen.
mùre, Morast.
mùtwillen, muthiger Wille, guter Wille
Nar, Narbe.
nem̄en, nennen.
niet, Haft, Stift.
nuwar, nur.
nùwen, erneuen.
Olei, öl, oleien, die letzte Oelung geben
ölù, alle.
Peize, beize, Lockspeise.
pellol bovivir, Pelzträger?
pfeffelich, priesterlich.
pfellel, Seidenstoff.
Qwelen, leiden.
Ram, Rachen, Schlund.
rans, Schnabel, Rachen.
reien, Tanzen, (Reigen).
reise, Kriegszug.
reissen, reizen.
rief, Reif, pruina.
rum, Raum.
runen, flüstern, raunen.
rùren, berühren.
rùch, Häher, Saatkrähe.
rùchen, geruhen.
Sache, Ursache.
saf, Saft.
samenung, Sammlung, Kloster.
schappel, Myrthenkranz.
scheffenisse, Beschaffenheit.
schòpnisse, Schöpfung.
schreigen, anschreien.
schriken, springen.

Sege, Netz.
segen (sich), segnen.
seist, sagst (du).
selwen, entfärben.
semlich, sämmtlich.
sere, Wunde.
sid dem male, sintemal.
siech, krank.
simelen, Semmel.
sinkrank, blödsinnig.
sinwel, **sine-welle**, Wölbung.
sleht, einfach.
slinden, **sclinden**, schlingen, schlucken.
smaken, *neutr.*, schmählich, gering sein oder werden.
snôd, ärmlich, verachtet.
sogetan, **sogtan**, solch.
sômer, Lastträger.
spengen, spannen.
sprechen, heißen.
stein, Fels.
stral, Pfeil.
stûle, Thron; **stûlen**, thronen.
stuppe, Staub.
sûmlich, Jemand, **sûmliche**, Einige.
sûnlich, kindlich.
sûrôgge, triefäugig.
sus, so.
swarheit, Schwere.
swindekeit, heftiges, zähes Wesen.
Tepet, Teppich, Tapete.
togen, **dogen**, taugen.
tôren, sich bethören.
torsten, dürfen.
tôtlich, sterblich.
tris, Schatz; **triskamer**, Schatzkammer.
trisemvas, Schatz.
tumbe, Narr, (dumm).
twagen, zwacken, zwicken.
twahen, waschen, bunt machen.
tynavel von tiñe, Zinne. Auch **frontispicium** oder Getäfel.
Ueberhere, übergroß.
ufwegen, emporwiegen, aufwiegen.
ulin, Höhle.
umbetal, Umfang.
unberhaftig, nicht gebärend, unfruchtbar.
undersniden, abstechen.
ungebe, werthlos.
ungewandelt, unersetzt, ungeübt?
unschuldigen, von Schuld reinigen, entschuldigen.
unsehelich, unsichtbar.
urlûg, Krieg.
ûwele, Eule.
Var, Trug.
vare, Farbe.
vederschlagen, Flügelschlagen, flattern.
verdûmet, verdammt.
vergebens, umsonst.
verkiesen, vergessen, übersehen.
verslinden, verschlingen.
verwahsen, kraftlos werden, verwünscht.
verworchten, verwirken, (z. B. die Gnade.)
verzehren, benützen.
vielaten, Veilchen.
vôgen, fügen.
volburt, Bestätigung, **voll** = **borten**, beistimmen, bestätigen.
volger, Begleiter, Folger.
volleist, volle Leistung, Wirkung.
voren, führen,
vôre, warum.
vôrhtelin, kleine Furcht.
vôsspor, Fußspur.
vreislich, schrecklich.
vriesen, frieren.
vrom, fremd.
vrome (die), Freude.
vrômelich, nützlich — von **frumen**, Nutzen.
vrôwen, erfreuen.
vûlen, **fûlen**, fühlen, wahrnehmen.
vuoge, gefügt, kunstreich.
Waffen! Weh!
wage (die), Wiege.
wan, denn.
war, woher, wohin.
wegen, wenden.
weinig, betrübt.
werlich, beständig, dauerhaft.
westbâre, *Plural*, die bald nach der Taufe gestorbenen Kinder.
wil, indessen, dieweil.
wirren, **werren**, hindern, wehren.
wlu, „**Eya wlû miñe**", volle Minne.
wor, worin.
wôstunge, Wüste, Verwüstung.
wrang, ringen, **luctari**.
wunderlich, sonderbar, launisch, wunderbar.
Zage, furchtsam.
zagel, Schwanz, Schweif.
zelen, zielen, zeugen.
zendal, halbseiden Zeug, Schettertaffet.
zihen, zeihen, anklagen.
ziñen, schaffen?
zôfer, Zauber.

Niederdeutsche Spuren im Fr. Lieht.

hoffen mitdeppelt — hoffunge, hoffenunge st. 2,

hoven S. 64.

---

hovesprâche 4. sermo curialis im Gegensatz zu d. höfischsprache.

meisterschaft 8 unerreichbar, unersteigbar (berc)

gerunge 37 st. 10.12. 130.109.135.147.160.167.177.181.199.225.264.2

bekantnisse und gebrüederinge 10. — gebrüederinge ist sonst fremd

unbegriffliche drîvalticheit 11. ohne Anfang

gebietic 11.

entfanken 11.

muntküssen (osculum u. pulcinas oris) 11.

mortlich steigernd 15. de ist in ze minne ane masse und ane

hoeresagen 15.

rans 17.

zu gekristet mit tiuveles, des lettiner kan ich nit. 30.

grel 109. grellecheit 113.

di vele brister sich alflierende gegen daz wunder daz ir gemu 131

~~edel~~ hôhe triuwe und edel. riter di muoz man mit tiurer koste lange unde sêre bereiten 143.

ûf eime fuoze mac nieman ze hove gân, und ouch nicht ze dienesten stân 155.

ie edeler kunst, ie vester halsbant 61.

eb = ob 160.176.185.193.206.249.264.

sinkendig 177.

Niederdeutsche Spuren in Sch Licht.

hoffen wiederholt — hoffnunge, hoffennunge gl. 27

boven S. 64.

Die Red. d. Bel. IV. c. 18 im Anfang. liegt [illegible] [illegible] erkennen. (S. 111)

hat gewesen 275.

Lightning Source UK Ltd.
Milton Keynes UK
UKHW02f0755090818
326991UK00010B/466/P